Programación avanzada en

VBA-Excel

para principiantes

Con ejemplos de librerías dll y complementos Add-In en
Visual Basic .NET

Dorian Oria San Martín

Puede ordenar este libro a través de:

http://www.autoreseditores.com/

http://www.amazon.com/

Diseño y diagramación:

Dorian Oria San Martín

dorian.oria@gmail.com

ISBN-13: 978-1519792082

ISBN-10: 1519792085

Contenido

Parte III. Objetos en Excel.

Capítulo 5. Objetos y su jerarquía.

Capítulo 6. Objeto Application.

Capítulo 7. Objeto Workbook.

Capítulo 8. Objeto Worksheet.

Capítulo 9. Objeto Range.

Capítulo 10. Funciones de la biblioteca VBA y de Excel.

Capítulo 11. Interactuando con el usuario.

Capítulo 12. Gráficos.

Gracias!

Me encuentro en una etapa interesante de mi vida, en la cual me sigo descubriendo, me sigo trabajando y producto de ese proceso es también este libro. Ya es mi tercera criatura y me siento muy orgulloso de él. Siento que cada vez me quedan mejores. Cada libro lleva el recuerdo de la persona que me inspiró, si bien no a escribir, si a honrar mi profesión: Ramón Resino. A ti Ramón, donde quiera que estés dedico este libro. Gracias.

Y gracias a Ramón, hoy también puedo reconocer y darme cuenta que estoy aquí y soy como soy gracias a César Oria (mi Papá) y a Blanca San Martín (mi Mamá). A Uds. también muchas gracias por impulsarme a ser siempre el mejor. A Uds. también dedico este libro. Los honro y los amo.

Mi Gurú Shakti Ma me mostró que tengo mucha soberbia y eso me ha hecho estar muy desconectado de la divinidad. Me faltó pedir y me faltó agradecer. Aún me cuesta pedir, pero ya no agradecer. Y eso se lo debo a Jorge Llano. Gracias MA por aceptarme como discípulo y guiarme a mi propio encuentro y gracias Jorge por enseñarme a agradecer. Este libro es una de mis formas de ponerme al servicio.

Quiero dar gracias a mi esposa Ana María y a mis hijos Victor, Valentina y Surya, por la paciencia que me han tenido, ya que he dejado de compartir con Uds. para poder escribir este libro.

OM NAMAHA SHIVAYA

Parte I.
Introducción.

Capítulo 1.
Qué es VBA?

1.1 Introducción.

VBA significa *Visual Basic for Applications* (Visual Basic para Aplicaciones) y es un lenguaje desarrollado por Microsoft para programar aplicaciones para Word, Access, Excel o Powerpoint. Aun cuando está basado en Visual Basic, no es capaz de realizar programas ejecutables independientes de la aplicación Office en la que se esté haciendo el programa. Es como una versión más simplificada de Visual Basic, pero no por ello menos potente.

En este libro vamos a trabajar con VBA para Excel. En ese caso, VBA permite controlar todos los objetos que conforman Excel, sus propiedades, métodos y eventos. Esto a su vez permite que se puedan aprovechar estos objetos para hacer aplicaciones bien poderosas.

Todos los códigos y subrutinas de este libro se pueden encontrar en: http://www.geoscience4all.com/

1.2 Entorno de programación.

Para ello, Excel nos provee de una IDE (*Integrated Development Environment*) o Ambiente de Desarrollo Integrado con todas las herramientas que necesitamos para realizar una aplicación. En la figura 1.1 podemos ver cómo luce la IDE de VBA Excel.

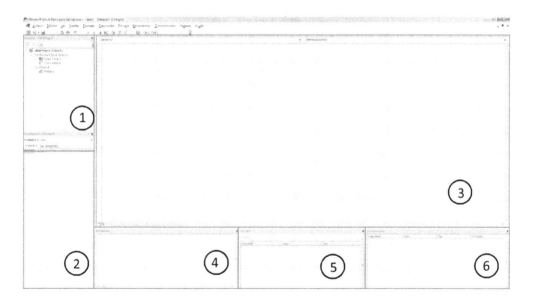

Figura 1.1. Ambiente de desarrollo integrado (IDE pos sus siglas en inglés).

A continuación daremos una descripción de cada una de las ventanas.

1.2.1 Explorador de Proyectos.

La ventana 1 (figura 1.2) es el Explorador de Proyectos y muestra los proyectos abiertos (en este caso VBAExcel.xlsm) y los objetos que contiene. Estos objetos pueden ser hojas de cálculo (*worksheets*), el libro en sí mismo (*workbook*), módulos y formularios de usuario (*user forms*).

Los objetos están organizados en carpetas dependiendo del tipo de objeto que son. Por ejemplo, los formularios de usuario están dentro de la carpeta Formularios, los módulos dentro de la carpeta Módulos, etc. Estas carpetas son fijas y a medida que se agreguen objetos, estos quedarán dentro de su categoría correspondiente de forma automática.

En la parte superior del Explorador de Proyectos se puede ver una ventana con tres botones (figura 1.2, dentro del rectángulo). El primer botón de izquierda a derecha permite ver el área donde está el código del objeto seleccionado. El botón que está en medio permite ver el objeto seleccionado (también se puede imitar esto haciendo doble click encima del nombre del objeto). El botón derecho cambia la vista de los objetos, al no mostrar la carpeta donde está cada objeto (figura 1.3).

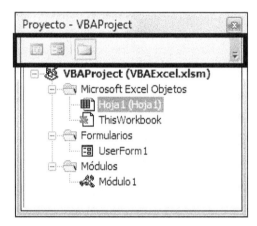

Figura 1.2. Ventana de Explorador de Proyectos.

1.2.2 Propiedades.

La ventana 2 (figura 1.4) muestra las propiedades del objeto que se haya seleccionado en la ventana del Explorador de Proyectos. En el caso de la figura 1.4, se están mostrando las propiedades de la hoja de cálculo seleccionada en la figura 1.2.

Figura 1.3. Ventana de Explorador de proyectos sin mostrar carpetas.

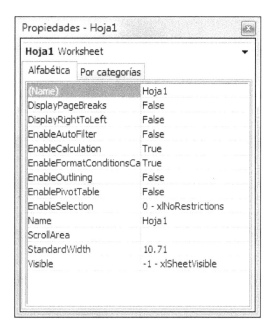

Figura 1.4. Ventana Propiedades.

1.2.3 Ventana de código.

La ventana 3 (figura 1.5) permite escribir código para cada uno de los objetos contenidos en el Explorador de Proyectos (figura 1.2). Se pueden tener abiertas tantas ventanas como se desee, de forma que pueda verse el código de varios objetos a la vez. Se puede copiar y pegar código entre diferentes ventanas.

7

Para ver la ventana de código basta con hacer doble click en el objeto mostrado en el Explorador de Proyectos. Por ejemplo, la figura 1.5 muestra la ventana de código del objeto hoja de cálculo (*worksheet*) seleccionado en la figura 1.2.

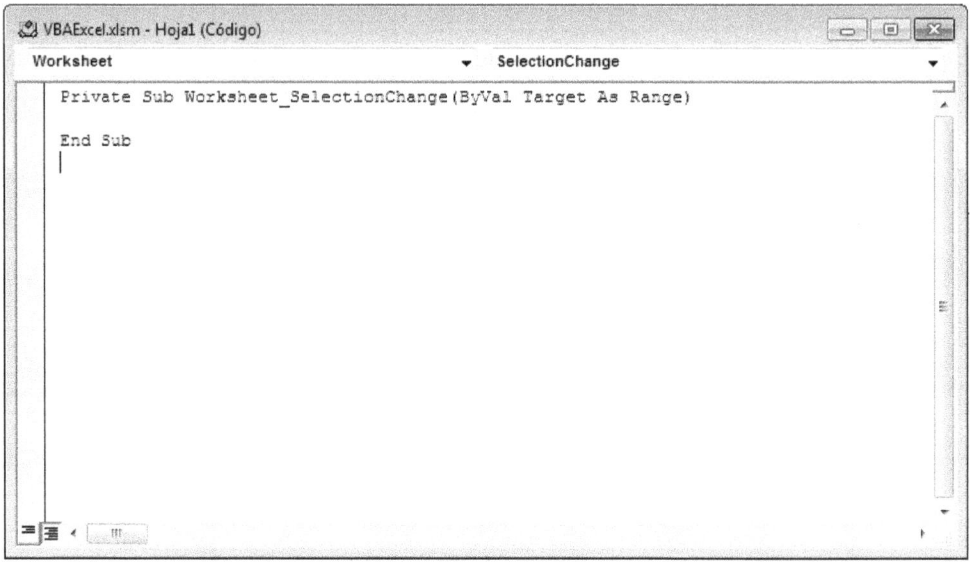

Figura 1.5. Ventana de código

En la parte superior de la ventana hay dos listas desplegables. La de la izquierda corresponde a la caja de los objetos, es decir, donde se muestra el objeto asociado a la selección hecha. En el lado derecho se muestra una lista de eventos y procedimientos relacionados con el objeto seleccionado.

En el caso de haber seleccionado el objeto hoja de cálculo (*worksheet*), el método que es insertado por defecto en la ventana de código es *Worksheet_SelectionChange*. Usted puede desplegar la lista para poder ver los otros eventos disponibles, tal como se muestra en la figura 1.6.

Imaginemos por un momento que en el objeto Módulo 1 (figura 1.2) tenemos dos subrutinas llamadas modulo1 y modulo2.

Si tenemos más de una subrutina, estas se podrán ver en la lista superior de la derecha, según se muestra en la figura 1.7. Tal como se muestra la ventana de la figura 7, se debe a que está seleccionada la opción "Ver procedimiento", señalado por la flecha.

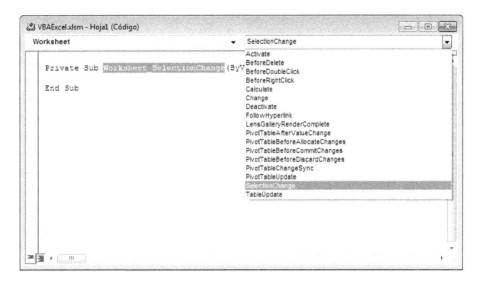

Figura 1.6. Ventana de código mostrando eventos disponibles para el objeto Worksheet.

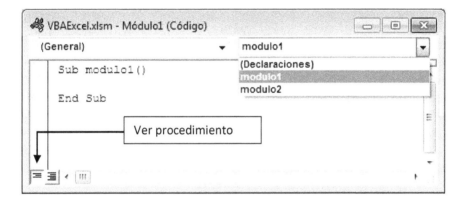

Figura 1.7. Ventana de código con la opción "Ver procedimiento" activada.

Si presionamos el botón de al lado "Ver módulo completo", entonces la ventana de código lucirá como se muestra en la figura 1.8.

1.2.4 Ventana Inmediato.

La ventana 4 (figura 1.1) se llama Inmediato. En esta ventana se puede escribir o pegar una línea de código y ejecutarse después de presionar *Enter*. La operación inversa también puede hacerse, pero lo que se escriba en la ventana Inmediato no se guarda allí. Veamos un ejemplo de cómo funciona. Inserte el código que se muestra en la figura 1.9, en el objeto Módulo 1.

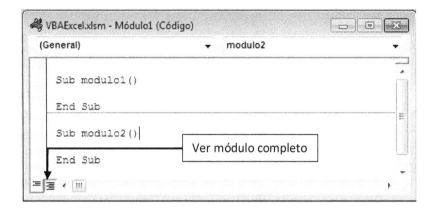

Figura 1.8. Ventana de código con la opción "Ver módulo completo" activada.

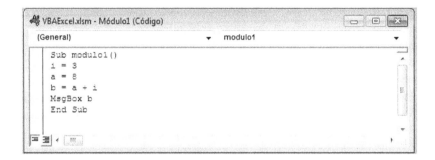

Figura 1.9. Código ejemplo para ventana Inmediato.

Copie las líneas 3 y 4 en la ventana Inmediato, tal como se muestra en la figura 1.10.

Figura 1.10. Extracto del código mostrado en la figura 1.9.

Ahora, volvamos a la ventana del código y ejecutemos la subrutina, paso a paso, usando la tecla F8. Al presionar esta tecla mientras el cursor está en el espacio de una subrutina, ésta se ejecuta y su nombre se resalta en amarillo, tal como se muestra en la figura 1.11. A medida que presionamos la tecla F8 se va ejecutando la subrutina, línea a línea.

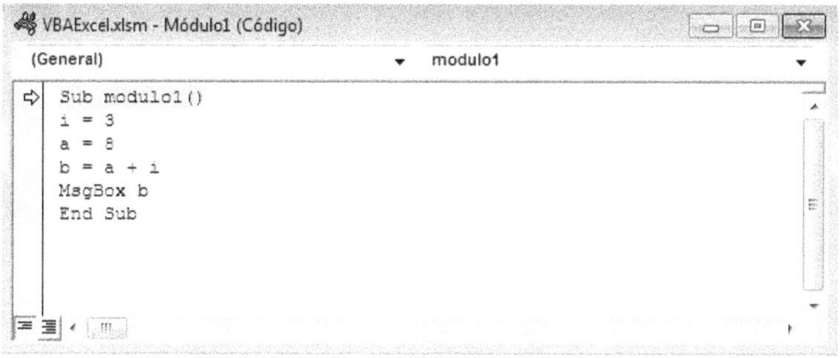

VBAExcel.xlsm - Módulo1 (Código)
(General)
modulo1
Sub modulo1()
i = 3
a = 8
b = a + i
MsgBox b
End Sub

Figura 1.11. Ejecución paso a paso de una subrutina.

Presionemos la tecla F8 hasta que se resalte la cuarta línea (b = a + i). Cuando nos detenemos allí, ya se habrán ejecutado las instrucciones de asignación de valores a las variables *i* (i=3) y *a* (a=8). Paremos aquí por un momento y vayamos a la ventana Inmediato. Pongamos el cursor en algún lugar de la primera línea y presione *Enter*. Al hacer esto, se ejecuta la instrucción de esa línea. Al presionar *Enter* de nuevo, se ejecuta la instrucción de la segunda línea. Luego de esto aparecerá la ventana que se muestra en la figura 1.12, producto de la instrucción *MsgBox*.

Microsoft Excel
11
Aceptar

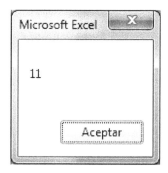

Figura 1.12. Ventana *MsgBox*, mostrada desde la ventana Inmediato.

La idea de la ventana Inmediato es probar código antes de que se ejecute en la ventana de código o simplemente probar otras operaciones. Por ejemplo, es posible, cuando esté resaltada la línea o antes de ser resaltada, ponerla como comentario para que no se ejecute (esto se hace colocando el carácter ' (comilla sencilla) al principio de la línea, tal como se muestra en la figura 1.13.

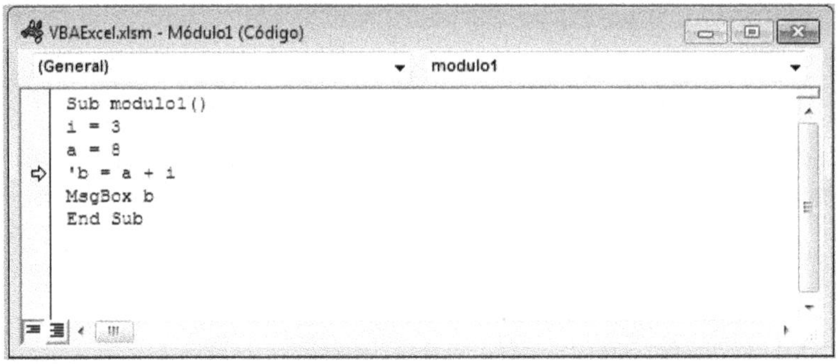

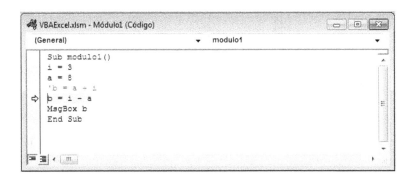

Figura 1.13. Poniendo como comentario una línea de código.

Mientras una línea esté resaltada en amarillo no se ha ejecutado. Fíjese que en este caso, estando resaltada la línea en amarillo le agregamos el carácter (') y la línea dejó de estar resaltada. Como ahora la línea está comentada, no se ejecutará, pasando a la siguiente línea que no esté comentada.

Ahora, después de la línea comentada, experimentemos agregando la línea:

b = i-a

En la figura 1.14 se muestra como se ve el código ahora.

Figura 1.14. Código después de haber agregado nueva instrucción.

Fíjese que ahora tenemos una expresión diferente a la que está en la ventana Inmediato (figura 1.10). Si seguimos ejecutando el código al presionar F8, el resultado por supuesto ahora será diferente.

Entonces, vemos como con la ventana Inmediato podemos ejecutar varias líneas, no necesariamente contenidas en la ventana de código. Lo que si es importante en este caso es tener en cuenta que si se ejecutan primero las instrucciones que están en la ventana Inmediato, entonces la ventana que se verá como mensaje será la que se muestra en la figura 1.15.

Figura 1.15. Resultado de la ejecución de las instrucciones de la ventana Inmediato.

Esto ocurre porque en ningún momento, ni ejecutando el código de la ventana de código ni en la ventana Inmediato se han asignado valores a las variables "i" y "a". Si desea darle valores a las variables "i" y "a" en la ventana Inmediato debe agregar esas líneas al comienzo de la ventana Inmediato o haber ejecutado paso a paso la subrutina hasta que le fuesen asignados valores a las variables "a" e "i". Para ello, debe colocar el cursor al principio de la línea que desee desplazar hacia abajo y presionar *Ctrl+Enter*. Esto debe hacerse tantas veces como líneas deseen agregarse. En la figura 1.16 puede verse como se ve la ventana Inmediato después de haber agregado las dos instrucciones para asignar valores a "i" y a "a".

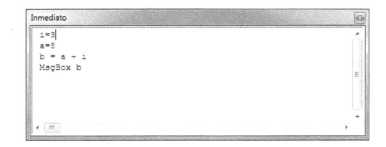

Figura 1.16. Ventana Inmediato después de agregarle asignación de valores a las variables "a" e "i".

El código en la ventana Inmediato se ejecutará desde la línea donde se encuentre el cursor. En nuestro caso, debemos colocar el cursor en la primera línea y presionar *Enter* para que se pueda ejecutar la instrucción de cada línea.

La ventana Inmediato también se puede usar para mostrar información producto de la ejecución de código, como si fuese una ventana *Command Prompt* (Símbolo del sistema en Windows en español). Para ello se usa la instrucción **Debug.Print**. Observe y ejecute por su

13

cuenta el código se muestra a continuación.

Subrutina 1.1.

```
1   Sub UsoInmediato()
2   Debug.Print "Muestra de como se puede enviar información a la ventana Inmediato"
3   End Sub
```

1.2.5 Ventana Locales.

Veamos ahora la ventana 5 (figura 1.1). Esta ventana es llamada Locales (figura 1.17). En esta ventana se muestran automáticamente todas las variables de la subrutina que se esté ejecutando y sus valores.

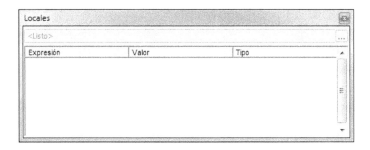

Figura 1.17. Ventana Locales.

Para poder ver las variables y sus valores, es necesario ejecutar las instrucciones una por una (paso a paso por instrucciones o F8) o agregando un punto de interrupción en alguna línea del código, de forma que se detenga allí la ejecución. Para agregar un punto de interrupción, se puede hacer de cuatro formas:

1. Haciendo click con botón derecho sobre la línea en la que se desea que la ejecución se detenga. Al hacer esto se verá una ventana como la que se muestra en la figura 1.18.

2. Haciendo click con botón izquierdo del ratón sobre la barra que está a la izquierda del código (encerrada en rectángulo, figura 1.19), justo al lado de la línea donde se desea detener la ejecución.

3. Ir a Depuración y seleccionar la opción correspondiente, tal como puede verse en la figura 1.20.

4. Posicionando el cursor en la línea donde se dese agregar el punto de interrupción y presionando la tecla F9.

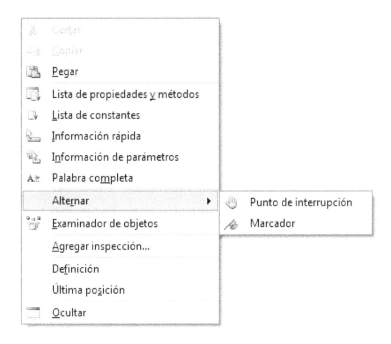

Figura 1.18. Opción 1 para agregar punto de interrupción.

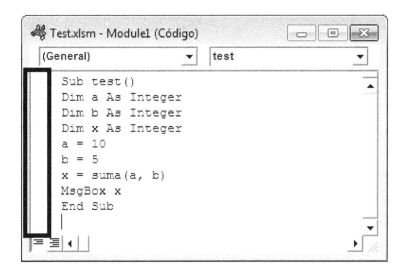

Figura 1.19. Opción 2 para agregar punto de interrupción.

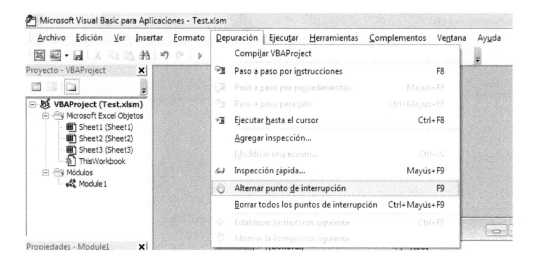

Figura 1.20. Opción 3 para agregar punto de interrupción.

De cualquiera de las formas explicadas, el punto de interrupción se verá como se muestra en la figura 1.21.

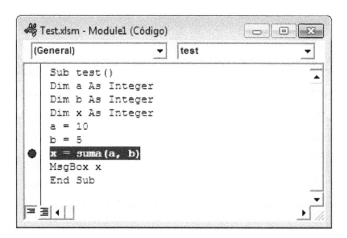

Figura 1.21. Vista del punto de interrupción.

Si se ejecuta entonces el código de la subrutina test (presionando F5), entonces el código se ejecutará hasta la línea donde se ha introducido el punto de interrupción (figura 1.22).

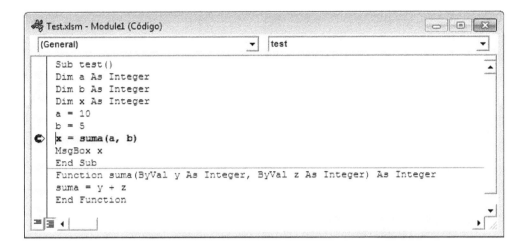

Figura 1.22. Ejecución de la subrutina test hasta el punto de interrupción.

En el ejemplo que se ha mostrado en la figura 1.22, nótese como se ha colocado el punto de interrupción en una línea donde se invoca una función. Por ahora no se entrara en detalles sobre esto.

Ahora bien, volviendo a la ventana Locales, esta lucirá como se muestra en la figura 1.23.

Expresión	Valor	Tipo
Module1		Module1/Module1
a	10	Integer
b	5	Integer
x	0	Integer

Figura 1.23. Ventana Locales mostrando los valores de las variables usadas en la subrutina test.

Como puede notarse, el programa se ejecutará hasta la última línea justo antes del punto de interrupción. Es por ello que, tal como se muestra en la figura 1.23, la variable "x" aún no tiene valor, ya que esa instrucción aún no se ejecuta. Si se continúa de aquí en adelante con la ejecución del programa paso a paso (F8), se podrá ver como ahora se ejecutarán las instrucciones que están dentro de la función que se está invocando, en este caso, la función suma (figura 1.24).

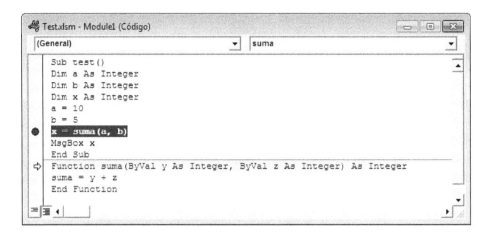

Figura 1.24. Ejecución de la función suma.

Ahora que se van a ejecutar las instrucciones de la función suma, volvamos un momento a la ventana Locales. Si se presiona el botón que se muestra encerrado en un cuadrado negro en la figura 1.23, hará que aparezca la ventana que se muestra en la figura 1.25. Esta ventana se llama pila de llamadas y es útil para ver todas las funciones o subrutinas que están siendo ejecutadas. La función que se muestra en el tope es llamada por la que se encuentra debajo (en este caso por la subrutina test).

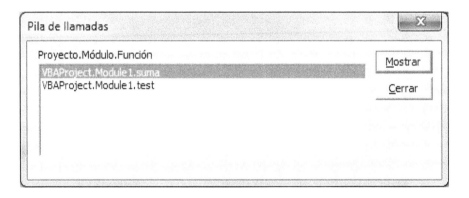

Figura 1.25. Pila de llamadas.

Otra forma de ejecutar código hasta un punto determinado es la función "Ejecutar código hasta el cursor", la cual se puede activar con la combinación de teclas Ctrl + F8 y que, como su nombre lo indica, ejecuta el programa hasta la línea donde se encuentre el cursor. Una diferencia respecto a las interrupciones, es que éstas pueden agregarse tantas como se desee, mientras que la ejecución hasta el cursor se puede agregar una sola vez y si deseo usarla de nuevo, hay que ubicar el cursor en cada línea donde se desee detener la ejecución.

Si se han agregado varias interrupciones y se desea eliminarlas todas, se puede hacer presionando la combinación de teclas Ctrl + Shift + F9.

1.2.6 Ventana Inspecciones.

Veamos ahora la ventana Inspecciones (ventana 6 en la figura 1.1). Esta ventana puede verse en la figura 1.26.

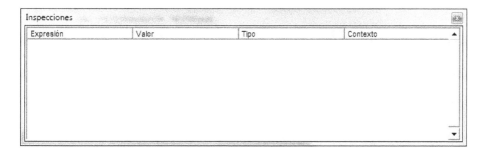

Figura 1.26. Ventana Inspecciones.

Esta ventana permite que se pueda evaluar una expresión que no necesariamente esté declarada o forme parte del código que se está ejecutando. Por ejemplo, veamos el código de la figura 1.27.

```
Sub condicional()
Dim i, x As Integer
b = 8
For i = 1 To 100
        If i = 90 Then
            x = i * 2
            MsgBox x
        End If
Next i
MsgBox b
End Sub
```

Figura 1.27. Subrutina condicional.

Ahora, agreguemos una inspección, la cual se mostrará en la ventana inspecciones (figura 1.26). Para ello, se puede hacer click con el botón derecho del ratón dentro de la ventana Inspección y aparece un menú de opciones como el que se muestra en la figura 1.28. Otra forma de hacerlo es haciendo un proceso similar con el ratón, pero esta vez en el espacio de código donde queremos agregar la inspección (dentro de la ventana de código). Al hacerlo en este espacio, aparece el menú de opciones que se muestra en la figura 1.29.

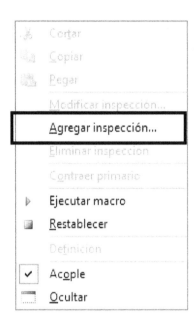

Figura 1.28. Agregando una inspección desde la ventana Inspección.

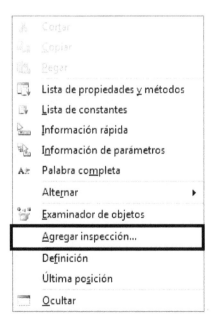

Figura 1.29. Agregando una inspección desde la ventana de código.

Con cualquiera de las opciones explicadas anteriormente, aparecerá una ventana como la que se muestra en la figura 1.30. En esta ventana hemos agregado la expresión **sqr(i)**, que significa raíz cuadrada de "i".

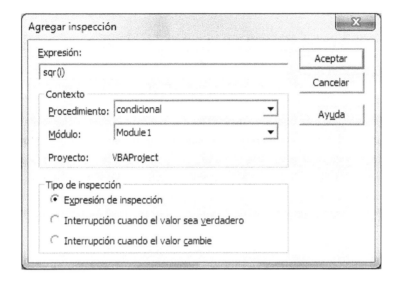

Figura 1.30. Ventana para agregar inspección.

Una vez que se acepta esta expresión, la ventana Inspecciones lucirá como se muestra en la figura 1.31.

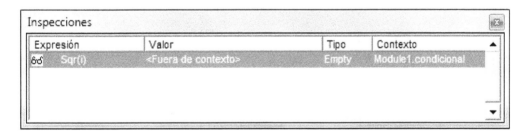

Figura 1.31. Ventana Inspección después de haber agregado una inspección.

Para poder ver cómo cambia ese valor de la variable "i" en la ventana de Inspecciones, pruebe a ejecutar el código paso a paso (F8).

Después de varias ejecuciones, la ventana Inspecciones lucirá como se muestra en la figura 1.32.

Figura 1.32. Ventana Inspecciones mostrando el valor de "i" después de varias iteraciones.

Mientras la ejecución se está haciendo de esta forma (paso a paso o con punto de interrupción) se tiene la oportunidad de hacer cambios de valor de variables en el código. Por ejemplo, en este momento se nos ocurre cambiar el valor de la variable "b" a 7. Esto se puede hacer arrastrando la variable "b" del código hasta la ventana Inspecciones. Al hacer esto, en la ventana aparecerá el último valor asignado a esa variable, que para efectos de nuestro código fue hecho en la línea 3 (b = 8). Al hacerlo, la ventana Inspecciones se verá como se muestra en la figura 1.33.

Inspecciones				
Expresión	Valor	Tipo	Contexto	▲
66° Sqr(i)	2,23606797749979	Double	Module1.condicional	
66° b	8	Variant/Int	Module1.condicional	▼

Figura 1.33. Ventana Inspecciones mostrando el valor de "b".

En este momento, se puede decidir cambiar el valor de la variable "b", supongamos a 7. Para eso, se hace click encima del número 8 y se puede editar el valor. Si ahora ejecutamos el resto del código completo (F5), se mostrará que ahora el valor de la variable "b" es el nuevo valor que le dimos, tal como se muestra en la figura 1.34.

Si se desea modificar la inspección, haga click con el botón derecho del ratón dentro de la ventana Inspecciones y aparecerá un menú como el que se muestra en la figura 1.35.

Algo que vale la pena destacar es que, en la ventana del código y mientras se ejecutan las instrucciones, es posible ver los valores que están tomando las variables con sólo poner el ratón encima de la variable. Por supuesto que para esto la ejecución del código tiene que estar detenida, bien sea por estarse ejecutando paso a paso o por una interrupción. Por ejemplo, al colocar el ratón encima de la variable "b", aparece una ventana muy chiquita, mostrando el valor que actualmente tiene (figura 1.36).

Figura 1.34. Valor de la variable "b" después de haber sido cambiado.

Figura 1.35. Ventana donde se ofrece la opción para modificar la inspección, agregar una nueva o eliminar una.

Otro aspecto interesante del editor de VBA-Excel es que tiene la posibilidad de agregar más barras de herramientas. Por ejemplo, al hacer click con el botón derecho a la altura de la barra de herramientas, se muestra un menú de opciones como el que se muestra en la figura 1.37.

Por defecto, la barra de herramientas que siempre se muestra es la Estándar. Si se seleccionan otras barras, esto se mostrará en el menú mostrado en la figura 1.37. Si se agrega una barra de herramientas, ésta por lo general se mostrará flotante. Esta puede moverse y anclarse debajo de la barra de menús.

Hay muchas más opciones disponibles en el editor de VBA-Excel, pero por ahora son suficientes con las mostradas hasta ahora. Ud. puede explorar por su cuenta otras opciones y a medida que se vaya avanzando en el libro, se irán mostrando más de ellas.

```
Test.xlsm - Module1 (Código)

(General)                          condicional

Sub condicional()
Dim i, x As Integer
b = 8
For i = 1 To 100
    If i = 90 Then
        x = i * 2
        MsgBox x
    End If
Next i
MsgBox b
End Sub b = 8
```

Figura 1.36. Mostrando el valor de una variable durante la ejecución de la subrutina.

```
          Depuración
          Edición
     ✓    Estándar
          UserForm
          Personalizar...
```

Figura 1.37. Opciones de barras de herramientas.

1.3 Examinador de objetos.

El examinador de objetos (figura 1.38) muestra las clases, propiedades, métodos, eventos y constantes que están disponibles en VBA-Excel de cualquier librería de objetos y también muestra los procedimientos del proyecto en el que se está trabajando. También puede usarse para encontrar y usar objetos personalizados creados por el usuario.

A esta ventana se accede desde el ambiente VBA y se puede hacer de varias formas:

1. Desde la barra de herramientas Estándar, usando el botón 🔍 .

2. Presionando la tecla F2.

3.   Desde el submenú "Ver" de la barra de menús.

En la ventana del Examinador de Objetos hay varios elementos que permiten la búsqueda de un método o propiedad que aplican a una biblioteca de objetos y obtener información acerca del método o propiedad seleccionada.

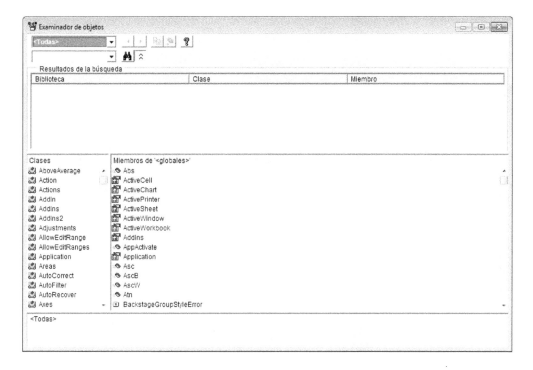

Figura 1.38. Examinador de objetos.

Veamos lo que se considera son los elementos más importantes. Ud. puede experimentar con los otros botones.

1.   Cuadro combinado Proyecto/Biblioteca <Todas>

Cuando se hace click encima de este elemento (*widget*), se muestra la ventana que se muestra en la figura 1.39.

En este listado se muestran las librerías actualmente referenciadas para el proyecto activo con el que se está trabajando. Si se selecciona la opción "Todas", entonces se mostrarán todas las clases de todas las librerías del proyecto activo. Si se selecciona la opción "VBAProject", se mostrarán todos los objetos del proyecto y todos sus miembros, es decir, las funciones y subrutinas de todas las clases listadas activas

(Figura 1.40. Se sugiere seleccionar otras opciones para irse familiarizando con las clases de cada librería. Por defecto, cada vez que se selecciona una librería en el menú de la figura 1.39 se muestran todos los miembros de esa librería (<globales>). Si se desea mirar solo los miembros de una clase en particular, esta debe seleccionarse en el área donde están las clases. Por ejemplo, si se selecciona "Module1", en el área de Miembros se verán listadas todas las funciones y subrutinas que allí estén (figura 1.41).

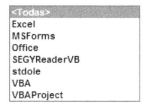

Figura 1.39. Menú que muestra las agrupaciones principales de los objetos VBA-Excel, incluyendo los que se han creado en el proyecto activo.

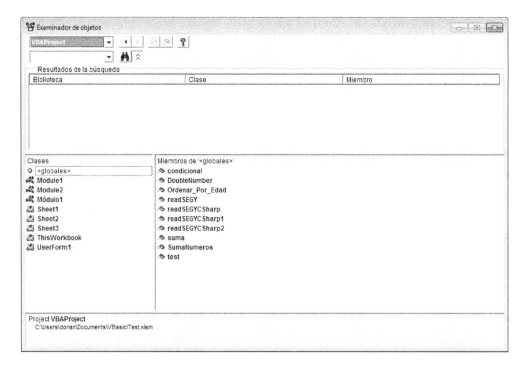

Figura 1.40. Examinador de objetos mostrando los objetos creados en el proyecto (libro Excel) activo.

2. Cuadro de texto.

En este control se puede colocar una palabra para búsqueda en el Examinador de Objetos. Esa palabra por supuesto puede ser una clase, método, propiedad, evento de la que se desee tener información. Imaginemos por un momento que deseamos obtener información sobre el objeto "worksheet". Este objeto es miembro de la colección *Worksheets*. Si seleccionamos el objeto (clase) *Worksheet* en el área de Clases del Examinador de objetos, veremos en el área justo al lado los miembros que lo componen. Estos miembros son todos los métodos, propiedades y eventos que lo conforman (figura 1.42).

3. Área de detalles.

En esta área (encerrada en un rectángulo en la figura 1.43), muestra la definición del miembro de la clase. En esa área, hay un hipertexto que lo vincula a la clase o librería a la que pertenece.

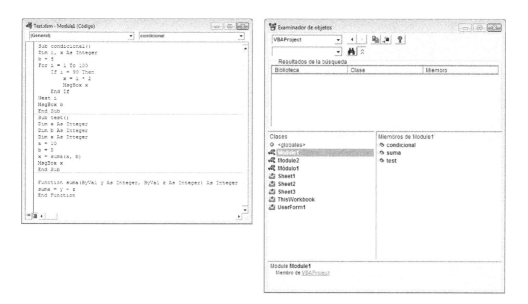

Figura 1.41. Examinador de objetos mostrando los miembros de la clase Modulo1. A la izquierda se muestra la ventana de código en la cual están los miembros (subrutinas) indicados.

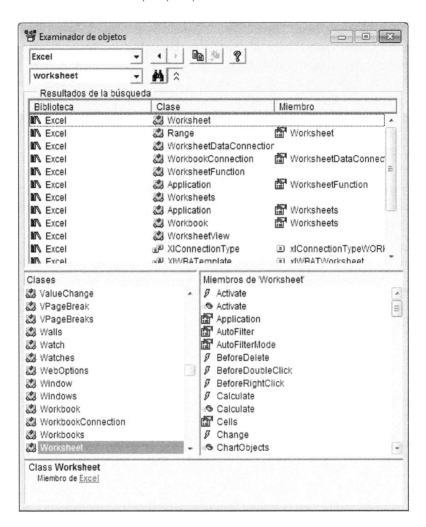

Figura 1.42. Componentes del objeto Worksheet.

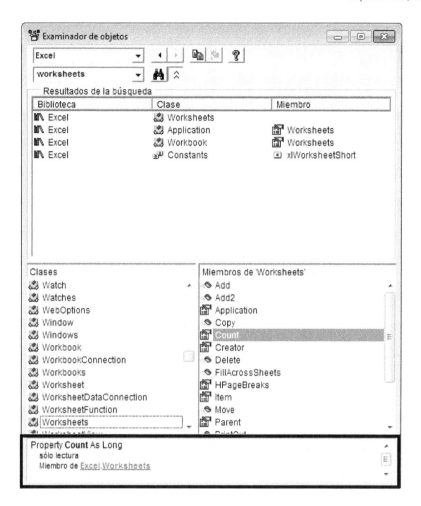

Figura 1.43. Área de detalles del miembro seleccionado en el Examinador de objetos.

Capítulo 2.
Macros, módulos y formularios.

2.1 Introducción.

Una macro es un conjunto de instrucciones traducidas a código VBA, que Excel hace por nosotros a medida que vamos ejecutando una tarea. Son útiles porque permiten, entre otras cosas, automatizar tareas repetitivas. También son útiles porque escriben código por nosotros, que luego podemos modificar para ajustarlo a nuestros propósitos. Muchas veces no recordamos como se llaman algunos objetos y como trabajar con ellos y las macros nos permiten acceder a esa información. Prácticamente cualquier operación que se haga en Excel es susceptible de generar código VBA. El producto de una macro es una subrutina.

2.2 Grabando una macro.

Veamos el siguiente ejemplo. Tenemos algunos datos de mi núcleo familiar, tal como se muestra en la figura 2.1.

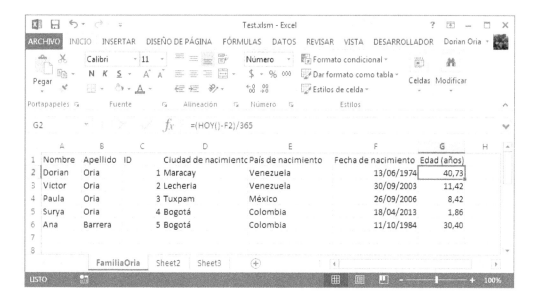

Figura 2.1. Datos sobre mi grupo familiar.

Se requiere ordenar esos datos por edad, de menor a mayor. Esta operación la vamos a hacer con Excel, pero en la medida en la que vayamos ejecutando la tarea, vamos a ir grabando una macro, que contendrá todo el código necesario para repetir la tarea las veces que sea necesario, con un solo click, sin necesidad de volver a ejecutar manualmente todos los pasos para conseguir ordenar la información.

Antes de comenzar la tarea, se debe iniciar el proceso de grabación. Para ello nos vamos a la pestaña "DESARROLLADOR". Excel deberá lucir como se muestra en la figura 2.2. Una vez allí, presionamos el botón "Grabar macro", que en la figura 2.3 aparece señalado por el puntero del ratón. Al hacer esto, aparece la ventana que se muestra en la figura 2.4.

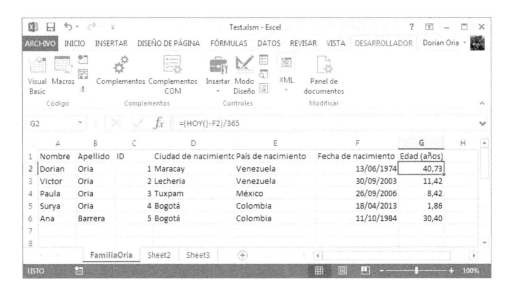

Figura 2.2. Interfaz de Excel mostrando la pestaña "DESARROLLADOR".

Figura 2.3. Interfaz de Excel con el botón "Grabar macro" destacado.

Una vez que se termine de hacer la operación, se vuelve a presionar el botón para detener la grabación.

En la ventana de la figura 2.4 se puede personalizar el nombre de la macro. La figura 2.5 muestra como se ve la ventana de la figura 2.4, ahora personalizada. Nótese que en este momento es posible agregar atajos *(shortcuts)* a la macro, es decir, combinación de teclas para invocar la macro directamente. En nuestro ejemplo, para activar la macro hemos asignado la combinación de teclas Ctrl + Shift + O.

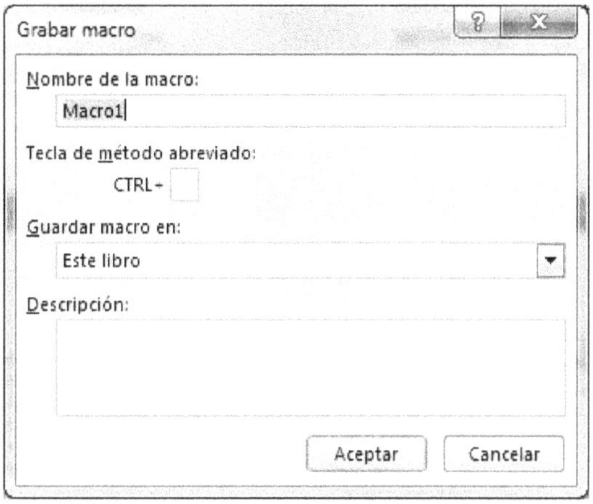

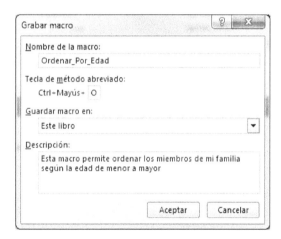

Figura 2.4. Ventana "Grabar macro".

Figura 2.5. Ventana "Grabar macro" con opciones de nombre y atajo (*shortcut*) personalizadas.

Una vez que se presiona Aceptar, todo lo que se haga de ahora en adelante quedará grabado en forma de código VBA. En la figura 2.6 se muestra como luce ahora el botón para detener la grabación de la macro.

Programación avanzada en VBA-Excel para principiantes.

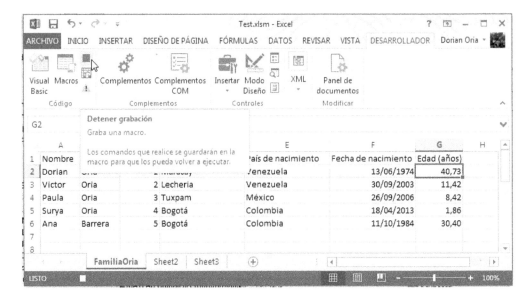

Figura 2.6. Interfaz de Excel mostrando el botón para detener la grabación de la macro.

Los datos, además de ordenarlos por edad, de menor a mayor, se han encerrado en una tabla y a esta se le han dado algunos retoques, como color a los encabezados, negrita para los títulos de las columnas, un color blanco para el contenido de la tabla y un color de fondo más claro que el del encabezado. La tabla ahora luce como se muestra en la figura 2.7.

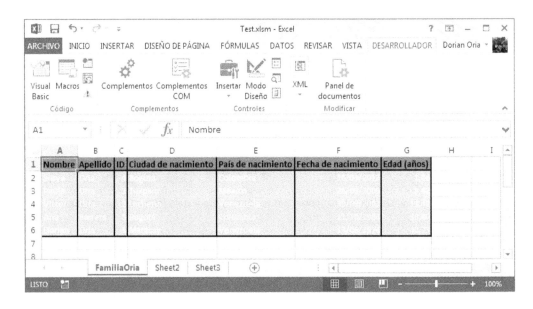

Figura 2.7. Datos de mi familia ordenados por edad.

Una vez que se termina de grabar la macro, vamos al ambiente de Visual Basic (Alt + F11) y buscamos el módulo donde está contenida la macro. Es posible que VBA agregue un nuevo módulo para colocar allí la macro creada. Las macros se crean como subrutinas (comienzan con la palabra clave Sub). Nuestra macro lucirá como se muestra en la subrutina 2.1. Los números en la columna de la izquierda corresponden al número de línea y son agregados sólo para referencia rápida. No forman parte del código.

Subrutina 2.1.

```vba
1   Sub Ordenar_Por_Edad()
2   '
3   ' Ordenar_Por_Edad Macro
4   ' Esta macro permite ordenar los miembros de mi familia según la edad de menor a mayor
5   '
6   ' Acceso directo: Ctrl+Mayús+O
7   '
8       Cells.Select
9       ActiveWorkbook.Worksheets("FamiliaOria").Sort.SortFields.Clear
10      ActiveWorkbook.Worksheets("FamiliaOria").Sort.SortFields.Add Key:=Range( _
11          "G2:G7"), SortOn:=xlSortOnValues, Order:=xlAscending, DataOption:= _
12          xlSortNormal
13      With ActiveWorkbook.Worksheets("FamiliaOria").Sort
14          .SetRange Range("A1:G7")
15          .Header = xlYes
16          .MatchCase = False
17          .Orientation = xlTopToBottom
18          .SortMethod = xlPinYin
19          .Apply
20      End With
21      Cells.Select
22      Cells.EntireColumn.AutoFit
23      Range("A1:G1").Select
24      Selection.Font.Bold = True
25      With Selection.Interior
26          .Pattern = xlSolid
27          .PatternColorIndex = xlAutomatic
28          .ThemeColor = xlThemeColorLight2
29          .TintAndShade = 0.399975585192419
30          .PatternTintAndShade = 0
31      End With
32      Range("A2:G6").Select
33      With Selection.Interior
34          .Pattern = xlSolid
35          .PatternColorIndex = xlAutomatic
36          .ThemeColor = xlThemeColorLight2
```

```
37    .TintAndShade = 0.799981688894314
38    .PatternTintAndShade = 0
39   End With
40   With Selection.Font
41    .Color = -16711681
42    .TintAndShade = 0
43   End With
44   With Selection.Font
45    .ThemeColor = xlThemeColorDark1
46    .TintAndShade = 0
47   End With
48   Range("A1:G1").Select
49   Selection.Borders(xlDiagonalDown).LineStyle = xlNone
50   Selection.Borders(xlDiagonalUp).LineStyle = xlNone
51   With Selection.Borders(xlEdgeLeft)
52    .LineStyle = xlContinuous
53    .ColorIndex = 0
54    .TintAndShade = 0
55    .Weight = xlMedium
56   End With
57   With Selection.Borders(xlEdgeTop)
58    .LineStyle = xlContinuous
59    .ColorIndex = 0
60    .TintAndShade = 0
61    .Weight = xlMedium
62   End With
63   With Selection.Borders(xlEdgeBottom)
64    .LineStyle = xlContinuous
65    .ColorIndex = 0
66    .TintAndShade = 0
67    .Weight = xlMedium
68   End With
69   With Selection.Borders(xlEdgeRight)
70    .LineStyle = xlContinuous
71    .ColorIndex = 0
72    .TintAndShade = 0
73    .Weight = xlMedium
74   End With
75   Selection.Borders(xlInsideVertical).LineStyle = xlNone
76   Selection.Borders(xlInsideHorizontal).LineStyle = xlNone
77   Range("A2:G6").Select
78   Selection.Borders(xlDiagonalDown).LineStyle = xlNone
79   Selection.Borders(xlDiagonalUp).LineStyle = xlNone
80   With Selection.Borders(xlEdgeLeft)
81    .LineStyle = xlContinuous
```

```
82       .ColorIndex = 0
83       .TintAndShade = 0
84       .Weight = xlMedium
85     End With
86     With Selection.Borders(xlEdgeTop)
87       .LineStyle = xlContinuous
88       .ColorIndex = 0
89       .TintAndShade = 0
90       .Weight = xlMedium
91     End With
92     With Selection.Borders(xlEdgeBottom)
93       .LineStyle = xlContinuous
94       .ColorIndex = 0
95       .TintAndShade = 0
96       .Weight = xlMedium
97     End With
98     With Selection.Borders(xlEdgeRight)
99       .LineStyle = xlContinuous
100      .ColorIndex = 0
101      .TintAndShade = 0
102      .Weight = xlMedium
103    End With
104    Selection.Borders(xlInsideVertical).LineStyle = xlNone
105    Selection.Borders(xlInsideHorizontal).LineStyle = xlNone
106    Range("B1:B6,D1:D6,F1:F6").Select
107    Range("F1").Activate
108    Selection.Borders(xlDiagonalDown).LineStyle = xlNone
109    Selection.Borders(xlDiagonalUp).LineStyle = xlNone
110    With Selection.Borders(xlEdgeLeft)
111      .LineStyle = xlContinuous
112      .ColorIndex = 0
113      .TintAndShade = 0
114      .Weight = xlMedium
115    End With
116    With Selection.Borders(xlEdgeTop)
117      .LineStyle = xlContinuous
118      .ColorIndex = 0
119      .TintAndShade = 0
120      .Weight = xlMedium
121    End With
122    With Selection.Borders(xlEdgeBottom)
123      .LineStyle = xlContinuous
124      .ColorIndex = 0
125      .TintAndShade = 0
126      .Weight = xlMedium
```

127	End With
128	With Selection.Borders(xlEdgeRight)
129	.LineStyle = xlContinuous
130	.ColorIndex = 0
131	.TintAndShade = 0
132	.Weight = xlMedium
133	End With
134	Selection.Borders(xlInsideVertical).LineStyle = xlNone
135	Range("A1").Select
136	End Sub

Por ahora no nos vamos a preocupar por analizar el contenido de la macro. Sólo se pretende en este momento que Ud. se familiarice con el uso de la grabadora de macros y sepa cómo hacerlo y luego se acceda a su contenido. Posteriormente veremos cómo podemos, una vez grabada la macro, modificarla para ajustarla a nuestros propósitos. Se verá que esto permite agregarle una potencia a Excel increíble.

Solo para tener una idea de la potencia y practicidad de una macro, copie el contenido de la hoja de cálculo "FamiliaOria" y cópiela en otra hoja de cálculo. Cámbiele el nombre. Para efectos del ejercicio yo se lo cambié a "FamiliaOria2". Una vez hecho esto, vaya al código de la macro recién grabada, que llamamos Macro Ordenar_Por_Edad (Subrutina 2.1). Allí, cambie el nombre de la hoja "FamiliaOria" por "FamiliaOria2" (líneas 9, 10 y 13). Ahora bien, para la ejecución de la macro o subrutina puede hacerlo de varias formas. Desde el ambiente VBA, puede poner el cursor en cualquier línea dentro de la subrutina y presionar F5. También puede hacerse presionando el botón "Ejecutar Sub/UserForm (F5)" de la barra de herramientas Estándar (encerrado en un cuadrado en la figura 2.8).

Figura 2.8. Barra de herramientas Estándar del ambiente VBA.

También desde el ambiente de VBA puede ejecutar la subrutina desde el submenú Ejecutar de la Barra de Menús.

Otra forma de ejecutar la macro es desde el ambiente Excel. Allí, diríjase a la pestaña DESARROLLADOR y allí presione el botón Macros (encerrado en un cuadrado en la figura 2.9).

Cuando se intenta ejecutar la macro desde el ambiente Excel, aparece la ventana que se muestra en la figura 2.10. Allí se selecciona la subrutina que queremos ejecutar y presionamos el botón "Ejecutar". En nuestro caso, ejecutaremos la subrutina Ordenar_Por_Edad. Otra forma de ejecutar desde el ambiente Excel es presionando las teclas que establecimos como atajo (*shortcut*) cuando comenzamos a grabar la macro. Para nuestro caso eran las teclas Ctrl+Shift+O. Si no lo recuerda, la grabadora de macros de Excel gentilmente grabó la combinación de teclas para nosotros y lo escribió como comentario al comienzo de nuestra subrutina.

Figura 2.9. Barra de herramientas de la pestaña DESARROLLADOR en el ambiente Excel.

Figura 2.10. Ventana de macros.

Una vez que se ejecute la macro, la tabla que ahora está en la hoja de cálculo "FamiliaOria2" debe lucir exactamente como la que está en la hoja de cálculo "FamiliaOria". Como podrá haber notado, decir que se tardó un segundo en hacer lo queríamos probablemente sería exagerado. Ya con este ejemplo pudo experimentar su primera edición de una macro. A medida que se vayan explicando nuevos ejercicios, irá entendiendo más el modelo de objetos de Excel, así como sus métodos y propiedades.

En la versión de Excel que estamos usando, hay un formato especial para guardar hojas de cálculo Excel que contienen macros. El formato debe tener extensión .xlsm (Libro de Excel habilitado para macros). De otro modo, no se le ofrecerá la opción de poder ejecutar estos programas.

2.3 Módulos.

Un módulo puede contener procedimientos (en forma de funciones o subrutinas), tipos y declaración de datos y definiciones. Todas las declaraciones y definiciones que se hagan en un módulo son públicas por defecto. Esto quiere decir que se pueden invocar desde la ventana de código de cualquier objeto listado en el Explorador de proyectos. Hagamos el siguiente experimento. Movamos el código que se muestra en la figura 1.19 a la ventana de código del objeto *Sheet1*. Para acceder a esta ventana, busque el objeto en el Explorador de proyectos y haga doble-click en él. Aparecerá una ventana como la que se muestra en la figura 2.11 (cuando la ventana de código se abre por primera vez está vacía. En la que se muestra en la figura 2.11 ya he agregado el código). En la ventana de código Module1 hemos dejado a la función suma. Al ejecutar desde la ventana que se muestra en la figura 2.11, verá que se produce el mismo resultado que cuando la subrutina se ejecutaba desde Module1.

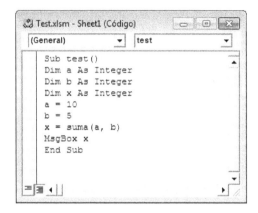

Figura 2.11. Código de la figura 1.19 ahora en el objeto *Sheet1*.

Para insertar un módulo en el proyecto activo, se puede hacer click con el botón derecho del ratón sobre cualquier objeto mostrado en el Explorador de proyectos y aparecerá el menú que se muestra en la figura 2.12. Al ubicarse en la palabra "Insertar" aparece el menú que se muestra en la figura 2.13.

Otra forma de hacerlo es a través del menú "Insertar" de la Barra de menús.

Desde la figura 1.7 ya hemos visto algunos ejemplos de módulos, cuando se explicaron los componentes del entorno de programación VBA.

2.3.1 Subrutinas.

Son procedimientos que ejecutan una tarea dentro de un programa y no regresan un valor. Las subrutinas comienzan con la palabra reservada **Sub** y terminan con la sentencia **End Sub**. Las subrutinas pueden recibir argumentos de entrada de los procedimientos desde donde son invocadas. Un ejemplo de subrutina es la que se muestra en la figura 2.11. Una macro, como por ejemplo Ordenar_Por_Edad es una subrutina (subrutina 2.1). Si cuando se crea una macro, no hay módulos insertados, VBA los inserta automáticamente.

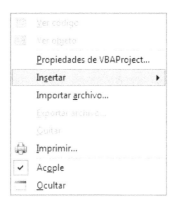

Figura 2.12. Menú con opción Insertar desde Explorador de proyectos.

Figura 2.13. Objetos que se pueden insertar desde el ambiente VBA-Excel.

2.3.2 Funciones.

Una función es un procedimiento que ejecuta una tarea dentro de un programa y regresa un valor. Las funciones comienzan con la palabra clave **Function** y terminan con la sentencia **End Function**. Las funciones, al igual que los procedimientos, también pueden recibir argumentos de entrada desde los procedimientos desde son invocadas. Por ejemplo, en la figura 1.22 se muestra la función suma, la cual es invocada desde la subrutina test (línea 7). La función suma devuelve el resultado de sumar dos números. Cuando se pasan argumentos a una función, es importante el orden en el cual aparecen los argumentos en la declaración de la función. Veamos el mismo ejemplo que se mostró en la figura 1.22, ahora en la figura 2.14. En la línea 7 de la subrutina test se invoca a la función suma. Se pasan dos argumentos: los valores que tienen las variables "a" y "b". Para que la función pueda darle un trato justo a los valores que va a recibir de entrada, deben estar en el mismo orden. Para nuestro ejemplo, la variable "y" en la función suma recibe el valor de la variable "a" y la variable "z" recibe el valor de la variable "b". Es como si la función dijera: yo te recibo los valores que quieras enviarme, pero en mi dominio tienen estos nombres. Como puede notarse, en la línea 2 de la función, suma es igual a y+z. La variable que tendrá el valor a devolver debe llamarse igual que el nombre de la función. Para aquellos que han tenido la oportunidad de programar en Visual Basic, verán en esto una diferencia, pues en Visual Basic se usa la palabra **Return** para regresar una operación, sin necesariamente generar otra variable.

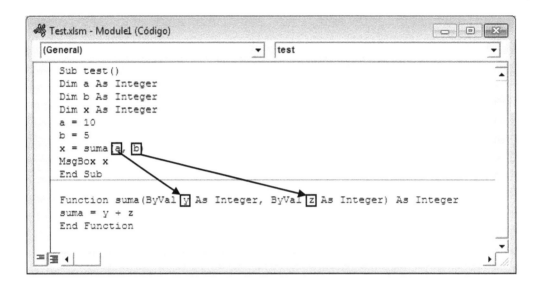

Figura 2.14. Subrutina test mostrando el proceso de paso de valores a la función suma.

Otro aspecto a tener en cuenta es que los tipos de variable en la función que va a recibir los valores desde la invocación deben ser del mismo tipo que las variables que le son enviadas. Sin embargo, la función no necesariamente tiene que devolver el mismo tipo de variable.

La función la hemos llamado suma, lo cual, en Excel en español no representa ningún problema siempre que la función se utilice en el ambiente VBA. Sin embargo, es importante destacar que las funciones en VBA también se pueden usar en una celda en una hoja de cálculo, por lo que es recomendable no utilizar nombres para las funciones que ya existan en Excel.

Puede haber funciones que no regresan nada, por lo que en este caso se comportarían como una subrutina. Es más, en estos casos, se puede usar indistintamente la palabra reservada **Function** o **Sub**. Para llamar o invocar a una subrutina o a una función que no devuelve nada, se usa la palabra clave **Call**. En el capítulo 13 veremos un ejemplo de esto.

2.3.3 Referencias.

En lenguajes de programación, una referencia es una librería que desempeña una tarea que nuestro programa no hace y que se incluye como parte del mismo. Es como una función, con una complejidad mayor. También se le envían parámetros para que con ello ejecute una tarea. Las referencias se pueden insertar en nuestra aplicación, a través del menú Herramientas de la Barra de menús del entorno VBA y pueden ser librerías dinámicas (archivos .dll), archivos ejecutables o controles Activex. La figura 2.15 muestra un ejemplo de ventana que se abre cuando se desea insertar una referencia. Para buscar la referencia, se presiona el botón "Examinar". Al hacerlo, se muestra una ventana como la de la figura 2.16. El archivo que se debe seleccionar es el que tiene la extensión .*tlb*. Una vez hecho esto, ya estamos listos para usar la librería.

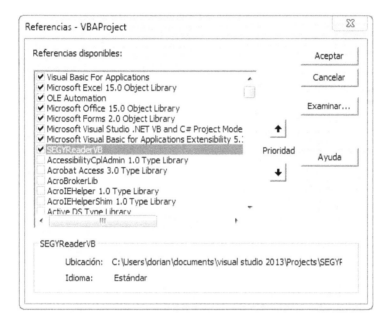

Figura 2.15. Ventana listando las referencias activas y las posibles para activar.

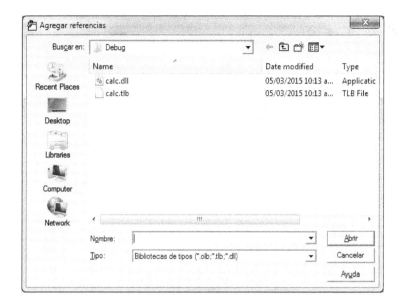

Figura 2.16. Ventana para escoger la referencia.

En el capítulo 14 se mostrará de forma completa el proceso de hacer una librería en Visual Basic.

A continuación se muestra el código de ejemplo que se programó en VBA para ilustrar como hacer uso de una librería.

Subrutina 2.2.

```
1   Sub calculadora()
2   Dim i, j As Double
3   i = 4.4
4   j = 7.3
5   Dim classCalc As New calc.calc
6   MsgBox "La suma de " & i & " + " & j & " = " & classCalc.suma(i, j) & vbNewLine & _
7       "La resta de " & i & " - " & j & " = " & classCalc.resta(i, j) & vbNewLine & _
8       "El producto de " & i & " * " & j & " = " & classCalc.producto(i, j) & vbNewLine & _
9       "La division de " & i & " / " & j & " = " & classCalc.division(i, j)
10  End Sub
```

Para poder usar la librería debemos crear un objeto nuevo basado en la librería que acabamos de referenciar. Esto se hace en la línea 5 del código mostrado. classCalc será el nombre que le vamos a asignar a ese objeto (Ud. puede usar el nombre que prefiera). La primera palabra *calc* corresponde al nombre de la librería y la segunda palabra *calc* (en la expresión *New calc.calc*) corresponde al nombre del objeto (clase), dentro del cual están las funciones de la calculadora. Como puede notarse en el código de la librería en Visual Basic, dentro de la clase *calc* hay cuatro funciones. Para referirnos a cada una de ellas, entonces usamos el nombre de la clase recién declarada seguido de un punto y luego el nombre de la función. Así, si queremos referirnos a la función suma escribimos *classCalc.suma* (línea 6 del código de la subrutina). Como puede notarse en el código de la librería, la función suma recibe dos números. Así, cuando se invoca la función desde nuestro código VBA, también le debemos pasar la misma cantidad de parámetros. Al ejecutarse el código, se muestra la ventana de la figura 2.17.

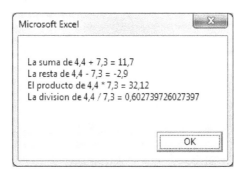

Figura 2.17. Resultado de la ejecución de la subrutina 2.2.

2.3.4 Sentencias tipo (*type statements*).

Este tipo de sentencias son usadas dentro de un módulo para definir un tipo de dato definido por el usuario y que puede contener uno o más elementos. A continuación, se mostrará el tipo de dato SEGY (http://en.wikipedia.org/wiki/SEG_Y) y luego se usará en una subrutina en la cual se le asignarán valores y luego se mostrarán.

```
1   Type SEGY
2       RN As Integer  'Reel Number
3       DT As Integer  'Data traces per record
4       SR As Integer  'Sample rate (microseconds)
5       NS As Integer  'Number of samples per data trace
6       Formato As Integer 'Data sample format code
7   End Type
```

Subruitna 2.3.
```
1   Sub ShowSEGYInfo()
2   Dim InfoSEGY As SEGY
3       InfoSEGY.RN = 5430
4       InfoSEGY.DT = 2600
5       InfoSEGY.SR = 2000
6       InfoSEGY.NS = 3401
7       InfoSEGY.Formato = 1
```

8	MsgBox "El archivo, cuyo Reel Number es " & InfoSEGY.RN & " tiene " & InfoSEGY.DT & " trazas" & vbNewLine & _
9	"Rata de muestreo (microsegundos): " & InfoSEGY.SR & vbNewLine & _
10	"El numero de muestras por traza es: " & InfoSEGY.NS & vbNewLine & _
11	"Formato de la informacion es: " & InfoSEGY.Formato
12	End Sub

2.4 Módulos Clase (*Class Modules*).

Una clase es un tipo. Las clases pueden usarse como cualquier otro tipo (*string, integer*), de forma tal que permita declarar variables, parámetros, propiedades. Las clases no consumen memoria. Comienzan a hacerlo en el momento en el que, a través de un proceso llamado "instanciar" (*instantiating*), se tiene una variable de esa clase tipo y se crea una instancia de esa clase con la palabra clave *New*. Una clase se define por sus propiedades, las cuales describen los atributos de la clase y sus métodos (procedimientos Sub y Function), que llevan a cabo acciones en el objeto. Para introducir una clase, se puede repetir el mismo procedimiento explicado en el punto 2.3, sólo que en este caso se escogerá la opción que aparece resaltada en el menú que se muestra en la figura 2.18.

Figura 2.18. Insertando un módulo de clase.

Por defecto, la clase que será insertada lleva por nombre Clase1 (si se trata claro de la primera que se agrega). En la ventana Propiedades (ventana 2, explicada en la introducción, figura 1.4) se puede cambiar el nombre de la clase. En este caso hemos cambiado el nombre a RSEGYF, tal como se puede ver en la figura 2.19.

Ahora vamos al ejemplo. El código que se muestra a continuación es el de la clase que queremos crear.

Subrutina 2.4.

1	Option Explicit
2	Public RN As Integer
3	Public DT As Integer
4	Public SR As Integer
5	Public NS As Integer
6	Public Function cadena(ByVal RN As Integer, ByVal DT As Integer, ByVal SR As Integer, ByVal NS As Integer) As String

7	cadena = "El archivo SEGY" & " tiene Reel Number: " & RN & vbNewLine & _
8	"Tiene: " & DT & " trazas" & vbNewLine & _
9	"Rata de muestreo: " & SR & " microseconds" & vbNewLine & _
10	"Muestras por traza: " & NS & " muestras"
11	End Function

Figura 2.19. Ventana Propiedades mostrando el nuevo nombre de la clase.

Ahora, en una ventana de código de cualquier objeto que no sea una clase, se puede escribir el código de la subrutina 2.5, el cual será el que usará a la clase que hemos creado (RSEGYF).

Subrutina 2.5.

1	Sub ShowSEGYInfo()
2	Dim texto As String
3	Dim Clase As New RSEGYF
4	Dim InfoSEGY As SEGY
5	InfoSEGY.RN = 5430
6	InfoSEGY.DT = 2600
7	InfoSEGY.SR = 2000
8	InfoSEGY.NS = 3401
9	InfoSEGY.Formato = 1
10	texto = Clase.cadena(InfoSEGY.RN, InfoSEGY.DT, InfoSEGY.SR, InfoSEGY.NS)
11	MsgBox texto
12	End Sub

La figura 2.20 muestra el resultado de la ejecución de la subrutina 2.5.

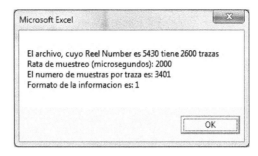

Figura 2.20. Resultado de la ejecución de la subrutina 2.5.

2.5 Formularios (*userforms*).

Los formularios de usuario (de ahora en adelante solo formularios) nos proveen de una interfaz que nos permite capturar y mostrar información. Tanto los formularios como los controles tienen propiedades, métodos y eventos contra los cuales se puede escribir código. A medida que vamos agregando formularios de usuario (como en el caso de las clases, los módulos y los objetos de Excel), Excel los va llamando según un número consecutivo: UserForm1, UserForm2 y así sucesivamente. Sin embargo, estos nombres pueden ser cambiados y se sugiere de hecho que se cambien, pues esto facilita la comprensión del código. Este nombre que se le coloca para referirse al formulario de usuario (propiedad *Name*) no necesariamente debe corresponder con el nombre con el que se desea mostrar el formulario (propiedad *Caption*).

Los formularios pueden ser agregados usando un procedimiento similar al de agregar módulos y clases (figura 2.18). Cuando se agrega un formulario, aparece además el Cuadro de herramientas (*Toolbox*), tal como se muestra en la figura 2.21.

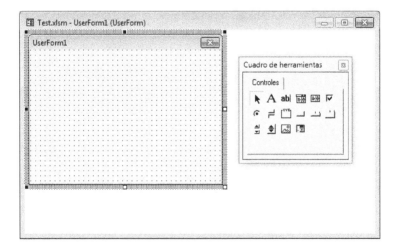

Figura 2.21. Formulario nuevo y cuadro de herramientas (*toolbox*).

La ventana del Cuadro de herramientas se puede personalizar. Entre las diferentes opciones de personalización se encuentran:

1. Agregar pestañas. Para esto y otras opciones relacionas con pestañas, como mover, cambiarles el nombre, eliminarlas y agregar texto informativo sobre la pestaña, se presiona el botón derecho del ratón a la altura de la pestaña Controles y aparece el menú que se muestra en la figura 2.22.

Figura 2.22. Menú de opciones de configuración de cuadro de herramientas.

2. Agregar otros controles disponibles, tanto en VBA-Excel como otros controles Activex provenientes de otras aplicaciones. Para hacer esto, se hace click con el botón derecho del ratón en el área donde están los demás controles. Una vez hecho aparece el menú que se muestra en la figura 2.23. Al hacer click sobre Controles adicionales, aparece la ventana que se muestra en la figura 2.24.

    Es posible que tengamos controles Activex no listados en la ventana que se muestra en la figura 2.24. En estos casos, es necesario agregar antes el control como referencia. Después de eso, aparecerá listado en la ventana de controles adicionales.

Figura 2.23. Menú para agregar controles adicionales al cuadro de herramientas.

3. Agregar controles que hayamos personalizado. Por ejemplo, agreguemos una etiqueta al formulario. Para ello se presiona el botón que tiene dibujada una letra "A" A. Este botón se puede agregar arrastrándolo y soltándolo en el formulario o haciendo un click simple sobre él (con el botón izquierdo del ratón) y luego haciendo click encima del formulario.

    Cambiemos el texto que se muestra en la etiqueta, haciendo click sobre el área donde está el texto. En modo edición, el control luce como se muestra en la figura 2.25.

Borramos el texto y lo cambiamos por uno de nuestra preferencia. Hacemos click fuera del área del texto y finaliza el modo edición de la etiqueta.

Arrastremos el control hacia el Cuadro de herramientas. El botón lucirá igual que el botón de dónde provino. La diferencia es que éste está personalizado. Si Ud. desea, arrástrelo de nuevo al formulario y verá que ahora en lugar de decir Label1, como sucedió con la primera etiqueta que se agregó, ahora mostrará el texto que Ud. editó. En la figura 26 se muestra como luce la etiqueta con el texto cambiado y cómo luce el Cuadro de herramientas con este control personalizado. Como puede notarse, ambos controles (el original y el personalizado) lucen iguales. Se puede cambiar la imagen que se muestra y la etiqueta que muestra información cuando el ratón está encima del control (*tooltip*). Para ello se hace click encima del control con el botón derecho y esto hace que aparezca la misma ventana que se muestra en la figura 2.23, pero con todas las opciones activas. Se selecciona la opción Personalizar Elemento y esto hace que aparezca la ventana que se muestra en la figura 2.27.

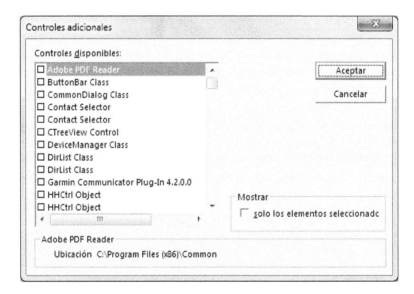

Figura 2.24. Ventana de controles adicionales disponibles.

En capítulos posteriores, cuando comencemos a trabajar con ejemplos más prácticos, los diversos elementos del Cuadro de herramientas se irán introduciendo y explicando su funcionamiento.

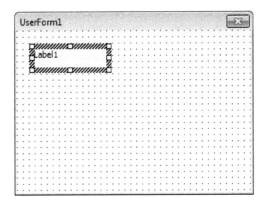

Figura 2.25. Formulario con una etiqueta (label) agregada.

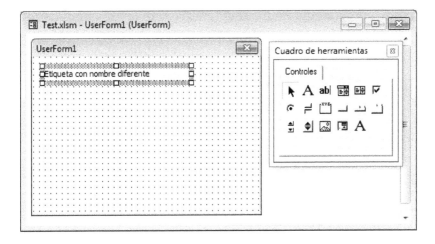

Figura 2.26. Formulario mostrando la etiqueta con el texto personalizado y cuadro de herramientas mostrando el nuevo control etiqueta (*label*) personalizado.

Figura 2.27. Ventana para personalizar control.

Parte II.
Un poco de
programación.

Capítulo 3.
Variables, constantes, operadores y arreglos (arrays).

3.1 Introducción.

La verdadera potencia de Excel se alcanza combinando el manejo de los diferentes objetos que tiene con algunos conocimientos básicos de programación en Visual Basic para Aplicaciones (VBA). En general, el lenguaje de VBA-Excel es muy parecido a Visual Basic. Se trata de una versión un poco más ligera que Visual Basic (aunque no por eso menos potente). Esto quiere decir que si Ud. tiene un conocimiento de programación en Visual Basic, este capítulo será pan comido. Y si sabe programar en otro lenguaje, bueno, aquí se aplica el mismo concepto que con los idiomas. Dicen que el más difícil es el primero, ya los demás se aprenden más fácilmente.

En esta parte vamos a hablar un poco sobre variables, constantes, arreglos (*arrays*), operadores, instrucciones para controlar flujos de repeticiones y otros conceptos necesarios para explotar a fondo toda la potencia de Excel y VBA.

3.2 Ámbito de declaración.

VBA, así como VB y cualquier otro lenguaje de programación, usa variables para almacenar valores. Una variable tiene un nombre y también tiene un tipo. Una variable también puede representar un arreglo (*array*) si almacena un conjunto indexado de elementos estrechamente relacionados.

A diferencia de otros lenguajes como C, C++, C#, Java, entre otros, en VBA Excel no es estrictamente necesario por parte del usuario declarar las variables para que el programa se pueda ejecutar. Sin embargo, en la práctica es bastante útil hacerlo, ya que con ellos aumenta la legibilidad de los programas, sin contar con el hecho de que con esto se hace un uso más óptimo de la memoria. En el caso de VBA, si no se declara el tipo de variable, él lo hace por nosotros, asumiendo que la variable que no declaramos es de tipo Variant.

Si deseas que alguien te recuerde que debes declarar siempre las variables que vas a usar, puedes usar la expresión *Option Explicit* al comienzo de un módulo, tal como se muestra en la figura 3.1.

Algunas restricciones para nombrar variables son:

1. El primer carácter debe ser una letra.

2. Los nombres de las variables no son susceptibles de ser escritos en mayúsculas o minúsculas. Es decir, la variable "t" es la misma que "T".
3. No se pueden usar espacios, puntos, signos de exclamación o los caracteres @, &, $ o #.

4. No se pueden usar nombres que ya se estén usando en subrutinas o funciones, métodos, declaraciones. Tampoco se pueden usar palabras reservadas, tales como Integer, Single, Dim, Sub, End, With, etc.

5. No se pueden repetir nombres de variables en el mismo contexto.

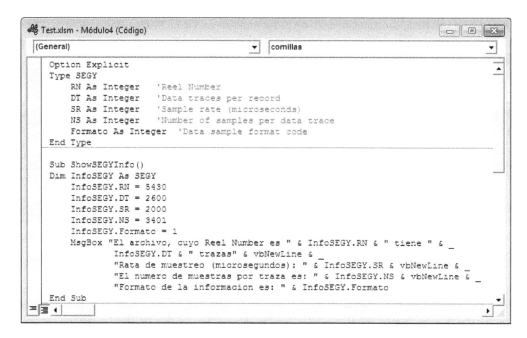

Figura 3.1. Ventana de código mostrando la expresión *Option Explicit* que obliga a declarar las variables en ese módulo.

Si intentamos ejecutar el siguiente código y estamos usando *Option Explicit*, se producirá el error que se muestra en la figura 3.2.

Subrutina 3.1.

1	Sub Explicito()
2	t = 5
3	MsgBox t
4	End Sub

Este error ocurrió porque no se declaró la variable "t" en esa rutina. Así, debería agregarse antes de la línea 2, la instrucción:

Dim t As Integer

La instrucción *Option Explicit* sólo funciona en el módulo donde se haya declarado. Una forma de garantizar que forme parte de todos los módulos es activándola a través de *Opciones* del menú Herramientas de la Barra de menús (rectángulo en la figura 3.3). Esto sólo funciona para los módulos que se vayan a agregar después de haber hecho este cambio. No aplica para los módulos que ya se hayan agregado. En estos debe hacerse manualmente escribiendo la instrucción.

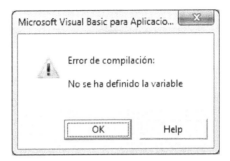

Figura 3.2. Error que se produce cuando se intenta ejecutar una subrutina sin declarar el tipo de variables usando *Option Explicit*.

Otras consideraciones a tomar en cuenta en el trabajo con variables dependen del ámbito en el cual se desea que la variable esté presente. Por ejemplo, a nivel de subrutina, se puede declarar una variable usando la palabra reservada **Dim** y la variable sólo estará disponible para en ese contexto. Una variable declarada con **Dim** o **Private** al principio de un módulo, será pública en ese módulo, es decir, podrá ser invocada desde cualquier subrutina. Sin embargo, no estará disponible en el resto de la aplicación. Estas declaraciones deben estar al principio de la ventana de código del objeto, por encima de cualquier subrutina o función de ese objeto.

Si se desea que la variable está disponible para todos los procedimientos de todos los objetos (módulos, formularios, objetos de Excel), entonces debe usarse la palabra **Public** al principio de cualquier módulo y antes de cualquier subrutina o función. Sólo se admite en módulos. No funciona para el propósito descrito si se usa en otros objetos. Si se usa la palabra **Public** en cualquier otro objeto que no sea un módulo, la variable se comportará de la misma forma que si se hubiese declarado con **Dim** o con **Private**.

Veamos el ejemplo que se muestra en la figura 3.4. Se ha declarado la variable "x" como pública en un módulo (Módulo5). Luego, en otro objeto (Sheet1), se ha escrito una subrutina, la cual se muestra en la figura 3.5. En esta subrutina se suman dos números y el resultado se almacena en la variable "x". Procedamos a ejecutar la subrutina sumaX. Una vez ejecutada, volvamos a la ventana de código del módulo que se muestra en la figura 3.4 y ejecutemos la subrutina ShowX. Al hacerlo, aparecerá la ventana que se muestra en la figura 3.6.

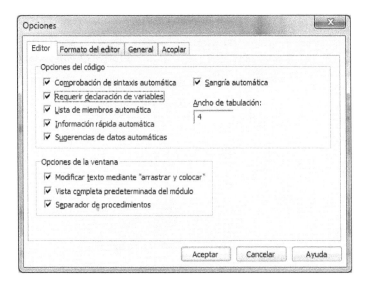

Figura 3.3. Ventana de opciones, resaltando la opción de obligar a declarar variables.

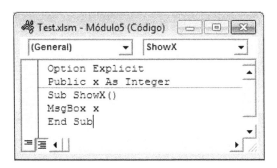

Figura 3.4. Módulo mostrando una declaración pública de una variable ("x").

El objetivo con este ejemplo es mostrar lo siguiente:

1. Ya que la variable fue declarada **Public** en un módulo, ésta se hace global para todos los objetos de la aplicación activa. Luego, nótese como en otro objeto se pudo ejecutar una subrutina donde se usa la variable "x" sin haber sido declarada dentro del procedimiento (figura 3.5) ni dentro del objeto en sí (ventana de código del objeto *Sheet1*). Una vez ejecutada la subrutina se procedió a ejecutar otra subrutina para mostrar el valor de "x" (figura 3.4), que está en la ventana de código de otro objeto (en este caso dentro de un módulo).

2. Mientras la aplicación siga abierta, este valor de "x" permanecerá en memoria hasta que lo cambiemos en otro procedimiento (o en el mismo donde se ejecutó la instrucción de asignación) o hasta que se cierre la aplicación.

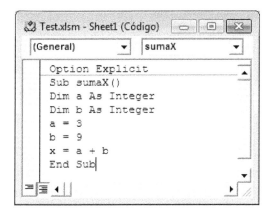

Figura 3.5. Subrutina que calcula la suma de dos números y los almacena en la variable "x".

Figura 3.6. Resultado de la ejecución de la subrutina ShowX mostrada en la figura 3.4.

Otro forma especial de definir un ámbito para una variable es usando la palabra reservada **Static**. Las variables **Static** son un caso especial debido a que ellas retienen su valor, aún después de haber finalizado la ejecución de la subrutina o función. Sin embargo, sólo funcionan dentro del ámbito donde están declaradas. El valor almacenado de estas variables no puede ser usado fuera del ámbito en el cual se declararon. Por ejemplo, veamos el siguiente el código.

Subrutina 3.2.

1	Sub test()
2	Dim b As Integer
3	Dim a As Integer
4	a = 4
5	b = 5
6	x = suma(a, b)
7	MsgBox x
8	End Sub

En esta subrutina se invoca una función llamada **suma**.

Subrutina 3.3.

1	Function suma(ByVal y As Integer, ByVal z As Integer) As Integer
2	Static v As Integer
3	suma = y + z
4	v = v + 1
5	MsgBox v
6	End Function

Dentro de la función tenemos una variable declarada como **Static**, que queremos que lleve la cuenta de las veces que se ejecuta la función. Al ejecutar la subrutina test (subrutina 3.2), al momento de invocar la función, hará que aparezcan dos ventanas. La primera de ellas mostrará la vez que se ha ejecutado la función (el valor de la variable "v" dentro de la función suma). Si ejecutamos la subrutina varias veces, veremos como este valor se incrementa. El valor almacenado en la variable "v", usada como contador, desaparecerá (o se reiniciará) sólo cuando se cierre la aplicación o se presione el botón en forma de cuadrado que está en la barra de herramientas Estándar ▪. Si tiene dudas respecto al uso de **Static**, cámbiela por **Dim** y vea que pasa.

Ahora bien, si intentáramos mostrar el valor de la variable "v" en otra subrutina, como se hizo en el caso de la variable "x" mostrado en la figura 3.4, veríamos que no muestra ningún valor. Por ejemplo, después de haber ejecutado la subrutina 3.2, intente ejecutar la subrutina 3.4 y vea que pasa.

Subrutina 3.4.

1	Sub ShowV()
2	MsgBox v
3	End Sub

3.3   Tipos de variables.

3.3.1   Variant.

Este tipo de variable almacena valores numéricos y no numéricos. Es bastante útil cuando no se está seguro del tipo de variable y sólo puede ser conocido en tiempo de ejecución. Una variable **Variant** también puede ser declarada explícitamente. Por ejemplo:

Dim X
Dim X As Variant

Con una variable tipo Variant se pueden representar otros tipos de datos, como enteros, flotantes, dobles, etc.

Debido a que esta variable puede contener casi cualquier tipo de dato, es necesario que se aparten 16 bytes de almacenamiento en memoria, aun cuando el tipo de dato requiriese menos que eso. Esto podría ser un inconveniente, debido al gran consumo de memoria en caso de que no se declare ninguna variable en nuestro código según su verdadera naturaleza. En el caso de contener una cadena de caracteres, se necesitan 22 bytes más la longitud de la cadena.

3.3.2 Decimal.

Es un subtipo de dato Variant y puede almacenar valores en el rango entre -79228162514264337593543950335 hasta 79228162514264337593543950335 si el valor no contiene cifras decimales. En caso de que se desee usar para representar valores con decimales, tiene una precisión de hasta 28 decimales con valores desde -7.9228162514264337593543950335 hasta 7.9228162514264337593543950335.

3.3.3 Boolean.

Este tipo de variable solo tiene dos estados: *True* o *False* (Verdadero o Falso). Se usa como bandera (*flags*) o condicional.

3.3.4 Byte.

Corresponde a una variable de 8 bits y puede almacenar valores entre 0 y 255.

3.3.5 Integer (*entero*).

Una variable *integer* (o entero) necesita 16 bits y los valores que puede representar varían desde -32768 hasta 32767.

3.3.6 Long.

Es también una variable para almacenar números enteros, pero muy grandes, entre el rango -2147483648 y 2147483647.

3.3.7 Single.

Es un tipo de datos de 32 bits que se usa para almacenar valores fraccionarios y su rango va desde -3.402823×10^{38} a $-1.401298 \times 10^{-45}$ para valores negativos y desde 1.401298×10^{-45} a 3.402823×10^{38} para valores positivos.

3.3.8 Double.

La diferencia entre esta variable y la tipo *single* es que esta es un tipo de datos de 64 bits. El rango de valores posibles a representar con este tipo de variables van desde -

$1.79769313486232 \times 10^{308}$ a $-4,94065645841247 \times 10^{-324}$ para valores negativos y de $4,94065645841247 \times 10^{-324}$ a $1.79769313486232 \times 10^{308}$ para valores positivos.

3.3.9 Currency.

En un sentido estricto, se trata de una variable tipo entera (*integer*). En su uso, se escala por un factor de 10.000 para agregar cuatro dígitos a la derecha del punto decimal. Permite hasta 15 dígitos a la izquierda del punto decimal, resultando en un rango de aproximadamente -922337000000000 a +922337000000000.

3.3.10 Date.

Este tipo de variable tiene un rango de 64 bits y se puede usar para almacenar fechas y/u horas. En el caso de que se desee representar fechas, esta debe ir encerrada entre dos signos numeral (#) y debe ser de la forma M/d/aaaa. Por ejemplo: #6/13/1974#. Este formato es independiente del formato local de datos en su computadora. Esto permite asegurar que el código tenga un igual comportamiento sin importar el país en el cual se ejecute el código o la configuración local del sistema en el que se ejecute la aplicación.

En el caso de la hora, esta se puede especificar en formato de 12 o 24 horas. Por ejemplo: #2:28:45 PM# o #14:28:45#. En caso de que no se especifiquen minutos o segundos, entonces la hora debe contener AM o PM.

Adicionalmente, una variable **Date** puede soportar que se almacene tanto la fecha como la hora, tal como se muestra en el ejemplo siguiente:

Dim fechaYHora As Date = #6/13/1974 07:30 AM#

3.3.11 String.

Esta variable se utiliza para almacenar cadenas de caracteres y necesita en memoria 10 bytes más la longitud de la cadena (para los casos en los que se trate de cadenas de longitud variable). Una sola cadena puede contener hasta 2 mil millones de caracteres. Las cadenas de caracteres deben ir encerradas en comillas dobles. Si se desea que aparezcan comillas como parte de la cadena de caracteres, éstas deben estar encerradas entre dos comillas dobles. Por ejemplo:

Subrutina 3.5.

```
1   Sub comillas()
2   Dim cadena As String
3   cadena = """hola"""
4   MsgBox cadena
5   End Sub
```

El resultado de la ejecución de esta subrutina se muestra en la figura 3.7. Nótese como en este ejemplo la palabra hola está encerrada en comillas dobles.

Figura 3.7. Resultado de la ejecución de la subrutina 3.5.

Para los casos en los que las cadenas sean de longitud fija, la variable solo ocupa en memoria la longitud de la cadena.

3.3.12   Object.

Este tipo de variables almacena direcciones referidas a objetos. Se puede asignar a una variable **Object** cualquier tipo de referencia (*string*, *array*, *class*, *interface*). Una variable **Object** también puede hacer referencia a cualquier tipo de dato (numérico, **Boolean**, **Char**, **Date**, **structure** o **enumeration**).

Esta variable puede usarse cuando no se sabe, en tiempo de compilación, a qué tipo de dato podría apuntar la variable.
Sin importar a qué tipo de datos haga referencia la variable **Object**, ésta no contiene el valor de los datos como tal, sino un puntero a ese valor.

A pesar de que **Object** es un tipo de referencia (*reference type*), Visual Basic lo trata como un tipo de valor (*value type*) cuando se refiere a un dato de tipo valor. La variable utiliza 4 bytes de memoria en el sistema.

El siguiente código muestra el uso de la variable **Object**.

Subrutina 3.6.

```
1   Sub obtenerTipo()
2   Dim Objeto As Object
3   Set Objeto = UserForm1
4   With Objeto
5       .Caption = "Test"
6       .Show
7   End With
8   MsgBox TypeName(Objeto)
```

```
9    End Sub
```

Asumiendo que tenemos un formulario llamado *UserForm1*, el código anterior genera las ventanas que se muestran en las figuras 3.8 y 3.9.

En la figura 3.8 se observa que el formulario de usuario tiene el título que le agregamos con el código en la línea 5. Con la instrucción de la línea 6 hemos dicho que se muestre el formulario, para que aparezca la ventana que se ve en la figura 3.9. Luego, en la línea 8 hemos dicho que se muestre el nombre del tipo de objeto para el que se creó la referencia, es decir, en nuestro caso, es un objeto del tipo *UserForm* (formulario).

Figura 3.8. Objeto UserForm1.

Figura 3.9. MsgBox mostrando el tipo de objeto al que se hizo referencia.

3.4 Constantes.

Como su nombre lo indica, son valores que no cambian durante la ejecución del programa. Es útil para cuando se trabaja con constantes científicas, por ejemplo, en las cuales se necesita escribir varias veces esos valores. Además, ayudan en la legibilidad de los algoritmos. Para declarar una constante se usa la palabra reservada **Const** y para nombrarlas aplican las mismas reglas que para las variables.

En VBA Excel las constantes se pueden declarar dentro de subrutinas o funciones sin importar donde éstas estén. Sin embargo, si se desean usar constantes de ámbito global (disponible a través de todos los módulos, clases y objetos VBA), entonces se pueden definir solamente en los módulos, aunque puedan ser invocadas desde cualquier objeto de VBA (formularios de usuario, ventanas de código de clases, hojas de cálculo y otros módulos), siempre que se declaren con la palabra reservada **Public** y al comienzo de cada módulo, antes del comienzo de cualquier subrutina o función. Si se declaran **Private** entonces serán públicas sólo en el ámbito del módulo donde se hizo la declaración. Se puede usar también **Private** para hacer que una constante esté disponible o pública para cualquier procedimiento dentro del ámbito del objeto (formulario de usuario, clase o ventana de código de hoja Excel). Recuerde que según esto último, esas constantes no estarán disponibles fuera de esos objetos usando **Private**.

Veamos cómo funciona. En el módulo 5 hemos declarado la constante **e** como **Public** (figura 3.10). Ahora, para mostrar qué pasa cuando se hace esto, escribamos el código que se muestra en la figura 3.11 en la ventana de código de una hoja de cálculo.

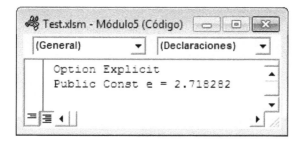

Figura 3.10. Declaración de una constante.

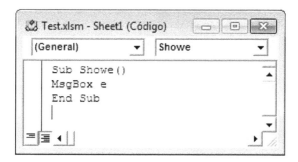

Figura 3.11. Código para mostrar el valor de la constante declarada en la figura anterior.

Al ejecutar el código mostrado en la figura 3.11 aparece la ventana que se muestra en la figura 3.12.

Si se intenta hacer una declaración como la que se muestra en la figura 3.13 (ventana de código de una hoja de cálculo), generará el error que se muestra en la figura 3.14.

Le sugerimos hacer el ejercicio de cambiar la palabra **Public** por **Private** en el código mostrado en la figura 3.10 y ejecute el código mostrado en la figura 3.11 a ver qué pasa.

Figura 3.12. Ventana mostrando el valor de la constante declarada en figura 3.10.

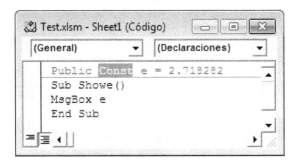

Figura 3.13. Declaración de una constante en un objeto diferente a un módulo.

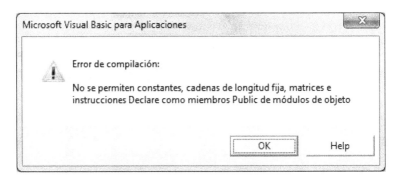

Figura 3.14. Error de compilación generado al intentar declarar una constante fuera del ámbito de un módulo.

3.5 Agregando comentarios.

Los comentarios son muy importantes en programación. Es usual que mientras estamos programando, tengamos las ideas claras sobre las operaciones que se hacen en cada línea. Sin embargo, a veces sucede que después de terminar y al querer retornar tenemos que hacer un esfuerzo para recordar, sobre todo cuando se usan variables que puede que por su nombre no den una idea fácil sobre lo que hacen. Un comentario permite que el código sea más legible, agregar información que explique que hace cada sección de código o cada línea o cualquier otra información que se desee que haga que el código pueda comprenderse después cuando se retome. Además, es usual que no todos los programadores piensen igual ni se pongan de acuerdo siquiera en la forma de nombrar las variables. Es aquí donde los comentarios deben hacerse de tal forma que si otra persona tiene acceso al código pueda entenderlo.

En VBA los comentarios pueden agregarse en una línea o después de una sentencia, agregándoles antes de empezar un apóstrofe ('). Un ejemplo de comentarios pueden verse en la Subrutina 2.1. Cuando una línea está comentada, VBA la muestra de color verde.

Desafortunadamente, si queremos hacer comentarios que ocupen varias líneas, no hay manera de encerrarlas con un símbolo o dos. Cada línea debe llevar inevitablemente un apóstrofe. VBA ofrece una forma rápida de hacerlo. Los pasos a seguir son los siguientes:

1. Haga click con el botón derecho del ratón en el área donde están las barras de herramientas del entorno VBA. Al hacer esto, aparece un menú donde se ofrece la posibilidad de activar/desactivar barras de herramientas (figura 3.15).

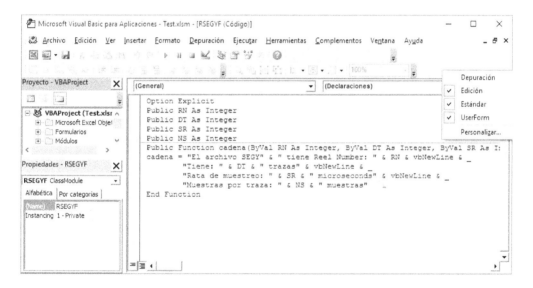

Figura 3.15. Ambiente VBA donde se muestra el menú con opciones para habilitar barras de herramientas o personalizarlas.

2. Escoger la opción "Edición". Esto hace que aparezca la barra de herramientas que se muestra resaltada en la figura 3.16.

3. En la ventana de código donde se encuentren las líneas que desee comentar, selecciónelas y luego presione el botón que se muestra encerrado en un cuadrado en la figura 3.17. Si luego quiere "descomentarlas", selecciónelas y presione el botón de al lado.

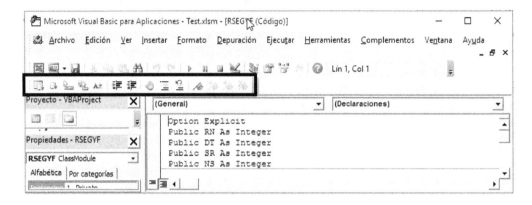

Figura 3.16. Ambiente VBA mostrando la barra de herramientas "Edición".

Figura 3.17. Barra de herramientas "Edición" donde se destaca el botón para comentar bloques de líneas.

3.6 Uso de etiquetas.

Recuerdo que cuando comencé a programar, el primer lenguaje en el que lo hice fue BASIC. En aquel tiempo, cuando estaba en la universidad, tenía una calculadora científica CASIO FX-880P. En esa calculadora se podía programar en BASIC. Cada línea de código requería de un número. Usualmente la primera línea era la 10 y empezaba con la instrucción CLS ☺. Luego las siguientes líneas se numeraban de 10 en 10. Después del número de cada línea se dejaba un espacio y se escribía la instrucción. VBA permite que se pueda usar esta forma de programar. Nótese como en un sentido estricto, a cada línea se le puede poner una etiqueta diferente de un número (línea 11 del código mostrado). Sin embargo lo usual eran los números. A continuación se muestra un código de ejemplo.

Subrutina 3.7.

1	Sub BASIC()
2	10: Dim Nombre As String
3	12: Dim Edad As Integer
4	20: Debug.Print "Que chulada recordar viejos tiempos"
5	30: Nombre = InputBox("Dime tu nombre:")
6	40: Edad = InputBox("Y tu edad:")
7	50: If Edad < 40 Then
8	55: Debug.Print Nombre & " eres un pollito, BASIC no fue lo tuyo"

9	56: GoTo adios
10	60: End If
11	adios: Debug.Print "Hasta pronto"
12	End Sub

Las etiquetas no tienen por qué ponerse en todas las líneas. Puede ser sólo en una. Aún hoy, algunas veces es útil usar etiquetas cuando se requiere que un programa deje de hacer una operación y salte a otra parte del código (instrucción GoTo, línea 9). Aunque hay algunos que piensan que esto no es elegante, no por eso deja de ser útil.

3.7 Operadores.

VBA ya viene con varios operadores incorporados, entre los cuales hay operadores matemáticos, para trabajar con cadenas, de comparación, lógicos. Todos los operadores funcionan en VBA de la misma forma en que funcionan en una celda en una hoja de cálculo, con la excepción del operador MOD, que ya veremos más adelante.

A continuación vamos a revisar los que vamos a usar a lo largo de este libro.

3.7.1 Operador de asignación.

En VBA se usa el signo "igual" (=) como operador de asignación. Hay que tener cuidado con no confundir la forma en cómo funciona un operador de asignación en programación a como se usa en matemáticas. Por ejemplo, miremos la expresión siguiente:

i = i + 1

En matemáticas, la expresión anterior no tendría sentido. Sin embargo, en programación, esa expresión indica que se le sume 1 al valor que tenía la variable "i" y que el resultado lo almacene en la misma variable "i". Más tarde veremos ejemplos de la utilidad de este tipo de asignaciones.

3.7.2 Operadores matemáticos.

Los operadores matemáticos disponibles en VBA se muestran en la tabla 3.1.

Los operadores de todas las funciones mencionadas en la tabla 3.1, excepto **Mod**, son los mismos que se pueden usar en una hoja de cálculo. En el caso de **Mod**, este operador devuelve el resto de la división. Veámoslo con un ejemplo. Al dividir, digamos 78, entre 7, nos daremos cuenta que no es una división exacta. La parte entera de la división nos da 11. Así, si multiplicamos 7 x 11, el resultado es 77, por lo que para llegar a 78 debemos sumarle 1. Este 1 que hay que sumar es lo que sería el residuo de la división.

Tabla 3.1. Operadores matemáticos.

Función	Símbolo del operador	Precedencia
Suma	+	5
Resta	-	5
Multiplicación	*	2
División	/	2
Exponenciación	^	1
División entera (devuelve la parte entera de una división)	\	3
Módulo aritmético	Mod	4

En Excel en español, las funciones han sido traducidas al español también, no sólo el aspecto y la ayuda. En el caso de **Mod**, en VBA permanece en inglés, pero el equivalente para una celda en una hoja de cálculo es la función RESIDUO. Así, se puede escribir en una celda en Excel:

=RESIDUO(78,7)

Al presionar Enter, en la celda aparecerá el número 1 (pruebe por Ud. mismo)

El código equivalente en VBA sería algo parecido a como se muestra en la subrutina 3.8.

Subrutina 3.8.

```
1   Sub TestMod()
2   Dim x As Integer
3   Dim y As Integer
4   Dim z As Integer
5   x = 78
6   y = 7
7   z = x Mod y
8   MsgBox z
9   End Sub
```

Al ejecutar este código, se mostrará la ventana de la figura 3.18.

Es importante tener claro la precedencia con la cual se aplican los operadores en ausencia de paréntesis (aunque yo recomiendo para mejor legibilidad usar paréntesis), tal como se muestran en la tabla 3.1. La subrutina 3.9 es un código de muestra para ver cómo funciona el tema de la precedencia. Trate de ejecutar cada una de las operaciones manualmente y verifique que coincidan con los resultados de la ejecución del código.

Figura 3.18. Resultado de la ejecución de la subrutina 3.8.

Subrutina 3.9.

```
1   Sub precedencia()
2   Dim w, x, y, z1, z2, z3 As Integer
3   w = 3
4   y = 2
5   x = 4
6   z1 = w ^ 3 - 1 * y - x
7   z2 = w ^ (3 - 1) * y - x
8   z3 = w ^ 3 - 1 * (y - x)
9   MsgBox "z1= " & z1 & vbNewLine & _
10      "z2= " & z2 & vbNewLine & _
11      "z3= " & z3 & vbNewLine
12  End Sub
```

Al ejecutar el código anterior aparece la ventana que se muestra en la figura 3.19.

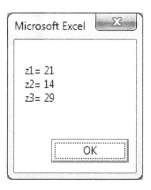

Figura 3.19. Resultado de la ejecución de la subrutina 3.9.

3.7.3 Operador de concatenación.

El símbolo de este operador es el *ampersand* (&) y se usa para unir dos cadenas de caracteres. Este operador también puede usarse, con el mismo propósito, dentro de una celda en una hoja de cálculo. Veamos el siguiente ejemplo, por demás interesante sobre como también VBA y Excel pueden hacer conversiones implícitamente entre tipos de variable.

Subrutina 3.10.

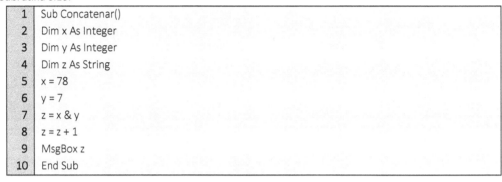

```
1   Sub Concatenar()
2   Dim x As Integer
3   Dim y As Integer
4   Dim z As String
5   x = 78
6   y = 7
7   z = x & y
8   z = z + 1
9   MsgBox z
10  End Sub
```

Al ejecutar este código, el resultado que se muestra en la ventana es 788. Cómo es eso posible? Por qué no dio un error si "x" y "y" son variables tipo *Integer* y "z" está declarada como variable *String*? En este caso, el primer valor que la variable "z" tomó (línea 7) fue el resultado de concatenar 78 con 7 (valores de "x" y "y" respectivamente). Luego, en la línea 8 le decimos que al valor de "z" le incrementemos 1. En ese momento, VBA hace la conversión de *String* a *Integer*. En una celda en Excel haga el mismo experimento y podrá comprobar que allí también Excel hace la conversión implícitamente.

3.7.4 Operadores de comparación.

Estos operadores comparan dos números o dos cadenas (*strings*) y producto de esa comparación surge un resultado lógico (verdadero-*True* o falso-*False*). En la tabla 3.2 se muestran los operadores de comparación usados en VBA. Más delante tendremos la oportunidad de ver cómo funcionan todos ellos.

Tabla 3.2. Operadores de comparación.

Operador	Acción
=	Igual a
<>	Diferente de
<	Menor que
>	Mayor que
<=	Menor o Igual que
>=	Mayor o Igual que

3.7.5 Operadores lógicos.

Estos operadores comparan expresiones booleanas y regresan un resultado booleano. En otras palabras, comparan expresiones verdaderas o falsas (*True or False*) cuyo resultado puede ser verdadero o falso. En la tabla 3.3 se muestran los operadores lógicos disponibles en VBA. Sin embargo, más adelante daremos ejemplos de los más utilizados, que para efectos nuestros son los tres primeros de la tabla.

Tabla 3.3. Operadores lógicos.

Operador	Acción
Not	Ejecuta una negación lógica sobre una expresión.
And	Ejecuta una conjunción lógica entre dos expresiones.
Or	Ejecuta una disyuntiva lógica entre dos expresiones.
XoR	Ejecuta una exclusión lógica entre dos expresiones.
Eqv	Ejecuta una equivalencia lógica entre dos expresiones.
Imp	Ejecuta una implicación (inferencia) lógica entre dos expresiones.

3.7.6 Operador Continuación de línea (_).

Este operador permite que si una instrucción es muy larga, pueda continuarse en la siguiente línea. Un ejemplo de esto puede verse en la subrutina 3.9.

3.7.7 Operador Coma (,).

Este operador puede usarse en el proceso de declaración de varias variables del mismo tipo, sin la necesidad de escribir una declaración para cada una. Un ejemplo de esto puede verse en la subrutina 3.9.

3.7.8 Operador Dos puntos (:).

Permite que dos instrucciones puedan estar juntas en la misma línea. Es útil para los casos en los cuales las instrucciones sean cortas. Por ejemplo:

t = 5: vez = vez + 1

3.8 Arreglos (*arrays*).

Un arreglo es un conjunto de datos que están relacionados entre sí. Es decir, los datos pueden ser edades (enteros), nombres (cadenas), etc. Los arreglos, antes de ser usados, deben declararse obligatoriamente, a diferencia de las variables normales. La declaración de un arreglo es similar a la de una variable, pero debe especificarse el valor del índice más grande que contendrá el arreglo. Esto es importante tenerlo claro, ya que en VBA se puede cambiar el índice más bajo entre 0 y 1, por lo que la cantidad de elementos en el arreglo dependerá de esto.

VBA por defecto, asume que el valor del índice más bajo es 0 (*Option Base 0*). Así, si declaramos un arreglo de la siguiente manera:

 Dim A(100) As Integer

La cantidad de elementos que contiene el arreglo "A" es 101.

VBA ofrece la posibilidad de cambiar el valor del índice más bajo a 1. Esto se hace con la instrucción *Option Base 1*. Para el caso de nuestro arreglo "A" y después de la instrucción anterior, podemos concluir que el tamaño del arreglo es de 100 elementos, ya que el valor del índice más bajo ahora es 1.

Otra forma de declarar un arreglo y que proporciona más flexibilidad para manejar el índice más bajo es de la forma que sigue:

Dim A(0 To 100) As Integer
lo cual equivaldría a

Dim A(100) As Integer, en el caso de Option Base 0.

Dim A(1 to 100) As Integer

Equivaldría a

Dima A(100) As Integer, en el caso de Option Base 1.

Sin embargo, también se puede usar cualquier valor para el índice más pequeño, siempre que sea menor que el valor del índice superior. Es decir, una declaración como la que sigue no puede ser posible, porque dará un error en tiempo de compilación (figura 3.20).

Dim A(6 To 3) As Integer

Una declaración posible sería:

Dim A(3 To 6) As Integer

En este caso entonces el valor del índice más bajo sería 3, es decir, no se podrían tener elementos A(1) o A(2) o cualquiera cuyo índice esté por fuera de lo establecido en esa declaración.

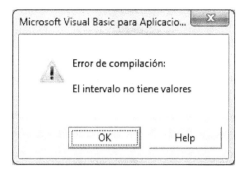

Figura 3.20. Error de compilación al declarar un arreglo con un índice inferior mayor al índice superior.

No existe otra forma de declarar un arreglo así con *Option Base*, es decir, no se podría usar la instrucción *Option Base 3*, ya que daría un error como el que se muestra en la figura 3.21.

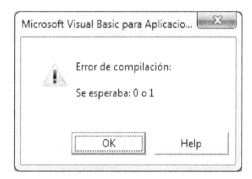

Figura 3.21. Error de compilación al intentarse *Option Base* con una opción diferente a 0 o 1.

La instrucción *Option Base* (con cualquiera de sus opciones 0 o 1) debe estar contenida al principio de un módulo, antes de cualquier subrutina o función. Sólo puede aparecer una vez por módulo y debe estar antes de cualquier declaración de arreglo que incluya dimensiones. Si se intenta usar dentro de un procedimiento, se generará el error en tiempo de compilación que se muestra en la figura 3.22. La instrucción *Option Base* hará que todos los arreglos que se declaren tengan el valor del índice más bajo según lo especificado.

Sin embargo, es posible para un arreglo en particular, cambiarle sólo a él (o a los que se desee) el valor del índice más bajo dentro de una subrutina o función.

3.8.1 Tamaño de un arreglo.

La cantidad de elementos de un arreglo se puede determinar conociendo el valor del índice más alto, restándole el valor del índice más bajo y sumándole 1. Veamos el ejemplo que se muestra en la subrutina 3.11.

Figura 3.22. Error de compilación al tratar de usar la instrucción *Option Base* dentro de una subrutina.

Subrutina 3.11.

1	Sub workingArrays()
2	Dim A(2 To 8) As Integer
3	Dim n, ISup, IInf As Integer
4	A(3) = 5
5	A(2) = 8
6	A(3) = 9
7	A(4) = 10
8	A(6) = 25
9	A(8) = 32
10	ISup = UBound(A)
11	IInf = LBound(A)
12	n = ISup - IInf + 1
13	MsgBox "La cantidad de elementos en el arreglo es: " & n
14	End Sub

En la línea 2 se declara el arreglo "A", el cual contendrá elementos cuyo índice más bajo será el 2 y el mayor índice será el 8. El arreglo se ha declarado de tal forma que todos los elementos que contendrá serán del tipo *Integer*.

Entre las líneas 4 y 9 se asignan valores a diversos elementos que componen el arreglo. Nótese que no se han asignado valores a los elementos A(5) y A(7). VBA automáticamente les asigna cero.

En la línea 10 se determina el valor del índice superior del arreglo "A", mediante el uso de la instrucción **UBound**. En nuestro caso, según lo declarado en la línea 2 debería ser 8.

En la línea 11 se determina el valor del índice inferior del arreglo "A", mediante el uso de la instrucción **LBound**. En nuestro caso, según lo declarado en la línea 2 debería ser 6.

En la línea 12 se calcula la cantidad de elementos del arreglo, mediante la resta de los valores calculados en las dos líneas anteriores y al final se le suma 1.

La figura 3.23 muestra el resultado de la ejecución de la subrutina 3.11.

Si se intenta asignar un valor a un elemento cuyo índice no está en el intervalo declarado en la línea 2 del código anterior, al ejecutar el código se mostrará el mensaje de error que se muestra en la figura 3.24.

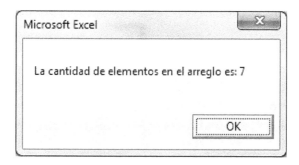

Figura 3.23. Resultado de la ejecución de la subrutina 3.11.

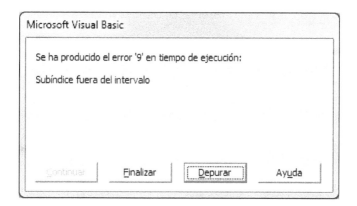

Figura 3.24. Error producido al intentar asignar un valor a un elemento del arreglo cuyo índice está fuera de lo declarado en la línea 2 de la subrutina 3.11.

3.8.2 Arreglos dinámicos.

En el caso de que no se conozca la cantidad de elementos que a priori tendrá un arreglo, entonces éste puede declararse como se muestra a continuación:

Dim A() As Integer

Esto es lo que se conoce como arreglo dinámico. Es un arreglo cuyo tamaño puede ser ajustado durante la ejecución del programa.

Para ajustar el tamaño del arreglo, puede usar la instrucción siguiente:

ReDim A(100) As Integer

Donde 100 es el valor del mayor índice del arreglo. **ReDim** sólo puede aparecer en una subrutina o función, ya que es una instrucción para tiempo de ejecución. La instrucción **ReDim** también permite la misma sintaxis que para los arreglos de tamaño fijo. Cada **ReDim** puede cambiar el número de elementos, así como los valores de los índices inferior y superior del arreglo. Por ejemplo:

ReDim A(50 To 250) As Integer

La instrucción **ReDim** no solamente redimensiona al arreglo, sino que además borra el contenido de cada uno de los elementos que antiguamente estaban en él. Asigna vacío en caso de que el arreglo contenga valores tipo Variant, cero para arreglos numéricos, cadenas de longitud cero para arreglos de cadenas y nada para arreglos de objetos. Esto puede ser conveniente si se desea que el arreglo tenga nuevos datos, pero puede ser un inconveniente, si lo que se desea es que el arreglo vaya creciendo a medida que se va generando información para nuevos elementos, sin perder la información de los elementos ya existentes. Esto puede evitarse usando la palabra reservada **Preserve**, tal como se muestra en el ejemplo siguiente:

ReDim Preserve A(0 To 250) As Integer

Preserve solo funciona para preservar la información del arreglo, siempre que se cambie sólo el valor de la dimensión más grande. Veamos el siguiente ejemplo.

Subrutina 3.12.

1	Sub EjemploUsoPreserve()
2	Dim familia() As String
3	ReDim familia(3) As String
4	familia(0) = "Surya"
5	familia(1) = "Valentina"
6	familia(2) = "Victor"
7	familia(3) = "Anama"
8	ReDim Preserve familia(0 To 5) As String
9	MsgBox familia(2) & "-" & familia(5)
10	End Sub

En la línea 2 se ha declarado al arreglo "familia" como dinámico. Antes de comenzar a agregar elementos al arreglo, es necesario redimensionarlo, lo cual se hace en la línea 3.

Entre las líneas 4 y 7 se agregan elementos al arreglo.

En la línea 8 se redimensiona de nuevo al arreglo, pero usando la palabra reservada **Preserve** de forma tal que conserve la información de los elementos ya introducidos.

En la línea 9 se muestran los valores contenidos en los elementos cuyos índices son 2 y 5.

La figura 3.25 muestra el resultado de la ejecución de la subrutina 3.12.

Figura 3.25. Resultado de la ejecución de la subrutina 3.12.

Como puede notarse en la figura anterior, después del guion no hay nada. Esto es porque intentamos mostrar información de un elemento al que aún no se le ha asignado algo diferente a una cadena vacía ("").

Redim no puede cambiar el número de las dimensiones de un arreglo.

3.8.3 Poblar arreglos desde el código.

Esto se puede hacer de varias formas. Digamos por ejemplo que queremos poblar el arreglo "M" y tiene 4 cadenas de nombres:

1. Introducir los nombres para cada elemento.

   Dim M(3) As String
   M(0) = "Anama"
   M(1) = "Surya"
   M(2) = "Valentina"
   M(3) = "Victor"

2. Declarando el arreglo como Variant y usando la palabra reservada **Array**:

   Dim M o Dim M(), con esta instrucción se declara como Variant al arreglo.
   M= **Array**("Anama", "Surya", "Valentina", "Victor")

3. Si se tiene una cadena de texto, usar la función **Split**. Esta función divide la cadena de texto según el carácter que separe los elementos que queremos dividir. En nuestro ejemplo es la coma (,).

```
Dim cadena As String
cadena= "Anama,Surya,Valentina,Victor"
Dim M() As String
M = Split(cadena, ",")
```

3.8.4 Ordenar arreglos.

VBA Excel no tiene soporte para ordenar valores almacenados en un arreglo. Sin embargo, Excel tiene funcionalidades que permiten hacerlo aprovechando la potencia del objeto Range que pertenece al objeto Worksheets (hoja de cálculo).

Aunque nos vamos a adelantar un poco, introduciendo algunos objetos de Excel, es conveniente mostrar aquí cómo podemos hacer para ordenar un arreglo.

Veamos el siguiente ejemplo. Tenemos una lista de nombres (arreglo "M") que se desea ordenar alfabéticamente.

Subrutina 3.13.

1	Sub EjemploOrdenar()
2	Dim hoja As Worksheet
3	Dim i As Integer
4	Dim M
5	Dim cadena As String
6	M = Array("Surya", "Anama", "Valentina", "Victor")
7	Set hoja = Sheets("Arreglos")
8	cadena = ""
9	For i = 0 To 3
10	hoja.Range("A" & i + 1) = M(i)
11	Next i
12	With hoja.Sort
13	.SortFields.Clear
14	.SortFields.Add Key:=hoja.Range("A1:A4"), SortOn:=xlSortOnValues, _
15	Order:=xlAscending, DataOption:=xlSortNormal
16	.SetRange hoja.Range("A1:A4")
17	.Header = xlGuess
18	.SortMethod = xlStroke
19	.Apply
20	End With
21	For i = 0 To 3
22	M(i) = hoja.Range("A" & i + 1)
23	cadena = cadena & M(i) & ","
24	Next i
25	MsgBox "Los nombres ordenados son: " & cadena
26	End Sub

En la línea 2 se declara la variable hoja como un objeto *Worksheet*. Detalles sobre esto lo veremos más adelante cuando veamos los diversos objetos con los que cuenta Excel.

En la línea 6 se construye el arreglo de nombres.

En la línea 7 hacemos que la variable "hoja" sea igual a la hoja de cálculo que llamamos "Arreglos".

En la línea 8 asignamos vacío ("") a la variable cadena. Es el equivalente a asignarle cero a una variable numérica para iniciarla.

Entre las líneas 9 y 11 tenemos un ciclo **For-Next** que permite escribir el arreglo de nombres (M) en la hoja de cálculo "Arreglos". Esto se hace así para aprovechar las funciones que tiene Excel para ordenar datos.

Entre las líneas 12 y 20 se hace el ordenamiento de la información en la hoja de cálculo. Para saber cuáles eran las instrucciones clave, esta porción del código se basó en la subrutina 2.1. Yo en particular no conozco todos los detalles con los que VBA – Excel cuenta, por lo que muchas veces grabo una macro que haga algo que quiero hacer (o parecido) y después tomo de ese código lo que me interesa.

En la línea 13 se prepara a Excel para que pueda recibir el campo que se usará como clave para ordenar la información. Esta instrucción es imprescindible.

Entre las líneas 14 y 15 se agrega el campo que se usará como clave para ordenar la información. En nuestro ejercicio, los nombres (SortOn:=xlSortOnValues) se ordenarán alfabéticamente de la A a la Z (Order:=xlAscending).

En la línea 16 se establece el rango de información a ordenar. En nuestro caso, coincide con el conjunto de datos que se usarán como clave para ordenar la información.

En la línea 17 se le indica a la subrutina si la lista de datos tiene o no encabezado. En nuestro caso, la columna de datos no tiene encabezado (.Header = xlGuess). Si los datos hubiesen tenido encabezado, entonces la instrucción hubiese sido .Header = xlYes.

En la línea 18 se indica el método a usar para ordenar los datos.

En la línea 19 finalmente se aplica el procedimiento de ordenar los datos (.Apply).

Entre las líneas 21 y 24 se asignan nuevos valores al arreglo "M" que contiene los nombres y se construye la cadena de texto que luego se mostrará mediante el uso de la instrucción MsgBox en la línea 25.

La figura 3.26 muestra el resultado de la ejecución de la subrutina 3.13.

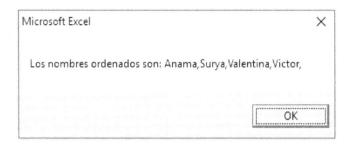

Figura 3.26. Resultado de la ejecución de la subrutina 3.13.

3.8.5 Uso de la función Erase en arreglos.

La función **Erase** usada en arreglos se desempeña de forma diferente dependiendo de los tipos de arreglos y las variables definidas en ellos. Por ejemplo, en el caso de arreglos cuya dimensión es estática o fija, los valores son restaurados a sus valores por defecto. Si el arreglo contiene números enteros, estos valores son todos llevados a cero. En el caso de un arreglo de cadenas, todos los elementos son llevados a cadenas vacías ("").

Subrutina 3.14.

```
1    Public Sub EraseStatic()
2    Dim familia(3) As String
3    Dim i As Integer
4    familia(0) = "Surya"
5    familia(1) = "Valentina"
6    familia(2) = "Victor"
7    familia(3) = "Anama"
8    Debug.Print "Nombre"
9    For i = LBound(familia) To UBound(familia)
10       Debug.Print familia(i)
11   Next i
12   Erase familia
13   Debug.Print "Nombre"
14   For i = LBound(familia) To UBound(familia)
15       Debug.Print familia(i)
16   Next i
17   End Sub
```

Entre las líneas 4 y 7 se asignan nombres a los elementos del arreglo "familia".

Entre las líneas 9 y 11 se envía el contenido del arreglo "familia" a la ventana Inmediato. En la línea 12 se borra el contenido de cada uno de los elementos del arreglo "familia".

Entre las líneas 14 y 15 se envía nuevamente el contenido del arreglo.

Al ejecutar este código, la ventana "Inmediato" se verá como se muestra en la figura 3.27. Recuerde que se tiene acceso a la ventana "Inmediato" a través de la instrucción **Debug**. Como puede notar en la figura, ahora sólo envía cadenas vacías a la ventana Inmediato.

En el caso de arreglos dinámicos, la función **Erase** borra el arreglo completo. Si se desea usar el arreglo de nuevo, entonces se debe usar **ReDim**. Si después de haber borrado un arreglo, intentamos acceder a un elemento de ese arreglo, obtendremos un error como el que se muestra en la figura 3.24. Veamos el siguiente código de ejemplo.

Figura 3.27. Ventana Inmediato mostrando información enviada por la subrutina 3.14.

Subrutina 3.15.

```
1   Public Sub EraseDynamic()
2   Dim familia()
3   ReDim familia(3)
4   Dim i As Integer
5   familia(0) = "Surya"
6   familia(1) = "Valentina"
7   familia(2) = "Victor"
8   familia(3) = "Anama"
9   Debug.Print "Nombre"
10  For i = LBound(familia) To UBound(familia)
11      Debug.Print familia(i)
12  Next i
13  Erase familia
14  Debug.Print "Nombre"
```

```
15   For i = LBound(familia) To UBound(familia)
16       Debug.Print familia(i)
17   Next i
18   End Sub
```

Al ejecutar el código, la ventana "Inmediato" lucirá como se muestra en la figura 3.27, después de ejecutar el primer ciclo **For** (entre líneas 10 y 12). Luego, al tratar de ejecutar el segundo ciclo **For** (entre líneas 15 y 17) y después de haber borrado el arreglo (línea 13), aparece un error como el que se muestra en la figura 3.24.

3.8.6 Arreglos multidimensionales.

Hasta ahora se ha trabajado con arreglos de una sola dimensión. Los arreglos multidimensionales son arreglos de más de una dimensión, como si se tratase de varios arreglos de una sola dimensión superpuestos. Un ejemplo de arreglo multidimensional es como se muestra a continuación:

Dim A(5,4) As Long

Con *Option Base 0*, entonces nuestra matriz o tendrá 6x5 = 30 elementos, distribuidos en 6 filas por 5 columnas.

Las mismas reglas de definición para arreglos de una sola dimensión aplican para los multidimensionales.

VBA solo permite arreglos de hasta 60 dimensiones (ojalá y estas alcancen para sus propósitos☺)

3.8.7 Pasando un arreglo a una subrutina o función.

Los arreglos se pasan a una función u otra subrutina usando **ByRef**, lo cual significa que realmente se está pasando una referencia al arreglo. Veamos el siguiente ejemplo.

Subrutina 3.16.

```
1   Public Sub PasandoArreglos()
2   Dim familia(3) As String
3   familia(0) = "Surya"
4   familia(1) = "Valentina"
5   familia(2) = "Victor"
6   familia(3) = "Anama"
7   MostrarNombres familia
8   End Sub
9   Function MostrarNombres(ByRef arreglo() As String)
```

```
10   Dim i As Integer
11   Debug.Print "Nombre"
12   For i = LBound(arreglo) To UBound(arreglo)
13       Debug.Print arreglo(i)
14   Next i
15   End Function
```

Esta subrutina hace un llamado en la línea 7 a la función MostrarNombres. Esta función escribirá en la ventana Inmediato cada uno de los elementos que conforman al arreglo, tal como se muestra en la figura 3.27. Fíjese que en la línea 9, donde comienza la función, la expresión **ByRef** hará que la función MostrarNombres reciba una referencia al arreglo familia. Otro aspecto que vale la pena destacar es que esta función en particular no devuelve nada.

3.8.8 Devolviendo un arreglo desde una función.

Basándonos en el ejemplo anterior, imaginemos ahora que queremos que en la función se pueble de nombres al arreglo y luego devolverlo a la subrutina y allí mostrarlos en la ventana "Inmediato".

Subrutina 3.17.

```
1    Sub RecibiendoArreglos()
2    Dim familia() As String
3    Dim i As Integer
4    familia = PoblarNombres
5    Debug.Print "Nombre"
6    For i = LBound(familia) To UBound(familia)
7        Debug.Print familia(i)
8    Next i
9    End Sub
10   Public Function PoblarNombres() As String()
11   Dim arreglo(3) As String
12   arreglo(0) = "Surya"
13   arreglo(1) = "Valentina"
14   arreglo(2) = "Victor"
15   arreglo(3) = "Anama"
16   PoblarNombres = arreglo
17   End Function
```

El resultado de la ejecución de este programa será igual que el obtenido con el código mostrado en el punto anterior.

En la línea 4 hacemos que el arreglo "familia" sea igual a la salida de la función PoblarNombres. Fíjese que en este caso se ha invocado a la función sin pasarle ningún argumento.

La función no recibe nada, por lo que entre los paréntesis no hay nada, pero fíjese que la función si devuelve algo. Ese algo es un arreglo, que contiene elementos tipo String. Los paréntesis después de la palabra String al final del nombre de la función así lo indican.

Capítulo 4.
Estructuras de control.

4.1 Introducción.

Las estructuras de control permiten regular la forma en como fluye la ejecución de un programa. Son usadas para decirle al algoritmo que repita una tarea una cantidad predeterminada de veces o siempre que se cumpla una condición. Las estructuras de control pueden ser:

1. Estructuras de decisión
2. Estructuras de bucle (loop)
3. Otras estructuras
4. Estructuras anidadas.

Veamos en detalle cada una de ellas. Todos los programas que se muestren aquí pueden ser escritos en ventanas de código de los módulos.

4.2 Estructuras de decisión.

4.2.1 If – Then – Else.

Esta estructura permite evaluar una o más condiciones y ejecutar una o más instrucciones dependiendo del resultado de la evaluación.

Esta estructura puede ser tan compleja como sea necesario. Por ejemplo, es posible agregar una condición **Elsif**, en caso de que el resultado de una condición sea falsa (*False*) y se desee preguntar de nuevo. También es posible agregar **Else** si, después de haber evaluado una condición, se desea que se haga algo más sin necesidad de preguntar nuevas condiciones. Esto me salió enredado, creo que no yo entendí lo que dije. Me parece que lo más práctico es que veamos varios ejemplos, sencillos los primeros y más complejos los que vienen después.

Subrutina 4.1.

```
1   Sub TestIf()
2   Dim Edad As Integer
3   Edad = InputBox("Que edad tienes?", _
4   "Probando la estructura If-Then-Else")
5   If Edad >= 18 Then
6       MsgBox "Felicitaciones, ya puedes acostarte tarde", vbOKOnly, _
7       "Permiso para acostarse tarde"
8   End If
9   End Sub
```

El ejemplo anterior muestra la forma más sencilla de una estructura **If**. Se le pide al usuario que introduzca su edad y dependiendo de ella, la persona podrá o no acostarse tarde. Sin embargo, no hay mensaje para aquellos que introduzcan una edad menor a 18 años. En el siguiente programa, agregaremos una instrucción **Else** para dar un mensaje a los menores de 18 años.

Antes de pasar al código siguiente, fíjese cómo hemos agregado títulos personalizados a las ventanas en las que se pide información (línea 3) y en las que se muestra (líneas 6 y 7).

Subrutina 4.2.

```
1   Sub TestIfElse()
2   Dim Edad As Integer
3   Dim mensaje As String
4   Edad = InputBox("Que edad tienes?", _
5   "Probando la estructura If-Then-Else")
6   If Edad >= 18 Then
7       mensaje = "Felicitaciones, ya puedes acostarte tarde"
8       Else
9       mensaje = "Que mala onda, te toca dormir temprano"
10  End If
11      MsgBox mensaje, vbOKOnly, "Permiso para acostarse tarde"
12  End Sub
```

Ahora, en el siguiente ejemplo, veremos que según la edad, hay películas que según la *Motion Picture Association of America's Film-rating System* una persona puede o no ver.

Subrutina 4.3.

```
1   Sub TestIfElseElsif()
2   Dim edad As Integer
3   Dim mensaje As String
4   edad = InputBox("Que edad tienes?", _
5   "Probando la estructura If-Then-Else")
6   If edad < 10 Then
7       mensaje = "Puedes ver películas clasificadas G"
8       ElseIf edad > 9 And edad < 14 Then
9           mensaje = "Puedes ver películas clasificadas G y PG"
10      ElseIf edad > 13 And edad < 18 Then
11          mensaje = "Puedes ver películas clasificadas G, PG y PG-13"
12      Else
13          mensaje = "Puedes ver la película que quieras"
14  End If
15  MsgBox mensaje, vbOKOnly, "Películas que puedes ver"
16  End Sub
```

Al ejecutar el código anterior, se invita al usuario a que introduzca su edad a través de la ventana que se muestra en la figura 4.1.

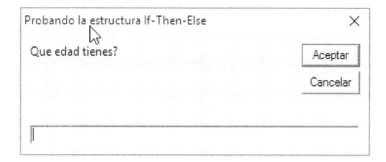

Figura 4.1. Ventana que invita al usuario a introducir su edad.

Entonces, dependiendo de la edad, aparecerá un mensaje acorde. Por ejemplo, yo soy afortunado porque soy mayor de 18 años. Así, al introducir mi edad, el programa indica lo que se muestra en la figura 4.2.

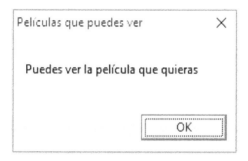

Figura 4.2. Mensaje de autorización para ver cualquier película, gracias a que soy mayor de 18 años.

4.2.2 Select – Case.

Este tipo de estructura permite que la evaluación se haga sólo una vez y que dependiendo de los posibles valores resultantes de la evaluación, se ejecute un determinado conjunto de instrucciones. Vamos a reescribir el código anterior con esta estructura a ver cómo luce.

Subrutina 4.4.

1	Sub SelectCase()
2	Dim edad As Integer
3	Dim mensaje As String
4	edad = InputBox("Que edad tienes?", _
5	"Probando la estructura If-Then-Else")
6	Select Case edad
7	Case Is < 10
8	mensaje = "Puedes ver películas clasificadas G"
9	Case Is < 14
10	mensaje = "Puedes ver películas clasificadas G y PG"

11	Case Is < 18
12	mensaje = "Puedes ver películas clasificadas G, PG y PG-13"
13	Case Else
14	mensaje = "Puedes ver la película que quieras"
15	End Select
16	MsgBox mensaje, vbOKOnly, "Películas que puedes ver"
17	End Sub

Nótese como se pudo fundamentalmente tratar el mismo problema pero con otra estructura.

4.3 Estructuras de bucle (loop).

4.3.1 While – Wend.

Permite la ejecución de una serie de instrucciones, una vez que se ha cumplido con una (o varias) condición(es) establecida(s) al inicio del flujo. Veamos el siguiente ejemplo.

Subrutina 4.5.

1	Sub TestWhile()
2	Dim i As Integer
3	i = 0
4	Debug.Print "Numero"
5	While i < 10
6	Debug.Print i
7	i = i + 1
8	Wend
9	End Sub

Este programa mostrará en la ventana Inmediato los números desde el 0 hasta el 9. Como puede notarse en la línea 5, la condición es que muestre los números hasta que la variable "i" sea menor que 10. Otro aspecto importante a destacar es que un flujo **While** en VBA termina con la palabra **Wend** (línea 8) y no en **End While** como sucede en Visual Basic.

4.3.2 Do – Loop Until.

Esta estructura, a diferencia de la anterior, ejecuta las instrucciones al menos una vez y la evaluación de si continúa o no se hace al final. En el siguiente ejemplo se mostrará cómo obtener el mismo resultado del programa anterior, pero con esta estructura.

Subrutina 4.6.

1	Sub TestDo()
2	Dim i As Integer
3	i = 0
4	Debug.Print "Numero"
5	Do

6	Debug.Print i
7	i = i + 1
8	Loop Until i > 9
9	End Sub

Una vez ejecutada la subrutina anterior, mostrara una salida similar a la obtenida con la subrutina del punto anterior.

4.3.3 For – Next.

Esta estructura permite que se repitan una serie de instrucciones una cantidad conocida de veces. Se pueden poner controles a la ejecución a través de estructuras de decisión anidadas. Siguiendo con nuestro problema de mostrar los números desde el 0 hasta el 9, veamos como se ve el programa con esta estructura.

Subrutina 4.7.

1	Sub TestFor()
2	Dim i As Integer
3	Debug.Print "Numero"
4	For i = 0 To 9
5	Debug.Print i
6	Next i
7	End Sub

Esta subrutina mostrará el mismo resultado que las dos subrutinas anteriores.

4.3.4 For – Each – Next.

Esta estructura se puede usar cuando se desea repetir una serie de instrucciones por cada elemento de un arreglo (*array*) o colección. No es necesario saber de antemano la cantidad de elementos que tiene el arreglo.

Subrutina 4.8.

1	Sub testForEach()
2	Dim A(4) As String
3	Dim nombre As Variant
4	A(0) = "Surya"
5	A(1) = "Valentina"
6	A(2) = "Victor"
7	A(3) = "Anama"
8	A(4) = "Dorian"
9	Debug.Print "Los miembros de mi familia son:"
10	For Each nombre In A
11	Debug.Print nombre
12	Next

13	End Sub

En este ejemplo hemos creado un arreglo "A" con los nombres de los miembros de mi familia (incluyéndome). En la figura 4.3 se muestra la salida de este programa. Fíjese en algo interesante en este programa. El arreglo que contiene los nombres está declarado como que contiene elementos tipo *String*. Sin embargo, la variable de control "nombre" (línea 10) debe ser *Variant*. En caso de que se declare de otra forma, se producirá un error como el que se muestra en la figura 4.4.

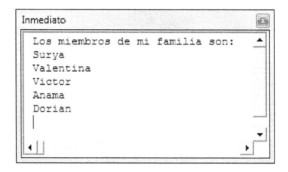

Figura 4.3. Resultado de la ejecución de la subrutina 4.8.

Figura 4.4. Error que se produce al declarar una variable de control como un tipo diferente a Variant en un ciclo For – Each – Next.

En caso de que se necesite abandonar la estructura **For – Each – Next**, es posible usar la instrucción **Exit For**. Imaginemos por un momento que queremos detener el ciclo cuando se cumpla la condición *nombre = Victor*. El código luciría como se muestra en la subrutina 4.9.

Subrutina 4.9.

1	Sub testForEach()
2	Dim A(4) As String
3	Dim nombre As Variant
4	A(0) = "Surya"
5	A(1) = "Valentina"

```
6   A(2) = "Victor"
7   A(3) = "Anama"
8   A(4) = "Dorian"
9   Debug.Print "Los miembros de mi familia son:"
10  For Each nombre In A
11     If nombre = "Victor" Then
12        Exit For
13     End If
14     Debug.Print nombre
15  Next
16  End Sub
```

La ejecución del programa sólo mostrará los nombres de Surya y Valentina.

4.4   Otras estructuras.

4.4.1   With – End With

Esta estructura permite especificar una referencia a un objeto sólo una vez y luego ejecutar una serie de instrucciones para acceder a sus miembros. Esto permite, entre otras cosas, simplificar el código y mejorar el desempeño debido a que VBA no tiene que restablecer la referencia por cada sentencia que acceda al objeto. Un ejemplo del uso de esta estructura se muestra en la subrutina 3.13.

4.4.2   Estructuras anidadas.

Esto lo que quiere decir es que se pueden colocar estructuras de control dentro de otras estructuras de control. Entonces, cuando una estructura de control se coloca dentro de otra, se dice que está anidada. Veamos el siguiente ejemplo.

Subrutina 4.10.

```
1   Sub EstructuraAnidada()
2   Dim i, edad As Integer
3   For i = 1 To 5
4      edad = InputBox("Que edad tienes?", _
5      "Probando la estructura If-Then-Else")
6      If edad > 30 Then
7         Debug.Print "Debes cuidar tu salud"
8      Else
9         Debug.Print "Has disfrutado la vida?"
10     End If
11  Next i
12  End Sub
```

Al ejecutar este código, se mostrarán los mensajes que se muestran en la figura 4.5. Estos mensajes no tienen por qué ser los mismos cuando Ud. los ejecute, ya que puede que las edades que Ud. introduzca sean diferentes.

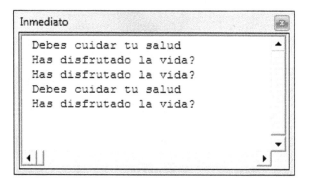

Figura 4.5. Resultado de la ejecución de la subrutina 4.10.

Las estructuras anidadas también pueden ser útiles cuando se trabaja con matrices. Imagine por un momento que queremos hallar la matriz traspuesta (http://www.ditutor.com/matrices/matriz_traspuesta.html) de la matriz que se muestra a continuación:

$$A = \begin{array}{ccc} 1 & 2 & 3 \\ 4 & 5 & 6 \\ 7 & 8 & 9 \end{array}$$

La matriz traspuesta será:

$$A^t = \begin{array}{ccc} 1 & 4 & 7 \\ 2 & 5 & 8 \\ 3 & 6 & 9 \end{array}$$

En este ejemplo vamos a trabajar de nuevo con objetos pertenecientes a Excel. Por ahora, practique con el ejercicio tal como se dará y posteriormente se explicará en detalle el modelo de objetos de Excel.

En una hoja de cálculo, dentro de un archivo Excel, colocaremos los valores de la matriz que se desea trasponer. Algo parecido a lo que se muestra en la figura 4.6.

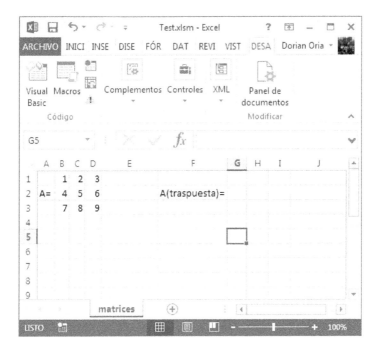

Figura 4.6. Vista de una hoja de cálculo de Excel mostrando los valores de matriz de entrada.

Ahora, en un módulo de VBA escriba el código que se muestra a continuación.

Subrutina 4.11.

```
1   Sub MatrizTraspuesta()
2   Dim f, c As Integer     'f: filas, c: columnas
3   With Worksheets("matrices")
4   For f = 0 To 2
5     For c = 0 To 2
6        .Cells(f + 1, c + 7) = .Cells(c + 1, f + 2)
7     Next c
8   Next f
9   End With
10  End Sub
```

Como puede notarse, en el código hay dos estructuras anidadas dentro de una estructura **With - End With**.

En la línea 3 comienza la estructura **With – End With**, en la cual se hace referencia al objeto *Worksheets*, que en nuestro caso hemos llamado "matrices". Una vez hecha la referencia a ese objeto, hacemos referencia al objeto *Cells* (que es otra forma de referirse a una celda u objeto *Range*), el cual permite tener acceso a cada una de las celdas de una hoja de cálculo. Esto puede imaginarse como si cada hoja de cálculo fuese una matriz gigantesca. Los parámetros del miembro *Cells* indican las coordenadas de esa celda. El primer parámetro corresponde a la fila

101

y el segundo a la columna. Las filas crecen hacia abajo y las columnas hacia la derecha. Así, la primera celda (la que se encuentra en la esquina superior izquierda) corresponde a la celda Cells(1,1).

En nuestro algoritmo, la letra f se usa como índice para referirse a las filas y la letra c para referirse a las columnas.

Una vez que ejecute este código, la hoja Excel mostrada en la figura anterior lucirá como se muestra en la figura 4.7.

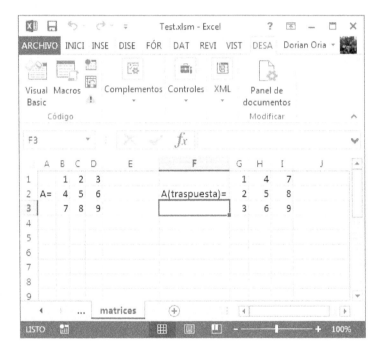

Figura 4.7. Resultado de la ejecución de la subrutina 4.11.

Parte III.
Objetos en Excel.

Capítulo 5.
Objetos y su jerarquía.

5.1 Introducción.

En términos de lenguajes de programación, un objeto es una entidad que tiene unas propiedades y unas operaciones específicas que se pueden hacer con ellos (métodos). En nuestro caso, Excel puede verse como un objeto, el cual a la vez tiene otros objetos dentro de sí, por lo que el objeto Excel está en el tope de la jerarquía de objetos.

La figura 5.1 muestra de forma gráfica los objetos de Excel y sus relaciones. Estos objetos constituyen en cierta forma la columna vertebral de VBA – Excel.

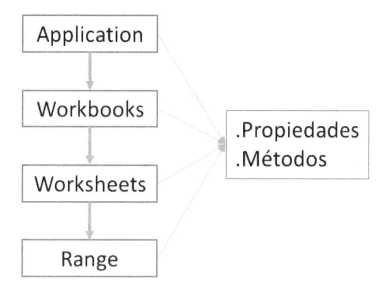

Figura 5.1. Modelo de objetos de VBA-Excel.

El objeto *Application* representa al programa Excel como tal.

Workbooks es un objeto que representa a la colección de todos los libros abiertos en una sesión de Excel.

Worksheets representa a cada una de las hojas de cálculo presentes en un libro o archivo de Excel.

Range representa a cada una de las celdas que forman parte de una hoja de cálculo.

5.2 Objetos dentro de Excel.

El nombre del objeto Excel dentro del lenguaje VBA es *Application*. Este objeto a su vez contiene otros objetos:

- Addins
- Windows
- Workbooks
- WorksheetFunctions

Cada uno de los objetos mencionados anteriormente contiene otros objetos. Por ejemplo, dentro del objeto *Workbook* están contenidos los siguientes objetos:

- Charts
- VBproject
- Window
- Worksheet

A su vez, cada uno de los objetos anteriores también tiene objetos dentro de sí. Tomemos como ejemplo el objeto *Worksheet*:

- Comment (comentarios)
- Hyperlink (hipervínculo)
- Range

Así que, si quisiéramos trazar la ruta completa de pertenencia del objeto *Range*, podríamos escribirla de la siguiente forma:

Range→Worksheet→Worksheet→Application (Excel)

Por supuesto, esto no es más que una pequeña muestra. Excel tiene una gran cantidad de objetos que iremos descubriendo poco a poco, a medida que vayamos avanzando.

5.3 Colecciones (*collections*).

Otro concepto clave en VBA son las colecciones (*collections*). Una colección es un grupo de objetos del mismo tipo. Y también se pueden tratar como un objeto.
Ejemplos de colecciones:

- Workbooks
- Worksheets
- Charts

Nótese como todos los nombres de las colecciones están en plural.

5.4 Objetos y cómo referirnos a ellos.

Cuando yo comencé a programar, estaba tan ansioso por aprender que nunca me puse a reparar como se llamaba cada cosa en el lenguaje de programación. Fui aprendiendo a medida que iba escribiendo código y viendo cómo funcionaba y qué hacía cada instrucción. No sé cuan práctico sea este método para Uds. pero me parece que vale la pena correr el riesgo. Así que vamos a intentar aprender haciendo.

Para referirnos a un objeto, debemos usar su nombre completo y exacto.

Por ejemplo, veamos la figura 5.2. En ella vemos un archivo Excel recién creado. El objeto Excel, se llamará según el nombre que escojamos para él. Por ejemplo, guardemos el archivo con el nombre "Practica.xlsm" (con la extensión.xlsm le decimos a Excel que es un archivo que contiene macros y que podrá ejecutarlas).

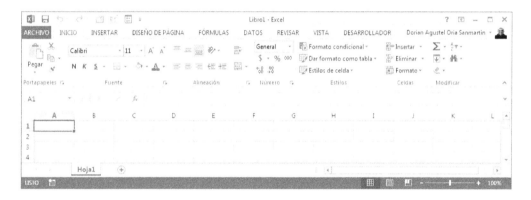

Figura 5.2. Aplicación (Excel) mostrando una hoja de cálculo.

Al cambiar el nombre, el archivo Excel lucirá como se muestra en la figura 5.3.

Entonces, para referirnos a nuestro archivo Excel recién creado, se usa la expresión:

Application.Workbooks("Practica.xlsm")

Como puede observarse en la figura 5.3, nuestro archivo Excel tiene una hoja de cálculo llamada "Hoja1". Este nombre puede conservarse o cambiarse, pero independientemente de eso, internamente Excel ya le ha asignado el número 1 a esa hoja de cálculo. Si agregamos otra, automáticamente Excel le agregará el nombre "Hoja2" y si le cambiamos el nombre, Excel también podrá referirse a ella como la número 2.

Figura 5.3. Aplicación con nombre actualizado para el archivo Excel (libro).

Si deseamos referirnos entonces a la hoja de cálculo número 1, podemos hacerlo de alguna de las siguientes formas (basándonos ahora en el archivo que se muestra en la figura 5.4):

Application.Workbooks("Practica.xlsm").Worksheets("inicio") ó

Application.Workbooks("Practica.xlsm").Worksheets(1)

Ahora, si quisiéramos referirnos a la celda "A1", podríamos escribir:

Application.Workbooks("Practica.xlsm").Worksheets("inicio").Range("A1") o

Application.Workbooks("Practica.xlsm").Worksheets(1).Range("A1")

Imagine por un momento que se desea asignar el valor 100 a la celda A1. Para ello, usamos la siguiente instrucción:

Application.Workbooks("Practica.xlsm").Worksheets(1).Range("A1") = 100.
Si se quiere ser más específico, se puede escribir:

Application.Workbooks("Practica.xlsm").Worksheets(1).Range("A1").Value = 100.

No siempre hay que escribir tanto para referirse a un objeto. Cuando se ejecuta código en VBA y no se especifica detalle de la ubicación de un objeto, VBA asume que todo el código debe ejecutarse tomando en cuenta la hoja de cálculo (Worksheets) que esté activa. Por ejemplo, veamos el siguiente código.

Subrutina 5.1.

1	Sub primerosPasos()
2	Range("A1") = 300
3	End Sub

Si la hoja activa fuese "inicio" (en el ejemplo mostrado en la figura 5.4), entonces el número 300 se escribirá en la celda A1 de esa hoja. Ahora, si la hoja activa fuese Hoja2, entonces el número 300 fuese escrito en la celda A1 de esa hoja.

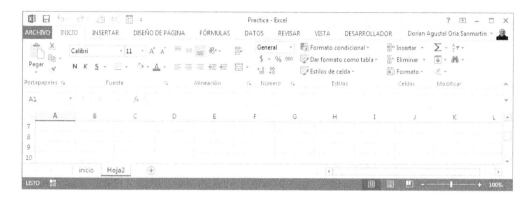

Figura 5.4. Archivo (libro) Excel mostrando dos hojas de cálculo (las cuales son objetos de la colección Worksheets).

Está claro que este es un ejemplo bien sencillo. Sin embargo, puede llegar un momento en la complejidad de un programa en que tanto resumen puede complicar el manejo de la aplicación, pues habría que estar pendiente de la hoja de cálculo activa sobre la que se quiere trabajar y en muchos casos un programa trabaja con varias hojas de cálculo a la vez. Así que en este caso, lo recomendable es, siempre que se esté trabajando con un solo archivo Excel, agregar a la dirección de una celda la hoja de cálculo sobre la cual se desea trabajar.

Así, reescribiendo el código mostrado anteriormente para la hoja "inicio", el código quedaría así:

Subrutina 5.2.

```
1  Sub primerosPasos()
2  Worksheets("inicio").Range("A1") = 300
3  End Sub
```

Con esta forma de referirse a la celda A1, ya no es necesario estar pendiente de la hoja del cálculo que está activa.

Todos los objetos se pueden personalizar en su jerarquía correspondiente.

5.5 Propiedades de los objetos.

Cada objeto en Excel tiene propiedades. Estas describen características de un objeto: color, tipo de letra, tamaño, etc. A través de VBA es posible:

- Verificar la propiedad actual de un objeto.

- Establecer o cambiar la propiedad de ese objeto.

Por ejemplo, una simple celda en una hoja de cálculo tiene una propiedad llamada Value (que muchas veces está predeterminada como se muestra en el código anterior, es decir, no fue necesario indicarla para asignar el valor a la celda). Esta propiedad almacena el valor contenido en la celda. Entonces, se puede escribir código para asignar un valor a una celda, (como se mostró en el código anterior) o se puede escribir código para recuperar el valor en una celda. Vamos a modificar el código anterior para ilustrarlo.

Subrutina 5.3.

```
1   Sub primerosPasos()
2   Worksheets("inicio").Range("A1") = 300
3   MsgBox Worksheets("inicio").Range("A1").Value
4   End Sub
```

Nótese en el código como adrede he obviado la propiedad Value en la instrucción de la línea 2 y cómo la agregué en la línea 3. Para el objeto *Range*, esta propiedad está predeterminada. No es necesario en muchos casos indicarla explícitamente.

Al ejecutar este código, aparece la ventana que se muestra en la figura 5.5.

Figura 5.5. Resultado de la ejecución de la subrutina 5.3.

Cada objeto tiene un conjunto de propiedades, pero no son exclusivas de ellos. Hay muchas propiedades que son comunes a otros objetos. Las colecciones también tienen propiedades. Por ejemplo, el código de la subrutina 5.4 permite saber cuántos archivos Excel están abiertos en una sesión.

Subrutina 5.4.

```
1   Sub primerosPasos2()
```

| 2 | MsgBox "Hay " & Workbooks.Count & " archivos abiertos" |
| 3 | End Sub |

En mi sesión tengo dos libros abiertos. La figura 5.6 muestra el resultado de la ejecución de la subrutina 5.4.

Figura 5.6. Resultado de la ejecución de la subrutina 5.4.

5.6 Métodos de los objetos.

Además de propiedades, los objetos tienen métodos. Un método es una acción que se ejecuta con un objeto. Un método puede cambiar las propiedades de un objeto o hacer que el objeto haga algo.

Por ejemplo, el código siguiente, al ejecutarse, agrega un nuevo archivo Excel a los ya abiertos.

Subrutina 5.5.

1	Sub primerosPasos3()
2	Workbooks.Add
3	End Sub

VBA Excel tiene una forma de ayudarnos a saber cuáles son las propiedades y métodos de un objeto y nos ayuda a diferenciarlos unos de otros.

Si Ud. escribió el código anterior en el editor de VBA, al terminar de escribir Workbooks y en el momento de escribir el punto le debió aparecer un submenú, tal como se muestra en la figura 5.7. Tal como puede verse, aparecen unas palabras con un icono verde al lado y otras con un icono que tiene una mano. Las palabras con el ícono verde corresponden a los métodos y las otras corresponden a las propiedades.

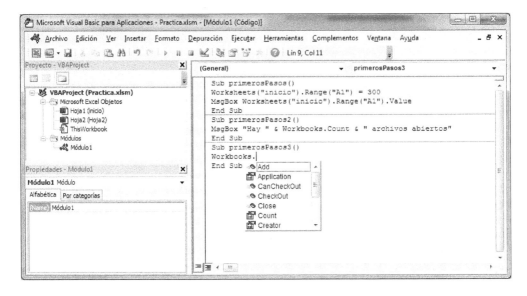

Figura 5.7. Editor de VBA-Excel mostrando la ayuda dada por *IntelliSense Code Completion*.

Algunos métodos toman uno o más parámetros, es decir, un valor que puede dar más detalle a la acción que se va a ejecutar. El parámetro se agrega a un método después de éste, separado por una coma. VBA vuelve en nuestra ayuda en este caso. Al colocar el espacio después de la instrucción de la línea 2, VBA nos dice que espera que lo que se introduzca como argumento sea un *template* (figura 5.8). Sino colocamos el argumento, VBA asume que deseamos agregar una plantilla estándar. La subrutina 5.6 muestra como se ve el código cuando le pedimos que específicamente agregue un *template*.

Subrutina 5.6.

1	Sub primerosPasos3()
2	Workbooks.Add Template:= _
3	"C:\Users\doria\AppData\Roaming\Microsoft\Plantillas\Planificador de vacaciones.xltx"
4	End Sub

5.7 Eventos en VBA – Excel.

Un evento es una acción bien sea debida a una acción directa del usuario (haber presionado un botón del ratón, una tecla del teclado) o debido a una condición establecida en el código. Un Procedimiento de Evento (*Event Procedure*) es una subrutina escrita por el usuario que VBA Excel llama automáticamente cuando el evento se presenta. Veamos el siguiente código.

Subrutina 5.7.

1	Private Sub Worksheet_Change(ByVal Target As Range)
2	MsgBox ("Has cambiado algo en esta hoja")
3	End Sub

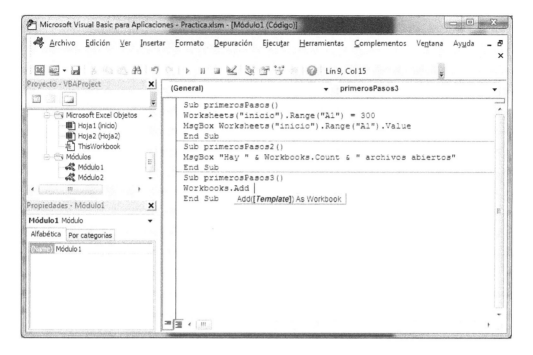

Figura 5.8. Más detalle del funcionamiento de *IntelliSense Code Completion*.

El código de la subrutina 5.7 fue escrito en la ventana de código del objeto Hoja1. Para agregar esta subrutina, es necesario hacer los pasos siguientes:

1. Hacer doble-click encima del objeto Hoja1 (listado en la ventana Proyecto del entorno de programación VBA)

2. Esto hace que se abra la ventana de código para ese objeto.

3. Seleccionar el objeto Worksheet, tal como se muestra en la figura 5.9. Esto es necesario para que luego en el *combo-box* que está justo al lado se listen los eventos asociados a este objeto.

4. Seleccionar, según se muestra en la figura 5.10, el evento que se desea programar. En nuestro ejercicio, queremos programar que se ejecutará cuando el usuario haga algún cambio en el objeto Hoja1 (Change).

5. Una vez completado el paso anterior, VBA-Excel automáticamente agrega una subrutina donde irán las instrucciones que se ejecutarán cuando el evento *Change* ocurra en la hoja de cálculo Hoja1.

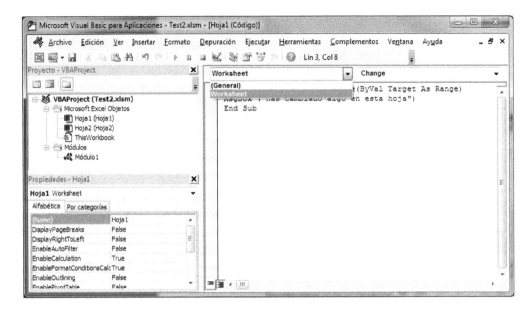

Figura 5.9. Seleccionando el objeto Worksheet.

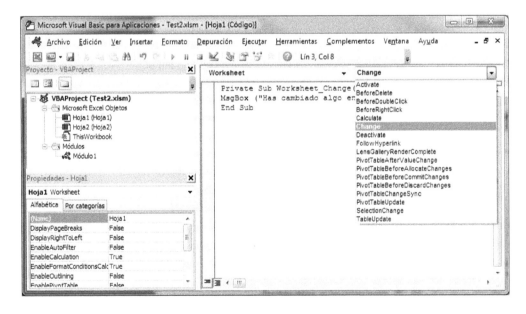

Figura 5.10. Visualización de los eventos disponibles para el objeto Worksheet.

Por ejemplo, al escribir algo en cualquier celda de la hoja de cálculo "Hoja1", hará que aparezca el mensaje que se muestra en la figura 5.11 (según la instrucción de la línea 2 de la subrutina 5.7)

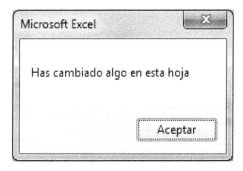

Figura 5.11. Respuesta ante eventos que generan cambios en el objeto "Hoja1".

Es importante destacar que las subrutinas de los eventos están declaradas Private. Esto es porque los eventos están relacionados siempre con un objeto. No se puede programar una subrutina de un evento en una ventana de código diferente a la del objeto.

5.8 Ayuda adicional.

VBA Excel es un lenguaje de programación bien maduro. En caso de requerir ayuda adicional sobre propiedades y métodos de cada objeto en Excel, puede recurrir al Examinador de objetos (figura 5.12). A él se puede acceder presionando la tecla F2, desde la Barra de Menús (menú Ver) o desde la barra de herramientas Estándar usando el botón resaltado en la figura 5.13.

Supongamos que Ud. desee información sobre las propiedades y métodos de la colección *Worksheets* (figura 5.11). Entonces, en el *textbox* (que está al lado de los binoculares) escribe el nombre de la colección y en Resultados de la búsqueda selecciona el tópico que se ajuste a lo que anda buscando. En la figura 5.11 se muestran las propiedades y métodos de la colección *Worksheets*, dentro de la ventana "Miembros de 'Worksheets'". Si se selecciona alguno de los miembros, se podrá ver en la parte inferior de la ventana los argumentos que toma ese miembro (en caso de que aplique).

Programación avanzada en VBA-Excel para principiantes.

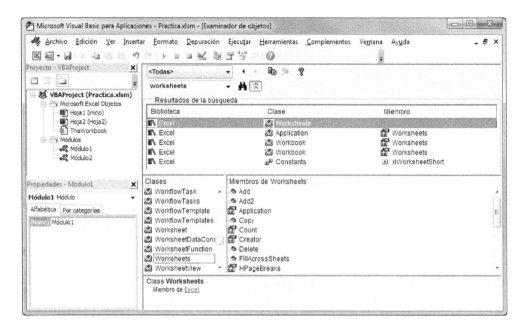

Figura 5.12. Examinador de Objetos.

Figura 5.13. Botón para desplegar el Examinador de objetos.

Capítulo 6.
Objeto Application.

6.1 Introducción.

Como ya se mencionó en el capítulo anterior, el objeto *Application* representa a la aplicación Excel por completo. Es posible, con las propiedades y métodos de este objeto, hacer que su aplicación luzca y se comporte de una forma bastante profesional, diferente a un libro o archivo Excel convencional.

6.2 Propiedades del objeto Application.

A continuación vamos a describir las propiedades que considero más importantes de este objeto. Sin embargo, si desea saber más acerca de las propiedades de este objeto, puede consultar la información disponible en: https://msdn.microsoft.com.

6.2.1 Propiedad Caption.

Devuelve o establece una cadena de texto que representa el nombre que aparece en la barra de título de la ventana principal de Excel.

Subrutina 6.1.

```
1   Sub AppCaption()
2   Application.Caption = "Mi propia aplicacion"
3   End Sub
```

La figura 6.1 muestra el resultado de la ejecución de la subrutina anterior. Dentro del rectángulo se muestra la cadena de texto que se ha agregado desde la línea 2 del código.

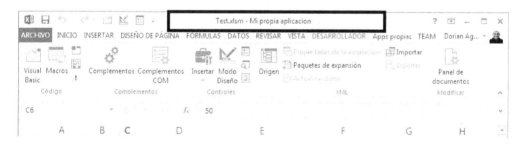

Figura 6.1. Resultado de la ejecución de la subrutina 6.1.

6.2.2 Propiedad DisplayAlerts.

Esta propiedad si toma el valor *True* muestra ciertas alertas y mensajes mientras una subrutina se está ejecutando. Por ejemplo, cuando se hace algún cambio en un archivo Excel y se intenta cerrarlo sin antes haber guardado los cambios, la aplicación muestra un mensaje similar al que se muestra en la figura 6.2

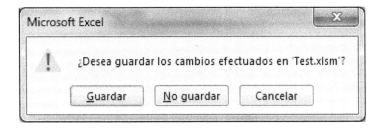

Figura 6.2. Alerta de Excel sobre cambios sin guardar en un libro que va a cerrarse.

En cambio, si hacemos que *DisplayAlerts* tome el valor *False*, con la subrutina que sigue podemos cerrar el archivo sin que se despliegue la alerta. Si se realizaron cambios y no se guardaron antes de ejecutar la subrutina, se perderán.

Subrutina 6.2.

1	Sub DispAlert()
2	Application.DisplayAlerts = False
3	Workbooks("Test.xlsm").Close
4	End Sub

6.2.3 Propiedad DisplayFormulaBar.

Muestra u oculta la barra de fórmulas de Excel.

Subrutina 6.3.

1	Sub DispBarraFormula()
2	Application.DisplayFormulaBar = False
3	End Sub

La figura 6.3 muestra cómo luce Excel con la barra de herramientas no visible, después de haber ejecutado la subrutina 6.3.

6.2.4 Propiedad DisplayFullScreen.

Si la propiedad toma el valor *True*, hace que Excel se vea en modo *full-screen*. Esto significa que sólo se verán las hojas de cálculos y sus celdas. Excel ocupará toda la pantalla y no se verán ningunas de las barras: las de herramientas, ni la de menús, ni la de fórmulas ni la de estado (figura 6.4).

Subrutina 6.4.

1	Sub DispFullScreen()
2	Application.DisplayFullScreen = True
3	End Sub

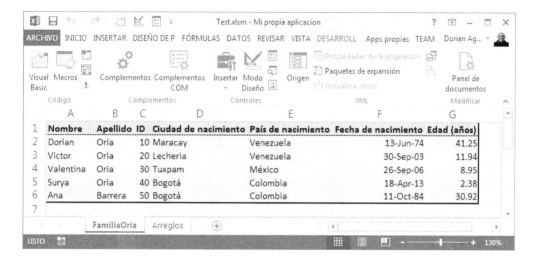

Figura 6.3. Excel con la barra de fórmulas oculta.

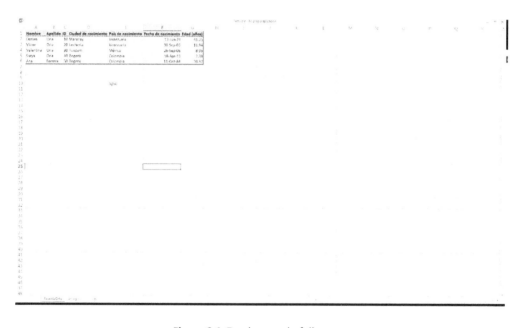

Figura 6.4. Excel en modo *full-screen*.

6.2.5 Propiedad ScrollBars.

Scrollbars o barras de desplazamiento, son un par de barras que están ubicadas usualmente en la parte inferior y al costado derecho de la aplicación y que permiten desplazarse hacia abajo y a la derecha de las hojas de cálculo. La siguiente subrutina hace que las *scrollbars* no estén visibles.

Subrutina 6.5.

1	Sub DispScrollBars()
2	Application.DisplayScrollBars = True
3	End Sub

La figura 6.5 muestra el resultado de la ejecución de la subrutina 6.5.

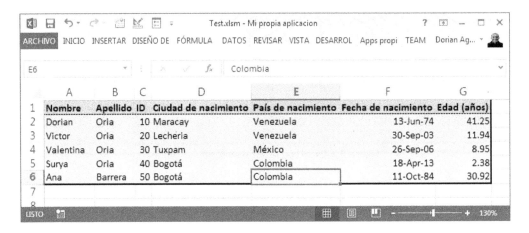

Figura 6.5. Excel sin las *scrollbars*.

6.2.6 Propiedad DisplayStatusBar

En Excel la barra de estado (*StatusBar*) se encuentra en la parte inferior de la aplicación (por debajo inclusive de las barras de desplazamiento) y muestra información como por ejemplo *zoom* dentro de una hoja de cálculo. Si hay datos seleccionados en una hoja de cálculo, como se ve en la figura 6.6 (dentro del rectángulo), muestra la suma de esos valores, promedio y la cantidad de datos seleccionados. Se puede escoger la información que muestra, haciendo click con el botón derecho del ratón encima de ella.

La subrutina siguiente oculta la barra de estado.

Subrutina 6.6.

1	Sub DispStatusBar()
2	Application.DisplayStatusBar = False
3	End Sub

La figura 6.7 muestra la aplicación sin la barra de estado, después de haber ejecutado la subrutina 6.6.

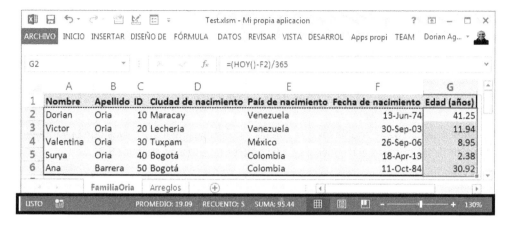

Figura 6.6. Excel mostrando la barra de estado.

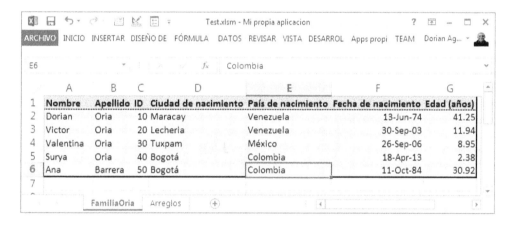

Figura 6.7. Excel sin la barra de estado.

6.2.7   Propiedad FileDialog

Devuelve un objeto *FileDialog* que representa una instancia de cajas de diálogo. Estas cajas de diálogo son las que permiten escoger archivos para abrirlos, para guardarlos o simplemente escoger un archivo o escoger una carpeta.

La subrutina siguiente muestra la opción de *FileDialog* para abrir un archivo de cualquier extensión que pueda ser reconocido por Excel (*msoFileDialogOpen*).

Subrutina 6.7.

1	Sub EjFileDialog1()
2	With Application.FileDialog(msoFileDialogOpen)
3	.Title = "Mi propia ventana para abrir archivos"
4	.Filters.Add "Archivos Excel", "*.xls;*.xlsx;*.xlsm", 1

5	.Show
6	.Execute
7	End With
8	End Sub

En la línea 3 se ha personalizado el título de la ventana de diálogo.

En la línea 4 se han agregado filtros que son las extensiones de los archivos que la ventana de diálogo mostrará primero al desplegarse, tal como se muestra en la figura 6.8.

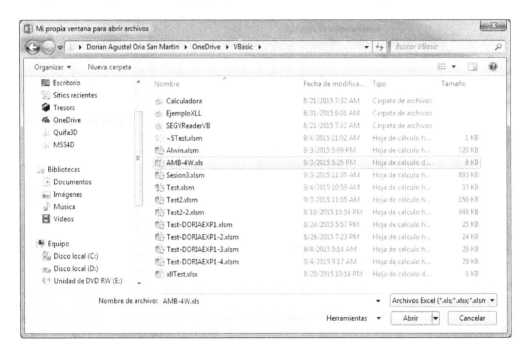

Figura 6.8. Ventana de diálogo para abrir archivos reconocidos por Excel.

En la línea 5 se da la instrucción para mostrar la ventana y en la línea 6 se da la orden para que se abra el archivo seleccionado.

Si no se da la orden de abrir el archivo (*Execute* en la línea 6), entonces la ventana funciona como si se hubiese escogido la opción *msoFileDialogFilePicker*.

Por defecto, las ventanas para abrir archivos o para escogerlos permiten que se seleccionen varios archivos a la vez. Para evitar esto, se hizo que la propiedad *AllowMultiSelect* tome el valor *False* (línea 4). Esta variable por defecto es *True*.

En la línea 6 se agregó una condición **If** para evitar que la aplicación de un error en caso de que el usuario no escoja ningún archivo (escoja presionar el botón "Cancel" en la ventana de diálogo). Si el usuario no escoge ningún archivo, entonces la cantidad de elementos en la colección *.SelectedItems* es cero.

La subrutina siguiente permite escoger un archivo sin importar la extensión (*msoFileDialogFilePicker*).

Subrutina 6.8.

```
1    Sub EjFileDialog2()
2    Dim archivo As String
3    With Application.FileDialog(msoFileDialogFilePicker)
4       .AllowMultiSelect = False
5       .Show
6       If .SelectedItems.Count > 0 Then
7          archivo = .SelectedItems(1)
8          MsgBox "Ud. ha seleccionado el archivo" & _
9          vbNewLine & archivo
10         Else
11         MsgBox "Ud. no selecciono archivo"
12      End If
13   End With
14   End Sub
```

Por defecto, las ventanas para abrir archivos o para escogerlos permiten que se seleccionen varios archivos a la vez. Para evitar esto, se hizo que la propiedad *AllowMultiSelect* tome el valor *False* (línea 4). Esta variable por defecto es *True*.

En la línea 6 se agregó una condición **If** para evitar que la aplicación de un error en caso de que el usuario no escoja ningún archivo (escoja presionar el botón "Cancel" en la ventana de diálogo). Si el usuario no escoge ningún archivo, entonces la cantidad de elementos en la colección *.SelectedItems* es cero.

Si *.SelectedItems* es mayor que cero, entonces la subrutina muestra el archivo seleccionado, tal como se muestra en la figura 6.9.

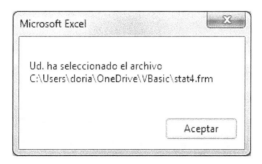

Figura 6.9. Resultado de la ejecución de la subrutina 6.8, en caso de haber seleccionado un archivo.

Si se hubiese permitido la posibilidad de escoger varios archivos, la subrutina nos hubiese mostrado el primero de todos los archivos seleccionados. Se sugiere probar seleccionando varios archivos, pero antes cambie el índice de la propiedad *SelectedItems*.

Veamos a continuación como sería el código para mostrar varios archivos seleccionados.

Subrutina 6.9.

1	Sub EjFileDialog3()
2	Dim archivo As Variant
3	Dim mensaje As String
4	With Application.FileDialog(msoFileDialogFilePicker)
5	.Show
6	For Each archivo In .SelectedItems
7	mensaje = mensaje & archivo & vbNewLine
8	Next archivo
9	End With
10	MsgBox "Ud. ha seleccionado los archivos" & _
11	vbNewLine & mensaje
12	End Sub

La figura 6.10 muestra el resultado de la ejecución de la subrutina 6.9.

Figura 6.10. Resultado de la ejecución de la subrutina 6.9.

Fíjese que en la subrutina anterior no fue necesario asignar *True* a la propiedad *AllowMultiSelect*, ya que ese es su valor por defecto.

Entre las líneas 6 y 8, mediante el uso de una estructura **For – Each**, se tuvo acceso a cada uno de los elementos de la colección *.SelectedItems* y se construyó una cadena de texto que contendrá cada uno de los nombres (y su ruta completa) de los archivos seleccionados. Recuerde que la variable a usar en esta estructura debe haber sido declarada Variant (línea 2).

La siguiente subrutina muestra la opción de *FileDialog* (*msoFileDialogSaveAs*) para guardar información de un archivo abierto de los que Excel reconoce. Funciona como la opción "Guardar como".

Subrutina 6.10.

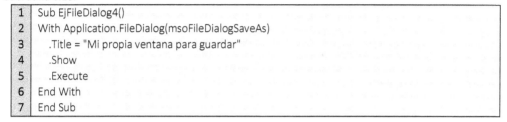

1	Sub EjFileDialog4()
2	With Application.FileDialog(msoFileDialogSaveAs)
3	.Title = "Mi propia ventana para guardar"
4	.Show
5	.Execute
6	End With
7	End Sub

La figura 6.11 muestra la ventana "Guardar como", tal como fue configurada en la subrutina 6.10.

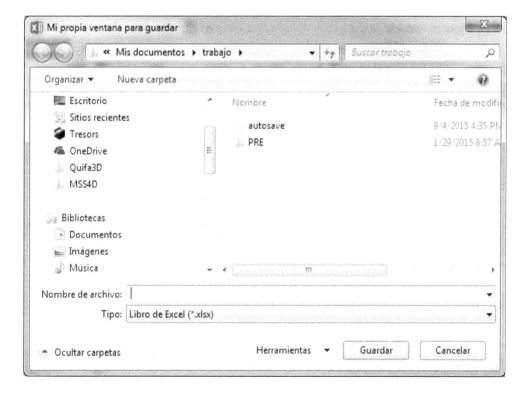

Figura 6.11. Ventana "Guardar como", resultado de la ejecución de la subrutina 6.10.

La siguiente subrutina muestra la opción de *FileDialog* que permite escoger una carpeta (*msoFileDialogFolderPicker*).

Subrutina 6.11.

1	Sub EjFileDialog5()
2	Dim carpeta As String
3	With Application.FileDialog(msoFileDialogFolderPicker)
4	.AllowMultiSelect = False
5	.Title = "Escoja una carpeta"
6	.Show
7	If .SelectedItems.Count > 0 Then
8	carpeta = .SelectedItems(1)
9	MsgBox "Ud. ha seleccionado la carpeta" & _
10	vbNewLine & carpeta
11	Else
12	MsgBox "Ud. no selecciono carpeta"
13	End If
14	End With
15	End Sub

La figura 6.12 muestra la carpeta seleccionada después de haber ejecutado la subrutina 6.11.

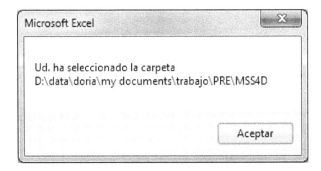

Figura 6.12. Carpeta seleccionada después de haber ejecutado la subrutina 6.11.

6.2.8 Propiedad StatusBar

Devuelve o establece el texto que se mostrará en la barra de estado (*status bar*).

Subrutina 6.12.

1	Sub EjStatusBar()
2	Application.DisplayStatusBar = True
3	Application.StatusBar = "Trabajando..."
4	Application.StatusBar = False

Para poder notar el efecto de esta subrutina, ejecútela paso a paso (F8).

6.3   Eventos del objeto Application.

En este caso vamos a explicar algunos eventos interesantes del objeto *Application* antes de saber sobre los métodos, ya que hay algunos éstos que funcionan de forma más conveniente con los eventos.

Para poder programar cualquier evento para el objeto *Application*, es necesario declarar antes una variable cuyo tipo sea *Application*. A través de ella estarán disponibles los eventos que se pueden programar.

Los pasos a seguir son los siguientes:

En la ventana de código del objeto *ThisWorkbook* insertar la línea siguiente:

Public WithEvents App As Application

Con esta instrucción estamos diciendo que se cree una variable objeto (*App*) que será del tipo *Application*. La variable *App* es creada con la palabra clave *WithEvents* para permitir que el objeto reciba eventos desde *Application*.

Una vez hecho esto, la ventana de código lucirá como se muestra en la figura 6.13.

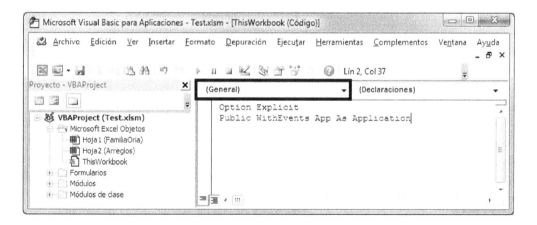

Figura 6.13. Declaración de variable *App* en la ventana de código del objeto *ThisWorkbook*.

Nos vamos a adelantar con la introducción del evento *WorkbookOpen*, del objeto *Workbook*, el cual ocurre cuando un libro Excel (Workbook) es abierto.

Para insertar eventos, es necesario que sea el editor quien los agregue a partir de los que están disponibles en el objeto *ThisWorkbook*. Para hacer esto, se hace click dentro del *combobox* que está encerrado en un rectángulo en la figura 6.13. Al hacerlo, el combobox lucirá como se muestra en la figura 6.14.

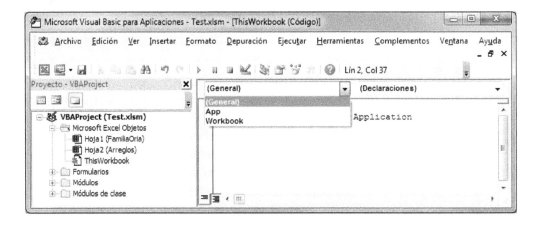

Figura 6.14. Desplegando *comobobox* para ver los objetos disponibles en *ThisWorkbook*.

En ese *combobox* seleccionamos *Workbook*. Al hacerlo, por defecto el editor de VBA-Excel agrega el evento Workbook_Open. La ventana de código lucirá como se muestra en la figura 6.15.

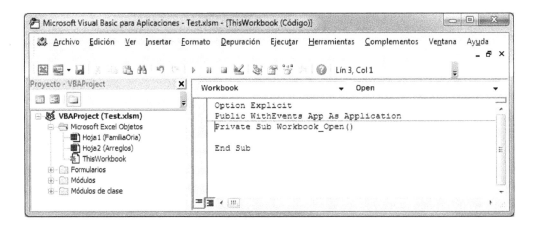

Figura 6.15. Ventana de código del objeto *ThisWorkbook* después de haber seleccionado el objeto ***Workbook***.

Dentro de ese evento vamos a escribir la siguiente línea de código:

Set App = Application

Con esta instrucción se asigna a la variable *App* el objeto *Application*.

132

Luego de esto, el código lucirá como se muestra en la figura 6.16.

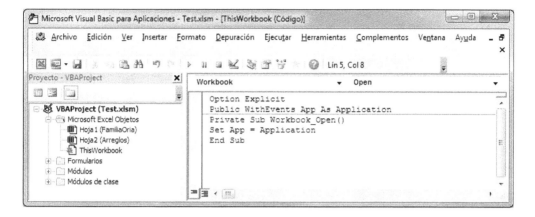

Figura 6.16. Ventana de código del objeto *ThisWorkbook* después de establecer la variable *App* como *Application*.

Este paso es necesario ya que estos eventos se activan cuando se abre la aplicación por primera vez. Es decir, para que estos eventos tengan efecto es necesario que cierre el libro Excel donde está el código y lo vuelva a abrir. Mientras se abre el archivo, Excel carga en memoria todo el código (eventos) que está definido en el objeto *ThisWorkbook* y los deja disponibles para el caso en que se invoquen.

6.3.1 Evento NewWorkbook.

Ocurre cuando un nuevo libro Excel (*Workbook*) es creado.

En el *combobox* que está encerrado en el rectángulo de la figura 6.13 seleccionamos **App**. Al hacerlo, por defecto el editor de VBA-Excel agregará el evento *NewWorkbook* (figura 6.17).

En el *combobox* que se muestra encerrado en el rectángulo en la figura 6.17 están todos los eventos que tiene asociado el objeto *Application* declarado con la variable **App**.

Subrutina 6.13.

1	Private Sub App_NewWorkbook(ByVal Wb As Workbook)
2	Wb.Worksheets.Add
3	Wb.Worksheets(1).Name = "Principal"
4	MsgBox "Nuevo Workbook: " & Wb.Name
5	End Sub

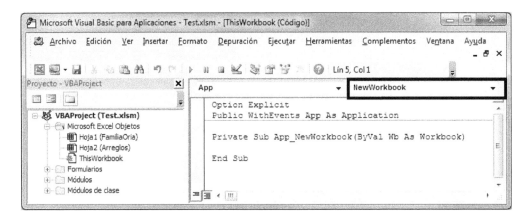

Figura 6.17. Ventana de código del objeto *ThisWorkbook* después de haber seleccionado el objeto **App**.

Es interesante en este ejemplo que el evento permite recuperar al objeto que se está agregando (Wb como objeto Workbook, línea 1) y lo pone disponible para el resto del contenido que queramos agregar dentro de la subrutina del evento.

En este caso el ejemplo es bien sencillo: agregar una hoja de cálculo nueva (línea 2). Posteriormente asignarle nombre a la hoja de cálculo número 1 (línea 3) y finalmente mostrar el nombre del nuevo libro que se está agregando (línea 4).

6.3.2 Evento WorkbookOpen.

Este evento es similar al evento *Workbook_Open* del objeto *Workbook* descrito en la introducción de este punto (figura 6.15 y 6.16). La diferencia fundamental es que en el evento *WorkbookOpen* del objeto *App* no se le puede asignar a la variable *App* el objeto *Application*. De resto se puede colocar cualquier otra instrucción que se desee que se ejecute cuando la aplicación o un libro es abierto. Los eventos o instrucciones en el evento Workbook_Open del objeto Workbook ocurren primero que los declarados en el evento *WorkbookOpen* del objeto **App**.

Veamos el ejemplo siguiente (figura 6.18). Las subrutinas encerradas en los rectángulos muestran instrucciones a ejecutarse cuando se abra el libro: una de ellas asociada a la aplicación como tal y la otra asociada al objeto *Workbook*. Cuando se abra el archivo, verá que el primer mensaje que se muestra es el que proviene del evento *Workbook_Open* y luego se mostrará el evento que proviene del evento *App_WorkbookOpen*.

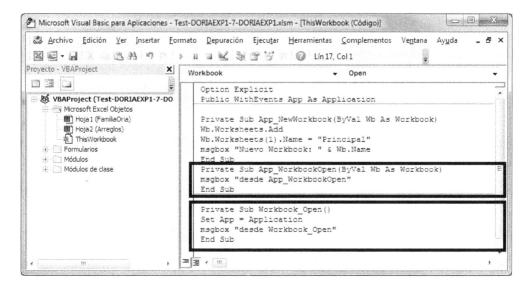

Figura 6.18. Mensajes provenientes de los eventos *Workbook_Open* y *App_WorkbookOpen*.

6.4   Métodos del objeto Application.

6.4.1   Método FindFile.

Despliega la ventana estándar para abrir archivo Excel (***Open*** *dialog box*) o sus compatibles. No se puede personalizar y no requiere mayor programación en comparación con la propiedad *FileDialog*.

Subrutina 6.14.

```
1   Sub EjFindFile()
2   Application.FindFile
3   End Sub
```

6.4.2   Método GetOpenFilename.

Despliega la ventana estándar para abrir archivos Excel (o compatibles) y obtiene un nombre de archivo sin realidad abrirlo como en el caso del método *FindFile*. En cierta forma se parece a la propiedad FileDialog cuando toma el valor *msoFileDialogFilePicker*.

Subrutina 6.15.

```
1   Sub EjGetOpenFilename()
2   Dim archivo As String
3   Dim filtros As String
4   filtros = "Excel Files (*.xls;*.xlsx;*.xlsm),*.xls;*.xlsx;*.xlsm," & _
5       "Text Files (*.txt;*.prn;*.csv),*.txt;*.prn;*.csv"
6   archivo = Application.GetOpenFilename(filtros, 2, "Mi ventana de abrir personalizada", False)
```

```
7   MsgBox "El archivo seleccionado es: " & vbNewLine & _
8       archivo
9   End Sub
```

En la subrutina anterior se ha introducido una novedad: la posibilidad de hacer el filtro como una cadena de texto. La variable que contiene los filtros se definió en la línea 4. Otro aspecto interesante de esta subrutina es que el número 2 que aparece como parámetro para el método *GetOpenFilename* indica cual será el filtro que aparezca por defecto cuando se despliegue la ventana, sin importar el orden en el que se haya definido en la cadena de texto que los define. La palabra *False* al final de los parámetros indica que está deshabilitada la opción que permite seleccionar más de un archivo a la vez.

6.4.3 Método GetSaveAsFilename.

Despliega la ventana estándar "Guardar como" para guardar archivos Excel o compatibles, pide un nombre para el archivo a guardar, sin realmente guardar nada.
Subrutina 6.16.

```
1   Sub EjGetSaveAsFilename()
2   Dim archivo As String
3   Dim filtros As String
4   filtros = "Excel Files (*.xls;*.xlsx;*.xlsm),*.xls;*.xlsx;*.xlsm," & _
5       "Text Files (*.txt;*.prn;*.csv),*.txt;*.prn;*.csv"
6   archivo = Application.GetSaveAsFilename("", filtros, 2, "Mi ventana de abrir personalizada")
7   MsgBox "El archivo se guardara con el nombre: " & vbNewLine & _
8       archivo
9   End Sub
```

La estructura del método *GetSaveAsFilename* es similar a la del método *GetOpenFilename*, excepto porque el primer parámetro es el nombre tentativo que se desea dar al archivo. En nuestro ejemplo se ha asignado una cadena vacía (línea 6). Adicionalmente no aplica el concepto de elegibilidad de uno o más archivos.

6.4.4 Método OnKey.

Ejecuta una subrutina según una tecla o una combinación de ellas es presionada. Esta función es útil para asignar un atajo a una subrutina (*shortcut*), para los casos en los que no se utilizó la grabadora de macros para generarla.

La tabla que sigue muestra las teclas que pueden usarse. Cada una de ellas puede usarse sin necesidad de combinarse con otras.

Tabla 6.1. Teclas y los códigos a usar en su programación.

Tecla	Código
BACKSPACE	{BACKSPACE} o {BS}
BREAK	{BREAK}
CAPS LOCK	{CAPSLOCK}
CLEAR	{CLEAR}
DELETE or DEL	{DELETE} o {DEL}
DOWN ARROW	{DOWN}
END	{END}
ENTER (teclado numérico)	{ENTER}
ENTER	~ (tilde)
ESC	{ESCAPE} o {ESC}
HELP	{HELP}
HOME	{HOME}
INS	{INSERT}
LEFT ARROW	{LEFT}
NUM LOCK	{NUMLOCK}
PAGE DOWN	{PGDN}
PAGE UP	{PGUP}
RETURN	{RETURN}
RIGHT ARROW	{RIGHT}
SCROLL LOCK	{SCROLLLOCK}
TAB	{TAB}
UP ARROW	{UP}
F1 hasta F15	{F1} hasta {F15}

La siguiente tabla muestra las teclas con las cuales se pueden combinar las mostradas en la tabla 6.1.

Tabla 6.2. Teclas secundarias y los códigos a usar en su programación.

Tecla	Código
SHIFT	+
CTRL	^
ALT	%

Subrutina 6.17.

```
1  Sub EjOnKey()
2  Application.OnKey "^+{ENTER}", "EjGetSaveAsFilename"
3  End Sub
```

Los parámetros del método deben ir encerrados en comillas dobles ("). El primer parámetro consiste de la combinación de teclas que invocarán la subrutina que está después de la coma.

6.4.5 Método Quit.

Permite salir de Excel.

Subrutina 6.18.

1	Sub AppQUit()
2	Application.Quit
3	End Sub

Capítulo 7.
Objeto Workbook.

7.1 Introducción.

El objeto *Workbook* corresponde a un libro Excel. Pertenece a la colección *Workbooks*, la cual contendrá todos los libros abiertos actualmente en Excel. Cuando se trabaja individualmente, el objeto Workbook tiene unas propiedades, métodos y eventos que son diferentes a los de la colección Workbooks. Vamos a trabajar primero con el objeto Workbook y luego con la colección.

7.2 Propiedades del objeto Workbook.

7.2.1 Propiedad Charts.

Devuelve una colección de gráficos que ocupan una hoja. No incluye los gráficos que están dentro de hojas de cálculo.

Subrutina 7.1.

```
1   Sub WBCharts()
2   Dim nwb As Integer
3   With ActiveWorkbook.Charts
4      nwb = .Count
5      msgbox "Este libro tiene " & nwb & " gráficos y serán borrados"
6      If nwb > 0 Then
7         .Delete
8      End If
9   End With
10  End Sub
```

Esta subrutina borra todos los gráficos que ocupan una hoja completa en el libro activo (*ActiveWorkbook*). Tiene que haber al menos 1 para que haya que borrar. Esto se verifica primero al contarlos (línea 4) y luego en la línea 6 se verifica que haya al menos 1 (condición nwb > 0). Si hay al menos 1, la subrutina lo borrará (línea 7).

7.2.2 Propiedad FileFormat.

Devuelve o asigna el formato del archivo o el tipo de libro (Excel, texto separado por tabuladores, por comas, etc.). El valor lo devuelve en forma numérica. Para saber el nombre del formato se puede usar el Examinador de objetos y buscar los valores posibles de la variable *XlFileFormat*, tal como se muestra en la figura 7.1.

La siguiente subrutina determina el formato del libro Excel activo y lo muestra mediante una ventana MsgBox.

Subrutina 7.2.

1	Sub WBFileFormat()
2	Dim FF As Integer
3	With ActiveWorkbook
4	FF = .FileFormat
5	End With
6	msgbox "El formato del archivo es " & FF
7	End Sub

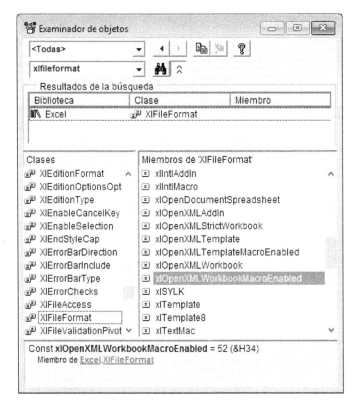

Figura 7.1. Examinador de objetos.

Más adelante, cuando veamos los métodos del objeto Workbook, veremos un ejemplo de asignación de formato.

7.2.3 Propiedad FullName.

Devuelve el nombre del objeto Workbook, incluyendo su ruta completa en disco. La subrutina siguiente muestra el nombre y la ruta del archivo Excel que está activo.

Subrutina 7.3.

1	Sub WBFullName()

2	msgbox "El nombre de este archivo es: " & ActiveWorkbook.FullName
3	End Sub

7.2.4 Propiedad Path

Devuelve la ruta completa en disco en la cual se encuentra el archivo Excel especificado.

Subrutina 7.4.

1	Sub WBPath()
2	msgbox "La ruta en la cual esta ubicado este archivo es : " & ActiveWorkbook.Path
3	End Sub

7.2.5 Propiedad Sheets.

Devuelve una colección de hojas (*Sheets*) que representa todas las hojas de cálculo y de gráficos en un libro (*Workbook*) especificado.

Subrutina 7.5.

1	Sub WBSheets()
2	Dim Hojas As Sheets
3	Dim n As Integer
4	Dim cadena As String
5	cadena = ""
6	Set Hojas = ActiveWorkbook.Sheets
7	For n = 1 To Hojas.Count
8	cadena = cadena & Hojas(n).Name & vbNewLine
9	Next n
10	msgbox "Las hojas en este libro son: " & vbNewLine & cadena
11	End Sub

La subrutina anterior muestra los nombres de las hojas que pertenecen al libro especificado, que en nuestro ejemplo es el libro activo. En la línea 2 declaramos la variable "Hojas" como tipo *Sheets*. En la línea 6 hacemos que la variable "Hojas" sea igual a toda la colección de hojas (*Sheets*) que se encuentren en el libro activo. Recuerde que *Sheets* es un objeto, por lo que la variable "Hojas" realmente contendrá una referencia a ese objeto (recuerde que una colección también es un objeto). Luego en la línea 7 se usa la propiedad *Count* para saber cuántas hojas están dentro de la colección y usar esa cantidad como límite superior del ciclo **For-Next**. En la línea 8 se construye una cadena de texto que contendrá los nombres de las hojas.

La subrutina 7.6 permite determinar el tipo de hoja presente en un libro Excel: hoja de cálculo, gráfico, etc. Los tipos de hoja vienen dados por la variable *XlSheetType*, cuyos valores posibles se pueden encontrar en el Examinador de objetos, tal como se muestra en la figura 7.2.

Subrutina 7.6.

```
1   Sub WBTypeSheets()
2   Dim n, i, TipoxlChart, TipoxlDialogSheet, TipoxlWorksheet, _
3       TipoxlExcel4IntlMacroSheet, TipoxlExcel4MacroSheet As Integer
4   TipoxlChart = 0
5   TipoxlDialogSheet = 0
6   TipoxlExcel4IntlMacroSheet = 0
7   TipoxlExcel4MacroSheet = 0
8   TipoxlWorksheet = 0
9   n = Sheets.Count
10  For i = 1 To n
11    If Sheets(i).Type = -4169 Then
12      TipoxlChart = TipoxlChart + 1
13    End If
14    If Sheets(i).Type = -4116 Then
15      TipoxlDialogSheet = TipoxlDialogSheet + 1
16    End If
17    If Sheets(i).Type = 4 Then
18      TipoxlExcel4IntlMacroSheet = TipoxlExcel4IntlMacroSheet + 1
19    End If
20    If Sheets(i).Type = 3 Then
21      TipoxlExcel4MacroSheet = TipoxlExcel4MacroSheet + 1
22    End If
23    If Sheets(i).Type = -4167 Then
24      TipoxlWorksheet = TipoxlWorksheet + 1
25    End If
26  Next i
27  msgbox "Se encontraron los siguientes tipos de hoja (Sheets):" & vbNewLine & _
28      vbNewLine & "xlChart: " & TipoxlChart & _
29      vbNewLine & "xlDialogSheet: " & TipoxlDialogSheet & _
30      vbNewLine & "xlExcel4IntlMacroSheet: " & TipoxlExcel4IntlMacroSheet & _
31      vbNewLine & "xlExcel4MacroSheet: " & TipoxlExcel4MacroSheet & _
32      vbNewLine & "xlWorksheet: " & TipoxlWorksheet
33  End Sub
```

La figura 7.3 muestra el resultado de la ejecución de la subrutina 7.6, tomando en cuenta el libro Excel que se muestra en la figura 7.4.

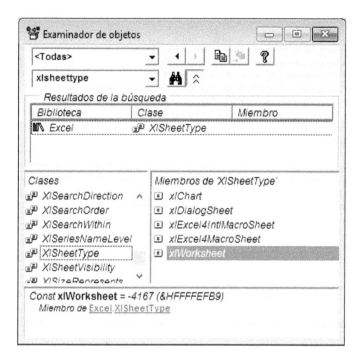

Figura 7.2. Examinador de objetos mostrando los valores posibles de la variable xlSheetType.

Figura 7.3. Resultado de la ejecución de a subrutina 7.6.

El resultado nos dice que hay dos hojas que contienen gráficos (*xlChart*) y tres hojas que son hojas de cálculo (*xlWorksheet*).

7.2.6 Propiedad Worksheets.

Esta propiedad es similar a la propiedad Sheets, con la diferencia que sólo devuelve las hojas que son hojas de cálculo (colección *Worksheets*).

Programación avanzada en VBA-Excel para principiantes.

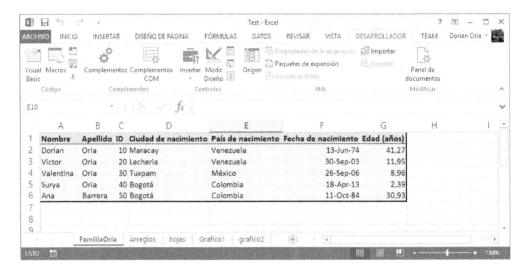

Figura 7.4. Libro Excel que se tomó en cuenta para la ejecución de la subrutina 7.6.

La subrutina 7.7 muestra los nombres de las hojas de cálculo disponibles en el libro Excel activo.

Subrutina 7.7.

```
1  Sub WBWorksheets()
2  Dim n As Integer
3  Dim cadena As String
4  cadena = ""
5  For n = 1 To Worksheets.Count
6      cadena = cadena & Worksheets(n).Name & vbNewLine
7  Next n
8  msgbox "Las hojas en este libro son: " & vbNewLine & cadena
9  End Sub
```

7.3 Métodos del objeto Workbook.

7.3.1 Método Close.

Este método cierra el libro Excel. En la subrutina 7.8 se cierra el libro activo y se guardan los cambios efectuados.

Subrutina 7.8.

```
1  Sub WBClose()
2  ActiveWorkbook.Close savechanges:=True
3  End Sub
```

146

7.3.2 Método Save.

Guarda los cambios en el libro especificado.

Subrutina 7.9.

1	Sub WBSave()
2	ActiveWorkbook.Save
3	End Sub

En lugar de usar ActiveWorkbook, puede cambiar la línea 2 por:

Workbooks("test.xlsm").Save

En el caso de que se desee salir de Excel, guardando antes la información de todos los libros (*workbooks*) abiertos, entonces se puede usar la siguiente subrutina.

Subrutina 7.10.

1	Sub AllWBSave()
2	Dim wb As Workbook
3	For Each wb In Application.Workbooks
4	wb.Save
5	Next wb
6	Application.Quit
7	End Sub

La variable wb declarada en la línea 2 es del tipo Workbook. Eso quiere decir que cuando se usa en el ciclo **For-Each**, representa una referencia a cada libro (*workbook*) que está abierto en la aplicación Excel.

En la línea 4 se pide que se guarde la información de cada libro Excel. Una vez finalizado esto, en la línea 6 se pide salir de la aplicación.

7.3.3 Método SaveAs.

Guarda los cambios de un libro Excel en un archivo diferente. En la subrutina siguiente se guarda el archivo con el nombre especificado Filename (línea 2). Nótese como el nombre del archivo señala incluso la ruta en el disco donde se va a almacenar. Si el directorio no existe la aplicación dará un error. En caso de que no se especifique la ruta completa, el archivo se grabará en la ruta desde donde se está ejecutando la subrutina.

Subrutina 7.11.

1	Sub WBSaveAs()
2	ActiveWorkbook.SaveAs Filename:="c:\dorian\dorian.xlsx", _
3	FileFormat:=51, Password:="dorian", AddToMru:=True

| 4 | End Sub |

Se ha especificado además el formato de salida del archivo, que en este caso corresponde a *xlOpenXMLWorkbook* (código 51). Se asignó una clave de acceso al archivo y con el parámetro *AddToMru* se ha indicado que el archivo aparezca en el listado de archivos recientes dentro de Excel.

7.4   Eventos del objeto Workbook.

Para tener acceso a los eventos del objeto *Workbook*, es necesario que se acceda a la ventana de código del objeto Excel *ThisWorkbook*. Este objeto se muestra resaltado por un rectángulo en la figura 7.5. Una vez en la ventana de código, hay que seleccionar al objeto *Workbook* en el *combobox* que está encerrado en el rectángulo segmentado tal como se muestra en la figura 7.5. Apenas se hace esto, VBA agrega una subrutina vacía para el evento *Open* del objeto *Workbook*. Para ver todos los eventos disponibles, se puede desplegar el *combobox* que está a la derecha del que se destacó por el rectángulo segmentado. El *combobox* desplegado se verá como se muestra en la figura 7.6. Cada vez que se selecciona un evento, VBA agrega automáticamente una subrutina vacía para ese evento.

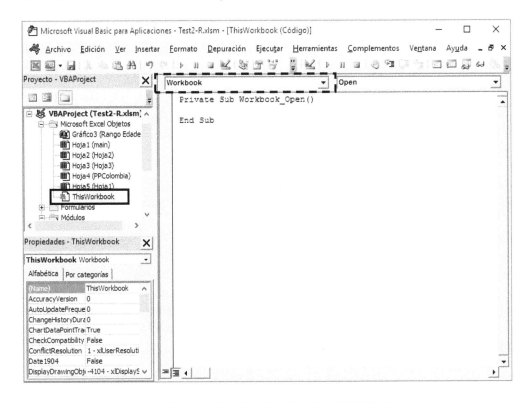

Figura 7.5. Ventana de código del objeto Excel *ThisWorkbook*.

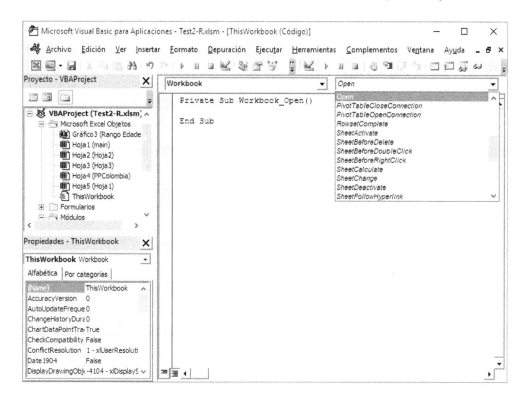

Figura 7.6. Despliegue de los eventos disponibles para el objeto *Workbook*.

7.4.1 Evento Activate.

Ocurre cuando un libro Excel es activado. La subrutina siguiente muestra un mensaje cada vez que se activa el archivo Excel que contiene el código.

Subrutina 7.12.

1	Private Sub workbook_Activate()
2	MsgBox "Este código se está ejecutando desde: " _
3	& vbNewLine & ActiveWorkbook.Name
4	End Sub

7.4.2 Evento AfterSave.

Ocurre después que el libro Excel es guardado. La subrutina siguiente muestra un mensaje si el archivo Excel se guarda satisfactoriamente.

Subrutina 7.13.

1	Private Sub Workbook_AfterSave(ByVal A As Boolean)
2	If A = True Then
3	MsgBox "Archivo fue guardado exitosamente"

4	End If

La variable "A" dentro de los paréntesis en la línea 1 es la que captura el resultado del proceso de guardar el archivo. Si fue exitoso, la variable "A" toma el valor *True*.

7.4.3 Evento BeforeClose.

Ocurre antes de cerrar el archivo Excel. Si el libro ha sufrido cambios, este evento ocurre antes de que al usuario se le pida guardar los cambios. La subrutina siguiente cierra el archivo Excel, verificando antes si el archivo ha tenido cambios que no se han guardado. Si los cambios no se han guardado (propiedad *Saved* = *False* en línea 2), entonces se cambian antes de cerrar el archivo (línea 3).

Subrutina 7.14.

```
1   Private Sub Workbook_BeforeClose(Cancel As Boolean)
2   If ActiveWorkbook.Saved = False Then
3       ActiveWorkbook.Save
4   End If
5   End Sub
```

7.4.4 Evento BeforeSave.

Ocurre antes de que el archivo Excel sea guardado. La subrutina siguiente guarda el archivo después que verifica que aún no se ha guardado la información (*SaveAsUI* = *False* en la línea 2). Asignando *False* a la variable *Cancel* (línea 3) se garantiza que los cambios del archivo serán guardados. Pruebe cambiando el valor de *Cancel* a *True* y vea que pasa.

Subrutina 7.15.

```
1   Private Sub Workbook_BeforeSave(ByVal SaveAsUI As Boolean, Cancel As Boolean)
2   If SaveAsUI = False Then
3       Cancel = False
4       MsgBox "Al darle Aceptar se guardará el archivo"
5   End If
6   End Sub
```

7.4.5 Evento Deactivate.

Ocurre cuando el libro Excel deja de estar activo. La siguiente subrutina muestra un mensaje indicando el nombre del archivo Excel que ha dejado de estar activo (línea 4). Para ello, guarda el nombre del archivo Excel activo (desde donde se ejecuta el código) usando el objeto Excel *ThisWorkbook* y su propiedad *Name* (línea 3).

Subrutina 7.16.

```
1   Private Sub Workbook_Deactivate()
```

```
2  Dim libro As String
3  libro = ThisWorkbook.Name
4  MsgBox "Has abandonado el libro: " & _
5     vbNewLine & libro
6  End Sub
```

7.4.6 Evento NewChart.

Ocurre cuando un nuevo gráfico es creado en el archivo Excel. La siguiente subrutina muestra un mensaje de que se ha creado un nuevo gráfico, indica el nombre del gráfico y el tipo. Esto es posible gracias a la variable "Ch" que recibe de entrada (línea 1), que es el gráfico recién creado.

Subrutina 7.17.

```
1  Private Sub Workbook_NewChart(ByVal Ch As Chart)
2  MsgBox "Se ha creado el grafico: " & Ch.Name & ", de tipo: " & Ch.ChartType
3  End Sub
```

7.4.7 Evento NewSheet.

Este evento es similar al evento *NewChart*, con la diferencia de que ocurre cuando una nueva hoja (*Sheet*) es creada. Esta hoja puede ser una hoja de cálculo o un objeto *Chart* (gráfico). La siguiente subrutina muestra un mensaje apenas se crea una hoja y muestra el nombre y el tipo de hoja.

Subrutina 7.18.

```
1  Private Sub Workbook_NewSheet(ByVal Sh As Object)
2  MsgBox "Se ha creado la hoja: " & Sh.Name & ", de tipo: " & Sheets(1).Type
3  End Sub
```

7.4.8 Evento Open.

Ocurre cuando un libro Excel es abierto. Sobre este evento hablamos en el punto 6.3 sobre los eventos del objeto *Application*. La siguiente subrutina muestra un mensaje de bienvenida (línea 4), indicando la hora y escribiendo la fecha y la hora en una celda de la hoja de cálculo "main" (línea 5).

Subrutina 7.19.

```
1  Private Sub Workbook_Open()
2  Dim hora As String
3  hora = Hour(Now) & ":" & Minute(Now) & ":" & Second(Now)
4  MsgBox "Bienvenido. La hora es: " & hora
5  Worksheets("main").Range("A7") = Now
6  End Sub
```

Al abrir el archivo Excel se ejecuta la subrutina anterior y se genera la ventana que se muestra en la figura 7.7.

7.4.9 Evento SheetActivate.

Ocurre cuando alguna hoja (*Sheet*) es activada, bien sea una hoja de cálculo o un gráfico que ocupa una hoja. La subrutina siguiente muestra un mensaje con el nombre de la hoja cuando se activa.

Subrutina 7.20.

1	Private Sub Workbook_SheetActivate(ByVal Sh As Object)
2	MsgBox "Has activado la hoja: " & Sh.Name
3	End Sub

Figura 7.7. Resultado de la ejecución de la subrutina 7.19.

7.4.10 Evento SheetBeforeDelete.

Ocurre antes de borrar cualquier hoja. La subrutina siguiente calcula los promedios de producción petrolera de los años 2013 y 2014, en base a datos que se encuentran en una hoja de cálculo llamada "Hoja1" y los escribe en la hoja de cálculo "main". Todo esto antes de que sea eliminada la hoja "Hoja1".

Subrutina 7.21.

1	Private Sub Workbook_SheetBeforeDelete(ByVal Sh As Object)
2	Dim rango2013, rango2014 As Range
3	MsgBox "Se va a borrar la hoja: " & Sh.Name & _
4	vbNewLine & "Los promedios de produccion se escribiran en la hoja main"
5	With Worksheets("Hoja1")
6	Set rango2013 = .Range("B4:B15")
7	Set rango2014 = .Range("C4:C15")
8	End With
9	With Worksheets("main")
10	.Range("A7") = "Produccion petrolera promedio"
11	.Range("A8") = 2013
12	.Range("B8") = 2014

```
13      .Range("A9") = WorksheetFunction.Average(rango2013)
14      .Range("B9") = WorksheetFunction.Average(rango2014)
15   End With
16   End Sub
```

7.5   Métodos del objeto Workbooks.

El objeto *Workbooks* es una colección de todos los objetos *Workbook* que están actualmente abiertos en una sesión de Excel. Como colección, este objeto tiene unos métodos muy importantes que veremos a continuación.

7.5.1   Método Add.

Crea un nuevo libro Excel. El libro recién creado se convierte en el libro activo. La subrutina siguiente crea un libro nuevo Excel y le asigna nombre y formato.

Subrutina 7.22.
```
1   Sub EjWBAdd()
2   Workbooks.Add.SaveAs Filename:="Copia.xlsm", _
3       FileFormat:=xlOpenXMLWorkbookMacroEnabled
4   End Sub
```

7.5.2   Método Close.

Cierra el libro Excel especificado. Si no se especifica, cierra todos los libros Excel abiertos. La subrutina siguiente cierra todos los libros Excel que estén abiertos.

Subrutina 7.23.
```
1   Sub EjWBClose()
2   workbooks.Close
3   End Sub
```

7.5.3   Método Open.

Abre un libro o cualquier archivo de los que están soportados por Excel. Imagine por un momento que tenemos un archivo de texto como el que se muestra en la figura 7.8, en el cual la información está separada por tabuladores (tabs). La subrutina siguiente abre el archivo en Excel.

Subrutina 7.24.
```
1   Sub EjWBOpen()
2   Workbooks.Open _
3       Filename:="C:\Users\doria\OneDrive\VBasic\poligono.txt", _
4       Format:=1
```

5	End Sub

En la línea 3 se especifica el nombre del archivo incluyendo la ruta completa donde se encuentra ubicado.

En la línea 4 se indica el formato del archivo de texto. El formato indica el separador que se está usando para ordenar la información dentro del archivo. Según la tabla 7.1, el valor 1 corresponde al tabulador. La tabla 7.1 muestra los separadores predeterminados. La opción 6 se usa para cuando se trata de otro separador no contemplado en los predeterminados.

Tabla 7.1. Separadores posibles para ordenar información dentro de un archivo de texto.

Valor	Delimitador
1	Tab
2	Coma
3	Espacio
4	Punto y coma
5	Ninguno
6	Especificado por el usuario.

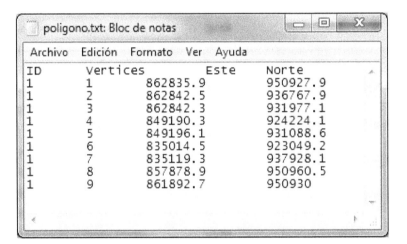

Figura 7.8. Archivo de texto.

La subrutina siguiente muestra como abrir el mismo archivo mostrado en la figura 7.8, pero esta vez usando la opción 6 para el formato del archivo. Cuando se hace esto, es necesario definir al separador. Para eso es necesario usar el parámetro *Delimiter* (línea 5), y asignarle el tabulador como valor. En ASCII, el carácter tabulador es el 9. Para poder usarlo, debemos usar la función Chr, tal como se muestra en la línea 5 de la subrutina.

Subrutina 7.25.

1	Sub EjWBOpen2()
2	Workbooks.Open _

3	Filename:="C:\Users\doria\OneDrive\VBasic\poligono.txt", _
4	Format:=6, _
5	Delimiter:=Chr(9)
6	End Sub

7.5.4 Método OpenText.

Este método está especialmente diseñado para abrir archivos de texto en Excel. La subrutina siguiente abre el archivo de texto que se muestra en la figura 7.9.

Subrutina 7.26.

```
1  Sub EjWBOpenText()
2  Workbooks.OpenText _
3     Filename:="C:\Users\doria\OneDrive\VBasic\poligono2.txt", _
4     StartRow:=4, _
5     DataType:=xlDelimited, _
6     Tab:=True, _
7     FieldInfo:=Array(Array(1, 1), Array(2, 1), Array(3, 1), Array(4, 1), Array(5, 2))
8  End Sub
```

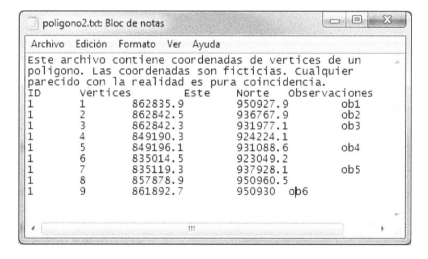

Figura 7.9. Archivo de texto con información al principio.

En la línea 3 se da el nombre del archivo que se desea abrir, incluyendo su ruta completa de ubicación.

En la línea 4 se indica la primera línea que contiene información y a partir de la cual se hará la importación. En nuestro ejemplo, la línea 4 contiene los encabezados de cada una de las columnas de datos.

En la línea 5 se indica que la información dentro del archivo viene delimitada (*xlDelimited*). El otro valor posible para *DataType* es *xlFixedWidth*.

En la línea 6 se indica que el separador de los datos es el tabulador. Es importante señalar que siempre que se indique la presencia de un separador, *DataType* debe ser igual a *xlDelimited*.

En la línea 7 se especifica, mediante un arreglo de arreglos, el tipo de información que se desea importar. Cada arreglo dentro del arreglo principal está compuesto por dos elementos: el primero de ellos corresponde al número de la columna y el segundo corresponde al tipo de datos. Por ejemplo, Array(1,1) indica que el tipo de datos de los elementos de la columna 1 es "General". Para el caso de la quinta columna (Array(5,2)), el número indica quiere decir que el tipo de dato es "Texto". Más información sobre el tipo de datos soportado se puede conseguir buscando información sobre la variable *xlColumnDataType* en el Examinador de objetos de VBA-Excel.

Capítulo 8.
Objeto Worksheet.

8.1 Introducción.

El objeto *Worksheet* representa una hoja de cálculo. Pertenece a la colección *Worksheets*. Como hemos visto anteriormente, el objeto *Worksheet* también pertenece a la colección *Sheets*. Recuerde que la colección *Sheets* contiene todas las hojas en un libro, sin importar si se trata de hojas de cálculo (*Worksheets*) o gráficos ocupando una hoja (*Charts*).

8.2 Propiedades del objeto Worksheet.

8.2.1 Propiedad Cells.

Devuelve un objeto *Range* que representa todas las celdas de una hoja de cálculo. La siguiente subrutina escribe en una celda una fórmula Excel que devuelve la fecha actual. Es importante tener cuidado con estas fórmulas, ya que no son portables entre versiones de Excel con diferente lenguaje. Es decir, en una versión de Excel en inglés daría error, pues para Excel esa función no existiría.

Cells necesita coordenadas de fila y columna (en ese orden). En nuestro ejemplo, la fila es la 7 y la columna es la 2, que se corresponde con la columna B, por lo que en notación de Excel, la celda de nuestro ejemplo se corresponde con la celda B7.

Subrutina 8.1.

```
1   Sub EjWSCells()
2   Worksheets("main").Cells(7, 2).FormulaLocal = "=HOY()"
3   End Sub
```

Si no se especifican coordenadas, entonces la propiedad devuelve todas las celdas de una hoja de cálculo. La subrutina siguiente cambia el color de todas las celdas de la hoja de cálculo "main".

Subrutina 8.2.

```
1   Sub EjWSCells2()
2   Worksheets("main").Cells.Interior.ColorIndex = 9
3   End Sub
```

8.2.2 Propiedad Columns.

Devuelve un objeto *Range* que representa todas las columnas de una hoja de cálculo. La subrutina siguiente escribe el número 7 en todas las filas de la columna 7 (que representa a la columna G) y cambia el color de toda la columna.

Subrutina 8.3.

```
1   Sub EjWSColumn()
2   With Worksheets("main").Columns(7)
```

```
3      .Value = 7
4        .Interior.Color = vbRed
5    End With
6    End Sub
```

8.2.3 Propiedad Name.

Devuelve o asigna una cadena de texto que representa el nombre del objeto. La subrutina siguiente muestra el nombre de la hoja activa.

Subrutina 8.4.
```
1    Sub EjWSName()
2    MsgBox "La hoja activa es: " & ActiveSheet.Name
3    End Sub
```

La subrutina siguiente cambia el nombre de la hoja de cálculo "main" por "principal".

Subrutina 8.5.
```
1    Sub EjWSName2()
2    Worksheets("main").Name = "principal"
3    End Sub
```

8.2.4 Propiedad Range.

Devuelve un objeto *Range* que representa una celda o un rango de celdas. La subrutina siguiente es otra forma de escribir la subrutina 8.1.

Subrutina 8.6.
```
1    Sub EjWSRange()
2    Worksheets("principal").Range("B7").FormulaLocal = "=HOY()"
3    End Sub
```

El objeto *Range* también admite un rango de celdas. La subrutina siguiente funciona de forma similar a la subrutina anterior, pero escribe la fórmula las celdas B7, C7 y D7.

Subrutina 8.7.
```
1    Sub EjWSRange2()
2    Worksheets("principal").Range("B7:D7").FormulaLocal = "=HOY()"
3    End Sub
```

Otra forma de escribir el código anterior se muestra en la siguiente subrutina.

Subrutina 8.8.
```
1    Sub EjWSRange3()
2    Worksheets("principal").Range(Cells(7, 2), Cells(7, 4)).FormulaLocal = "=HOY()"
```

```
3   End Sub
```

En el próximo capítulo estudiaremos con más detalle este objeto.

8.2.5 Propiedad Rows.

Devuelve un objeto *Range* que representa todas las filas de una hoja de cálculo. La subrutina siguiente escribe el número 5 en todas las celdas de la fila 12 de la hoja de cálculo "principal".

Subrutina 8.9.
```
1   Sub EjWSRows()
2   Worksheets("principal").Rows(12) = 5
3   End Sub
```

El siguiente código borra el contenido de todas las celdas escritas con la subrutina anterior.

Subrutina 8.10.
```
1   Sub EjWSRows2()
2   Worksheets("principal").Rows(12).ClearContents
3   End Sub
```

8.2.6 Propiedad Visible.

Permite que la hoja de cálculo sea visible o no. La propiedad puede tomar uno de los tres valores (*XlSheetVisibility*) que se muestran en la tabla 8.1.

Tabla 8.1. Valores posibles de la propiedad Visible (*XlSheetVisibility*) del objeto Worksheet.

Nombre	Valor	Descripción
xlSheetHidden	0	Oculta la hoja de cálculo, la cual puede ser visible de nuevo vía menú (pestaña VISTA de Excel)
xlSheetVeryHidden	2	Oculta la hoja de cálculo de tal forma que la única forma de hacerla visible de nuevo es vía código.
xlSheetVisible	-1	Muestra la hoja de cálculo.

La subrutina siguiente oculta la hoja de cálculo "PPColombia". Sin embargo, este estatus puede cambiarse desde Excel.

Subrutina 8.11.
```
1   Sub EjWSVisible()
2   Worksheets("PPColombia").Visible = False
3   End Sub
```

Las subrutinas siguientes son formas equivalentes de hacer lo mismo.

Subrutina 8.12.

```
1  Sub EjWSVisible2()
2  Worksheets("PPColombia").Visible = 0
3  End Sub
```

Subrutina 8.13.

```
1  Sub EjWSVisible2()
2  Worksheets("PPColombia").Visible = xlSheetHidden
3  End Sub
```

La forma de revertir lo anterior sería entonces cambiando el valor de la propiedad Visible a *True*, *-1* o *xlSheetVisible*.

8.3 Métodos del objeto Worksheet.

8.3.1 Método Activate.

Activa la hoja de cálculo indicada. La subrutina siguiente hace que esté activa la hoja de cálculo "PPColombia".

Subrutina 8.14.

```
1  Sub EjWSActivate()
2  Worksheets("PPColombia").Activate
3  End Sub
```

8.3.2 Método ChartObjects

Devuelve un objeto que representa un gráfico incrustado en una hoja de cálculo o una colección de ellos.

Subrutina 8.15.

```
1  Sub EjWSChartObjects()
2  With Worksheets("PPColombia").ChartObjects(1).Chart
3  .HasTitle = True
4  .ChartTitle.Text = "Produccion Petrolera Colombia 2013-2014"
5  End With
6  End Sub
```

Esta subrutina le agrega un título a un gráfico que está en la hoja de cálculo "PPColombia". En el capítulo 12 estudiaremos este objeto con más detalle.

8.3.3 Método Copy.

Copia la hoja a otra ubicación en el libro Excel. La subrutina siguiente copia la hoja de cálculo "PPColombia" a otra hoja que crea nueva. El parámetro *After* (opcional) indica que la hoja nueva estará ubicada después de la hoja de cálculo especificada (en este caso, después de ella misma).

Subrutina 8.16.

```
1  Sub EjWSCopy()
2  Worksheets("PPColombia").Copy After:=Worksheets("PPColombia")
3  End Sub
```

La subrutina siguiente, al no especificar *Before* ni *After*, copia la hoja de cálculo a un libro Excel nuevo.

Subrutina 8.17.

```
1  Sub EjWSCopy2()
2  Worksheets("PPColombia").Copy
3  End Sub
```

8.3.4 Método Delete.

Este método borra el objeto (aplica para hojas de cálculo y para gráficos que ocupen una hoja). La subrutina siguiente borra la hoja de cálculo que creamos como copia en la subrutina 8.16.

Subrutina 8.18.

```
1  Sub EjWSDelete()
2  Worksheets("PPColombia (2)").Delete
3  End Sub
```

8.3.5 Método Protect.

Protege a una hoja de cálculo de tal forma que no pueda ser modificada. La subrutina siguiente muestra la forma más sencilla de proteger una hoja de cálculo. En este caso, ninguna clave fue asignada ni fue necesaria para proteger la hoja. Esta protección impide que se hagan modificaciones, pero no impide que la hoja pueda ser borrada.

Subrutina 8.19.

```
1  Sub EjWSProtect()
2  Worksheets("PPCOlombia").Protect
3  End Sub
```

La hoja puede desprotegerse desde la pestaña "REVISAR" de Excel.

La siguiente subrutina protege una hoja Excel y le asigna una clave que deberá ser introducida al momento de desprotegerse.

Subrutina 8.20.

```
1   Sub EjWSProtect2()
2   Worksheets("PPColombia").Protect Password:="1234"
3   End Sub
```

La tabla siguiente muestra algunos de los parámetros que se pueden configurar en la protección, como si se tratase de excepciones (en los casos por supuesto en que los parámetros tengan asignado el valor *True*).

Tabla 8.2. Parámetros posibles para protección de hojas de cálculo.

Nombre	Descripción
DrawingObjects	*True* para proteger formas y dibujos (*shapes*).
Contents	*True* para proteger contenido. Para un gráfico la protección es completa. Para una hoja de cálculo sólo protege las celdas bloqueadas.
AllowFormattingCells	*True* permite al usuario dar formato a cualquier celda en una hoja de cálculo protegida.
AllowFormattingColumns	*True* permite al usuario dar formato a cualquier columna en una hoja de cálculo protegida.
AllowFormattingRows	*True* permite al usuario dar formato a cualquier fila en una hoja de cálculo protegida.
AllowInsertingColumns	*True* permite al usuario insertar columnas en una hoja de cálculo protegida.
AllowInsertingRows	*True* permite al usuario insertar filas en una hoja de cálculo protegida.
AllowDeletingColumns	*True* permite al usuario borrar columnas en una hoja de cálculo protegida, donde cada celda en la columna será borrada si está desbloqueada.
AllowDeletingRows	*True* permite al usuario borrar filas en una hoja de cálculo protegida, donde cada celda en la fila será borrada si está desbloqueada.
AllowSorting	*True* permite al usuario aplicar procesos de ordenamiento (sort) en una hoja de cálculo protegida.
AllowFiltering	*True* permite al usuario establecer filtros en una hoja de cálculo protegida. Los usuarios pueden cambiar el criterio del filtro, pero no son capaces de activar o desactivar un autofiltro. Los usuarios pueden establecer filtro en un autofiltro existente.

La subrutina siguiente protege la hoja de cálculo (línea 2), asigna una clave (línea 3) y da permisos para modificar contenido (línea 4) y formato de las celdas (línea 5). En la línea 6 da permiso para poder insertar columnas.

Subrutina 8.21.

```
1   Sub EjWSProtect3()
2   Worksheets("PPColombia").Protect _
3       Password:="1234", _
```

```
4      Contents:=True, _
5      AllowFormattingCells:=True, _
6      AllowInsertingColumns:=True
7    End Sub
```

8.3.6 Método Unprotect.

Remueve la protección de una hoja o libro Excel. Este método no tiene efecto si la hoja o el libro Excel estaban desprotegidos. La subrutina siguiente quita las protecciones de la hoja de cálculo "PPColombia".

Subrutina 8.22.
```
1    Sub EjWSUnprotect()
2    Worksheets("PPColombia").Unprotect
3    End Sub
```

8.4 Propiedades del objeto Worksheets.

El objeto *Worksheets* es una colección de todas las hojas de cálculo (objeto *Worksheet*) presentes en un libro Excel activo.

El objeto *Worksheet* también es miembro de la colección *Sheets*. La colección *Sheets* a su vez contiene todas las hojas de un libro Excel sin importar si se trata de hojas de cálculo o gráficos (*Charts*).

8.4.1 Propiedad Count.

Devuelve un valor que representa la cantidad de hojas de cálculo presentes en un libro Excel, tal como se muestra en la subrutina siguiente.

Subrutina 8.23.
```
1    Sub EjWSCount()
2    MsgBox "Este libro tiene: " & Worksheets.Count & " hojas de cálculo"
3    End Sub
```

8.5 Métodos del objeto Worksheets.

8.5.1 Método Add.

Crea una nueva hoja de cálculo. Apenas creada se convierte en la hoja de cálculo activa (*ActiveSheet*). La subrutina siguiente crea una nueva hoja de cálculo después de la hoja de cálculo "PPColombia" (línea 2) y le asigna un nombre (línea 3).

Programación avanzada en VBA-Excel para principiantes.

Subrutina 8.24.

1	Sub EjWSAdd()
2	Worksheets.Add after:=Worksheets("PPColombia")
3	ActiveSheet.Name = "HojaNueva"
4	End Sub

Capítulo 9. Objeto Range.

9.1 Introducción.

El objeto *Range* viene a ser el nivel más bajo dentro de la jerarquía de objetos de VBA-Excel y es donde realmente se realiza el trabajo pesado dentro de una hoja de cálculo. Está contenido dentro del objeto *Worksheet* y puede consistir en una simple celda hasta todo el rango de celdas disponibles en una hoja de cálculo (17.179.869.184 celdas).

9.2 Formas de referirse a una celda.

Existen dos formas de referirse a una celda o a un rango de ellas. Una de esas formas es usando su nombre tal como puede verse en el rectángulo en la figura 9.1.

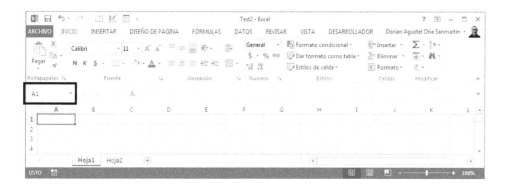

Figura 9.1. Mostrando el nombre de una celda en una hoja de cálculo.

En código VBA-Excel, nos referiríamos a la celda A1 como Range("A1"). Si quisiéramos referirnos al rango de celdas resaltado en la figura 9.2, entonces sería Range("A1:B7").

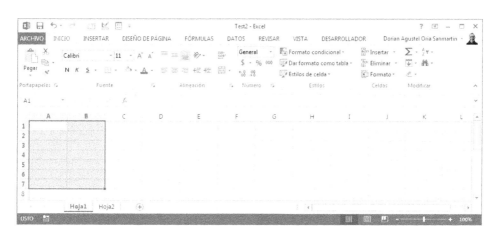

Figura 9.2. Rango de celdas "A1:B7" seleccionado en una hoja de cálculo.

169

Dependiendo de la operación que se desee hacer con esas celdas, esta forma de referirse a los rangos de celdas puede ser útil y fácil de entender cuando se desea, por ejemplo, dar formato (propiedades) a las celdas: color de las fuentes, color de las celdas, bordes, alineación; o aplicar un método: borrar información, copiar. Veamos el siguiente ejemplo. En la figura 9.3 se muestra un rango de celdas coloreadas y con bordes. Esto puede lograrse con el código mostrado en la subrutina 9.1.

Figura 9.3. Rango de celdas con algunas de sus propiedades cambiadas.

Subrutina 9.1.

```
1   Sub FormatoCeldas2()
2   With Worksheets(1).Range("A1:B7")
3       .Interior.Pattern = xlSolid
4       .Interior.PatternColorIndex = xlAutomatic
5       .Interior.Color = 49407
6       .HorizontalAlignment = xlCenter
7       .VerticalAlignment = xlBottom
8       .Borders(xlEdgeLeft).LineStyle = xlContinuous
9       .Borders(xlEdgeLeft).Weight = xlMedium
10      .Borders(xlEdgeTop).LineStyle = xlContinuous
11      .Borders(xlEdgeTop).Weight = xlMedium
12      .Borders(xlEdgeBottom).LineStyle = xlContinuous
13      .Borders(xlEdgeBottom).Weight = xlMedium
14      .Borders(xlEdgeRight).LineStyle = xlContinuous
15      .Borders(xlEdgeRight).Weight = xlMedium
16  End With
17  With Worksheets(1).Range("A1:B1")
18      .Borders(xlEdgeLeft).LineStyle = xlContinuous
19      .Borders(xlEdgeLeft).Weight = xlMedium
20      .Borders(xlEdgeTop).LineStyle = xlContinuous
21      .Borders(xlEdgeTop).Weight = xlMedium
```

```
22    .Borders(xlEdgeBottom).LineStyle = xlContinuous
23    .Borders(xlEdgeBottom).Weight = xlMedium
24    .Borders(xlEdgeRight).LineStyle = xlContinuous
25    .Borders(xlEdgeRight).Weight = xlMedium
26  End With
27  With Worksheets(1).Range("A1:A7")
28    .Borders(xlEdgeRight).LineStyle = xlContinuous
29    .Borders(xlEdgeRight).Weight = xlMedium
30  End With
31  For i = 1 To 5
32    With Worksheets(1).Range("A" & i + 2 & ":B" & i + 2)
33      .Borders(xlEdgeTop).LineStyle = xlContinous
34      .Borders(xlEdgeTop).Weight = xlThin
35    End With
36  Next i
37  End Sub
```

Si se desea trabajar con la información contenida en las celdas, puede ser útil la notación descrita anteriormente si la información está organizada por columnas, donde cada una de ellas representa una información diferente. Sin embargo, las cosas pueden complicarse si la información necesita más de una columna. En este caso, es mejor referirse a las celdas en su forma matricial. Por ejemplo, para referirnos a las celda A1, entonces la notación sería Cells(1,1). Un ejemplo del uso de esta notación se puede encontrar en la Subrutina 4.11.

9.3 Propiedad *Offset*.

Esta propiedad ofrece otra forma de referirse a un rango de celdas. Permite referirse a una celda que está a una determinada cantidad de filas y columnas desde otra celda. Esto ofrece una posibilidad de usar la notación *Range* cuando se trabaja con información organizada matricialmente. Usando la propiedad *offset* es cómo si usáramos una celda como pivote. Vamos a reescribir el código de la subrutina 4.11 usando esta propiedad.

Subrutina 9.2.

```
1   Sub MatrizTraspuesta2()
2   Dim f, c As Integer    'f: filas, c: columnas
3   With Worksheets("matrices")
4   For f = 1 To 3
5     For c = 1 To 3
6       .Range("G1").Offset(f - 1, c - 1) = .Range("B1").Offset(c - 1, f - 1)
7     Next c
8   Next f
9   End With
10  End Sub
```

Para escribir la matriz traspuesta, hemos usado la celda G1 como pivote y desde allí contamos filas y columnas (es importante destacar que las filas crecen hacia abajo y las columnas hacia la derecha). Cuando las variables "f" y "c" valen 1, entonces el offset es (0,0), es decir, que se refiere a la misma celda G1. A partir de allí, nos movemos a lo largo de las columnas (ciclo **For – Next** de la variable "c") y luego a lo largo de las filas (ciclo **For – Next** de la variable "f")

Esta forma tiene la ventaja de que Excel, por defecto llama a sus celdas con la notación de letras y números. Por lo que según muestra el código anterior, es fácil ubicarse dentro de la hoja y de allí moverse a las celdas contiguas usando la propiedad *offset*. Cuando se usa la notación *Cells*, entonces es necesario saber el número de la columna, lo cual puede ser un poco tedioso, al menos para mí. Sin embargo, es posible que para muchos de aquellos que estén involucrados con matemáticas, la notación *Cells* les resulte más cómoda.

9.4   Propiedades del objeto Range.

El objeto *Range* tiene muchas propiedades. Sin embargo, aquí vamos a comentar algunas de las más comunes y de mayor uso. Si desea saber que otras propiedades tiene disponible este objeto puede consultar el Examinador de objetos, tal como se muestra en la figura 9.4.

Figura 9.4. Examinador de objetos mostrando los miembros del objeto Range (métodos y propiedades).

9.4.1 Propiedad Value.

Ya hablamos de esta propiedad en el capítulo 5. Es la propiedad por defecto del objeto *Range* y representa el valor contenido en una celda. Si no se especifica esta propiedad, VBA-Excel entenderá que la propiedad del objeto *Range* es *Value*. Es decir, la sentencia

a = Worksheets(1).Range("A1").Value

es igual a escribir:

a = Worksheets(1).Range("A1")

9.4.2 Propiedad Text.

Esta propiedad es de sólo lectura y retorna una cadena que representa el texto tal como se muestra en una celda (incluyendo su formato). Por ejemplo, supongamos que en la celda C3 está escrito el valor 123.56 en formato moneda. Este lucirá como: $ 123.56. Veamos como el siguiente código lo muestra como texto y como valor (*Text* y *Value*).

Subrutina 9.3.
```
1   Sub propertyTextValue()
2   MsgBox Worksheets("Hoja1").Range("C3").Text
3   MsgBox Worksheets("Hoja1").Range("C3").Value
4   End Sub
```

Al ejecutar este código, aparecerán las siguientes ventanas (la que está en el lado derecho aparecerá después de "Aceptar" la ventana de la izquierda).

Figura 9.5. Diferencia entre información mostrada con la propiedad Text y Value.

9.4.3 Propiedad Count.

Esta propiedad devuelve el número de celdas en un rango. Cuenta todas las celdas, sin importar si tienen información o no. Es de sólo lectura.

Subrutina 9.4.

```
1  Sub cuentaCeldas()
2  MsgBox "Las celdas ubicadas en el rango B1:E3 son: " & Range("B1:E3").Count
3  End Sub
```

La figura 9.6 muestra el resultado de la ejecución de la subrutina 9.4.

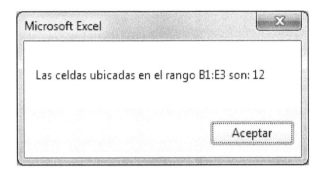

Figura 9.6. Resultado de la ejecución de la subrutina 9.4.

9.4.4 Propiedad Column y Row.

La propiedad *Column* devuelve el número de la primera columna en la primera área en el rango especificado. La propiedad *Row* devuelve el número de la primera fila de la primera área en el rango especificado. Veamos el siguiente ejemplo.

Subrutina 9.5.

```
1  Sub ColumnYRow()
2  MsgBox "La columna de F3 es: " & Range("F3").Column & vbNewLine & _
3    "La fila de F3 es: " & Range("F3").Row
4  End Sub
```

Al ejecutar este código aparece la ventana que se muestra en la figura 9.7.

9.4.5 Propiedad Font.

Esta propiedad devuelve un objeto *Font* que representa la fuente del objeto especificado. Este objeto a su vez tiene otras propiedades. Para cambiar algún aspecto de la fuente dentro de un rango, primero es necesario acceder al objeto y luego manipular sus propiedades. Veamos un ejemplo. La figura 9.8 muestra los nombres y apellidos de mi familia. Vamos a hacer una subrutina que cambie a **negrita** los nombres e *itálica* a los apellidos, así como los colores de las letras.

Figura 9.7. Resultado de la ejecución de la subrutina 9.5.

Figura 9.8. Nombres y apellidos de mi familia.

Subrutina 9.6.

1	Sub PropiedadFont()
2	With Worksheets("Hoja2")
3	.Range("A1:A6").Font.Bold = True
4	.Range("A1:A6").Font.ColorIndex = 3 'cambia el color de la fuente a rojo
5	.Range("B1:B6").Font.Italic = True
6	.Range("B1:B6").Font.ColorIndex = 10 'cambia el color de la fuente a verde
7	End With
8	End Sub

La figura 9.9 muestra los cambios efectuados en la información de nombres y apellidos, una vez ejecutada la subrutina 9.6.

9.4.6   Propiedad Interior.

Esta propiedad devuelve el interior de un objeto (como si se tratase de un objeto también). Por ejemplo, aplicado al objeto *Range*, devuelve las propiedades de su interior. A continuación

175

tomaremos como ejemplo las celdas que tienen información en la figura 9.9 y le vamos a cambiar el color.

Subrutina 9.7.

1	Sub propertyInterior()
2	Worksheets("Hoja2").Range("A1:B1").Interior.Color = RGB(229, 229, 221)
3	Worksheets("Hoja2").Range("A2:B6").Interior.Color = RGB(247, 245, 115)
4	End Sub

Ejecutar el código anterior hace que la tabla de nombres y apellidos luzca como se muestra en la figura 9.10.

Figura 9.9. Resultado de la ejecución de la subrutina 9.6.

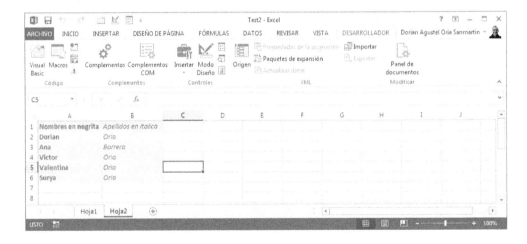

Figura 9.10. Resultado de la ejecución de la subrutina 9.7.

La función RGB (líneas 2 y 3 de la subrutina 9.7) nos permite recrear una amplia gama de colores, combinando los colores rojo (**R**ed), verde (**G**reen) y azul (**B**lue). En el vínculo http://html-color-codes.info/codigos-de-colores-hexadecimales/ podrá encontrar una aplicación (figura 9.11) en la que se puede seleccionar con el ratón el color deseado en una paleta de colores e indica la proporción de rojo, verde y azul que se necesita para obtenerlo. Los valores de cada color pueden ir desde 0 hasta 255.

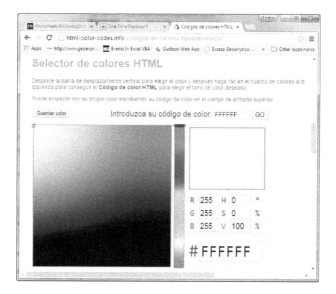

Figura 9.11. Aplicación con la que se puede determinar la proporción de rojo, verde y azul para generar un color con la función RGB.

Otra forma de agregar colores es usando los que vienen predeterminados para la propiedad *ColorIndex*. Son 56 colores, los cuales se pueden encontrar en https://msdn.microsoft.com/en-us/library/cc296089%28v=office.12%29.aspx.

La subrutina siguiente muestra un ejemplo del uso de la propiedad *ColorIndex*.

Subrutina 9.8.

```
1   Sub propertyInterior2()
2   Worksheets("Hoja2").Range("A1:B1").Interior.ColorIndex = 20
3   Worksheets("Hoja2").Range("A2:B6").Interior.ColorIndex = 6
4   End Sub
```

Ejecutar este código hace que la tabla de la figura 9.10 luzca como se muestra en la figura 9.12.

Figura 9.12. Resultado de la ejecución de la subrutina 9.8.

9.4.7 Propiedad FormulaLocal.

Esta propiedad representa la fórmula en una celda. Esta propiedad es de lectura-escritura, lo cual significa que esta propiedad se puede usar para ver la fórmula que hay en una celda o para insertar una. La siguiente subrutina obtiene la edad promedio de mi familia (según los valores de edades que se muestran en la columna C, figura 9.13).

Subrutina 9.9.

```
1   Sub propertyFormula()
2   Worksheets("Hoja2").Range("C7").FormulaLocal = "=promedio(C2:C6)"
3   End Sub
```

Figura 9.13. Miembros de mi familia y sus edades.

La propiedad *FormulaLocal* tiene un pequeño inconveniente y es el idioma. La subrutina anterior sólo se puede ejecutar en la versión en español de Excel. En inglés, la función "promedio" no será reconocida. Más adelante veremos que VBA-Excel tiene a su disposición casi todas las funciones de Excel, pero en inglés, lo que permite que el código sea portable, sin importar el lenguaje de la versión de Excel.

9.4.8 Propiedad NumberFormat.

Esta propiedad devuelve o asigna el formato a un objeto *Range*. Los formatos disponibles pueden verse en la figura 9.14. Para ver esta ventana desde Excel se presionan simultáneamente las teclas Ctrl+1.

Figura 9.14. Ventana mostrando los formatos de celdas disponibles en Excel.

En la figura 9.15 tenemos la lista de los integrantes de mi familia, con información adicional sobre estatura (en metros). Se usará la subrutina 9.10 para darle formato a las medidas, de tal forma que cada una de ellas tenga dos decimales.

Programación avanzada en VBA-Excel para principiantes.

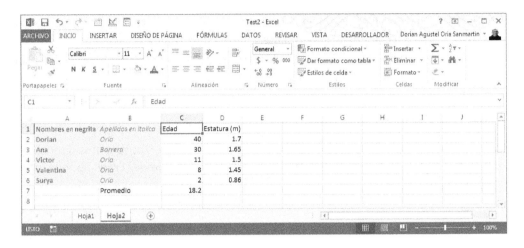

Figura 9.15. Miembros de mi familia con información de edad y estatura.

Subrutina 9.10.

1	Sub numberFormat()
2	Worksheets("Hoja2").Range("D2:D6").numberFormat = "0.00"
3	End Sub

La información de estatura lucirá como se muestra en la figura 9.16 después de ejecutar el código anterior.

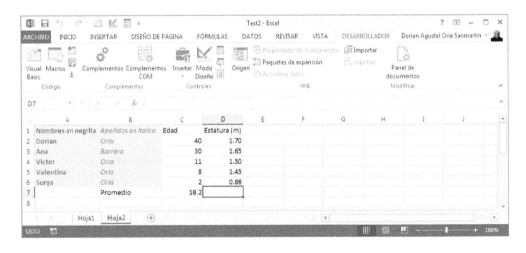

Figura 9.16. Información de estatura con formato uniforme para todos los valores (columna D).

9.5 Métodos del objeto Range.

Tal como hemos mencionado anteriormente, los métodos ejecutan una acción. El objeto *Range* tiene un montón de métodos. Sin embargo, aquí mostraré los que considero más útiles. Recuerde que más información se consigue en el Examinador de objetos de VBA-Excel (F2).

9.5.1 Método AddComment.

Este método permite agregar un comentario a una celda. Para ilustrarlo, hagamos un pequeño cambio en el código de la subrutina 9.9.

Subrutina 9.11.

```
1   Sub methodAddComment()
2   With Worksheets("Hoja2").Range("C7")
3     .FormulaLocal = "=PROMEDIO(C2:C6)"
4     .AddComment "Promedio de la edad de mi famillia"
5   End With
6   End Sub
```

Al ejecutar este código, se agrega un comentario a la celda donde está el cálculo del promedio de la edad de mi familia, tal como puede verse en la figura 9.17.

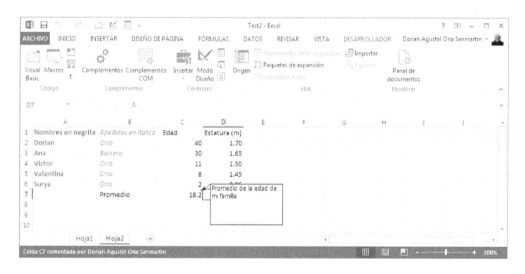

Figura 9.17. Resultado de la ejecución de la subrutina 9.11.

9.5.2 Método Clear y sus variantes: ClearComments, ClearContents, ClearFormats.

El método *Clear* limpia el objeto *Range* de fórmulas, formatos, comentarios, todo. Es como si devolviera al objeto *Range* a su condición original.

Tomando como ejemplo lo efectuado con el código anterior, vamos a restablecer a su condición original a la celda C7 (donde está el promedio de las edades y el comentario). Para ello usemos el siguiente código.

Subrutina 9.12.

```
1   Sub methodClear()
2   Worksheets("Hoja2").Range("C7").Clear
3   End Sub
```

Al ejecutar este código verá que en la celda C7 desaparece hasta el comentario.

Si quisiéramos eliminar solamente el comentario, en lugar de usar *Clear* usamos *ClearComments*. En caso de querer borrar sólo contenido del objeto *Range* (valores o fórmulas), entonces se usa *ClearContents*. Si desea eliminar el formato de las celdas, entonces puede usar *ClearFormats* (le sugerimos probar con el rango de valores D2:D6).

9.5.3   Método ColumnDifferences.

Devuelve un objeto *Range* que contiene todas las celdas cuyos contenidos son diferentes al establecido en una celda ubicada en la misma columna que se está usando como rango de datos a analizar. Por ejemplo, dados los datos que se ven en la figura 9.18, queremos resaltar en amarillo todos aquellos valores (edades) diferentes de 45 (Range("A14")). Para ello vamos a usar la subrutina 9.13.

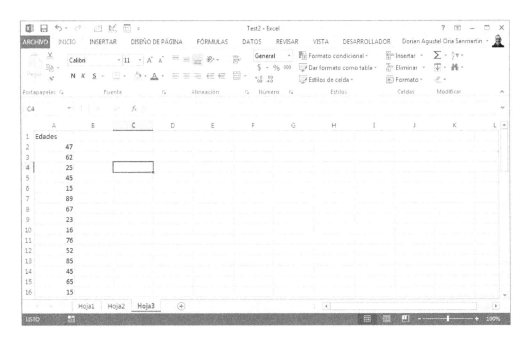

Figura 9.18. Datos de entrada para la subrutina 9.13.

Subrutina 9.13.

1	Sub methodColumnDifferences()
2	Dim R2 As Range
3	With Worksheets("Hoja3")
4	Set R2 = .Range("A2:A16").ColumnDifferences _
5	(Comparison:=.Range("A14"))
6	R2.Interior.ColorIndex = 6
7	End With
8	End Sub

Al ejecutar el código anterior, los datos lucirán como se muestra en la figura 9.19.

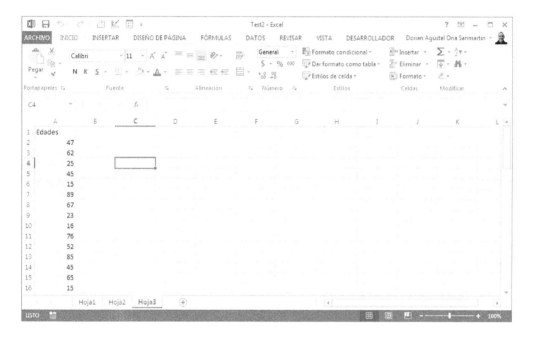

Figura 9.19. Resultado de la ejecución de la subrutina 9.13.

9.5.4 Método AdvancedFilter.

Este método es muy potente, ya que permite trabajar con filtros avanzados usando código VBA. Aunque esta opción está disponible en Excel a través de la ventana que se muestra en la figura 9.20 (en la pestaña "DATOS"), también es muy útil hacerlo usando código, pues da más libertad para hacer personalizaciones.

Con el filtro avanzado que se muestra en la figura 9.20 se obtuvieron los resultados que se muestran en la figura 9.21.

Fíjese que es muy importante cuando se diseñan filtros avanzados, que la variable que se desea usar como filtro debe tener el nombre idéntico al que tiene en la fuente de los datos (en nuestro caso Edad). En nuestro ejemplo, queremos extraer de los datos que están en las columnas A y B, aquellos nombres cuya Edad esté comprendida entre 20 y 60 años.

Figura 9.20. Ventana de filtro avanzado disponible en Excel.

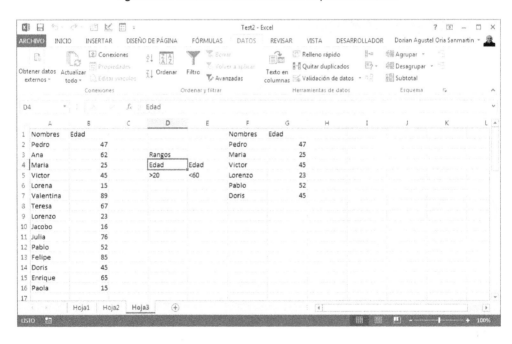

Figura 9.21. Resultado de la aplicación del filtro avanzado mostrado en la figura 9.20.

El código para hacer esto se muestra a continuación.

184

Subrutina 9.14.

```
1  Sub methodAdvancedFilter()
2  Dim R2 As Range
3  With Worksheets("Hoja3")
4     Set R2 = .Range("A1:B16")
5     R2.AdvancedFilter Action:=xlFilterCopy, CriteriaRange:=.Range("D4:E5"), _
6     copytorange:=.Range("F1"), Unique:=True
7  End With
8  End Sub
```

9.5.5 Método Autofilter.

Este método permite filtrar información sin necesidad de extraerla o copiarla en otro rango de celdas. Fundamentalmente es sólo para visualización.

Supongamos que queremos hacer lo mismo que en el ejemplo anterior: queremos visualizar quienes tienen edades comprendidas entre 20 y 60 años. Para ello usaremos el siguiente código.

Subrutina 9.15.

```
1  Sub methodAutofilter()
2  Dim R As Range
3  Set R = Worksheets("Hoja3").Range("A1")
4  R.AutoFilter field:=2, Criteria1:=">20", _
5  Criteria2:="<60", visibledropdown:=True
6  End Sub
```

Al ejecutar la subrutina anterior veremos los nombres cuyas edades cumplen con el criterio mencionado anteriormente. La figura 9.22 muestra cómo lucen los resultados.

9.5.6 Método Sort.

Este método permite ordenar un rango de valores. Siguiendo con los valores de Nombres y Edad (figura 9.21), ahora digamos que queremos ordenar la información primero por edades y luego por nombres. El código para hacer esto es el que se muestra en la subrutina 9.16.

Subrutina 9.16.

```
1  Sub methodSort()
2  Columns("A:B").Sort key1:="Edad", order1:=xlAscending, _
3  key2:="Nombres", order2:=xlAscending, Header:=xlYes
4  End Sub
```

Al ejecutar la subrutina anterior, los datos quedan ordenados como se muestra en la figura 9.23.

Figura 9.22. Resultado de la ejecución de la subrutina 9.15.

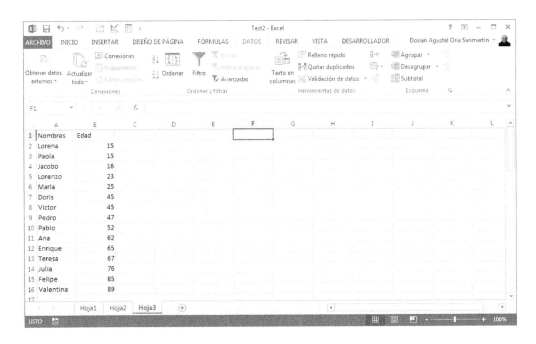

Figura 9.23. Resultado de la ejecución de la subrutina 9.16.

Capítulo 10. Funciones de la biblioteca VBA y de Excel.

10.1 Introducción.

En el capítulo anterior vimos cómo podemos escribir funciones de Excel en una celda (punto 9.4.7). Esas funciones pueden además usarse dentro del código VBA y adicionalmente el mismo lenguaje VBA viene con sus propias funciones incorporadas. Esto permite ahorrar mucho trabajo, al no tener que escribir líneas de código que efectúen todas esas funciones. Todas las funciones con las que viene Excel están disponibles para ser usadas en el código. En este capítulo veremos ejemplos sobre cómo aprovechar toda esta potencia.

10.2 Funciones de Excel.

Casi todas las funciones que se pueden usar en una celda dentro de una hoja de cálculo están disponibles para ser usadas en el código VBA. Lo único que hay que tener en cuenta es que las funciones en VBA están en inglés, lo cual podría ser incómodo (y puede que confunda un poco también) si se dispone de una versión de Excel en español. Sin embargo, el hecho de que estén en inglés garantiza su portabilidad a otras versiones de Excel que tengan idioma diferente.

Empecemos con los ejemplos. Tomemos los datos mostrados en la figura 9.23 y calculemos el promedio de las edades, desviación estándar, determinemos cual es la edad más grande y la más pequeña. Para todo esto vamos a usar las funciones de VBA-Excel. La siguiente subrutina hace esto y muestra los resultados en la misma Hoja3 donde están los datos de entrada.

Subrutina 10.1

```
1   Sub worksheetFunc()
2   Dim R As Range
3   Set R = Worksheets("Hoja3").Range("B2:B16")
4   promedio = WorksheetFunction.Average(R)
5   desvEstandar = WorksheetFunction.StDev(R)
6   minimo = WorksheetFunction.Min(R)
7   maximo = WorksheetFunction.Max(R)
8   With Worksheets("Hoja3")
9      .Range("D1") = "El promedio de edades es:"
10     .Range("E1") = promedio
11     .Range("D2") = "La edad minima es:"
12     .Range("E2") = minimo
13     .Range("D3") = "La edad maxima es:"
14     .Range("E3") = maximo
15     .Range("D4") = "La desviacion estandar es:"
16     .Range("E4") = desvEstandar
17  End With
18  End Sub
```

Para hacer los cálculos se ha usado la propiedad del objeto **Application** (es decir, Excel) llamada *WorksheetFunction*, la cual devuelve el objeto del mismo nombre. Todas las funciones de Excel están disponibles dentro de este objeto, que en el modelo VBA sería el equivalente a los métodos. Todas las funciones (o métodos) disponibles para este objeto se pueden consultar en el Examinador de objetos de VBA, tal y como se muestra en la figura 10.1.

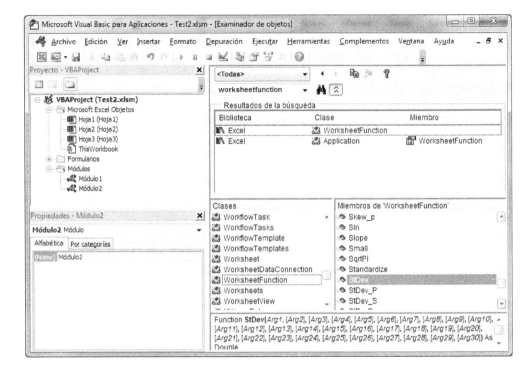

Figura 10.1. Examinador de objetos mostrando al objeto *WorksheetFunction*.

Los resultados de la ejecución de la subrutina 10.1 se muestran en la figura 10.2.

10.3 Funciones de la biblioteca de VBA.

Estas son funciones propias del lenguaje VBA (*bulit-in functions*). Cada función está asociada a una biblioteca. Para saber cuáles son las bibliotecas disponibles y sus funciones, se puede recurrir al Examinador de objetos. Allí, seleccionaremos VBA en el *combobox* donde están las categorías de objetos, tal como se muestra en la figura 10.3. Dentro del rectángulo negro están resaltadas las clases. Las bibliotecas de funciones son aquellas que tienen del lado izquierdo el icono . De cualquier manera, para facilitar las cosas, vamos a mencionar las bibliotecas de funciones disponibles: *Conversion, DateTime, FileSystem, Financial, Information, Interaction, Math y Strings.*

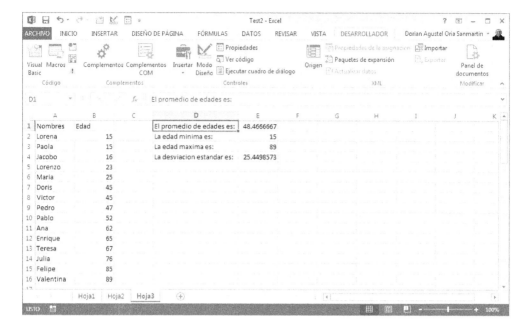

Figura 10.2. Resultado de la ejecución de la subrutina 10.1.

Para mostrar el funcionamiento de las funciones de VBA, repitamos el ejercicio anterior con unas pequeñas variaciones: cambiaremos la forma de presentar la información y dónde. Tal como puede observarse en la figura 10.2, los valores de promedio y desviación estándar tienen un montón de decimales. Vamos a mostrarlos ahora sólo con dos decimales y en lugar de escribirlos en la hoja de cálculo, vamos a mostrarlos usando una ventana *MsgBox*. La subrutina para hacer esto es la siguiente.

Subrutina 10.2

```
1   Sub vbaFunc()
2   Dim R As Range
3   Set R = Worksheets("Hoja3").Range("B2:B16")
4   promedio = WorksheetFunction.Average(R)
5   desvEstandar = WorksheetFunction.StDev(R)
6   minimo = WorksheetFunction.Min(R)
7   maximo = WorksheetFunction.Max(R)
8   MsgBox "El promedio de edades es: " & Format(promedio, "0.00") & _
9       vbNewLine & "La edad minima es: " & minimo & vbNewLine & _
10      "La edad maxima es: " & maximo & vbNewLine & _
11      "La desviacion estandar es: " & Format(desvEstandar, "0.00"), _
12      vbOKOnly + vbInformation, "Resultados"
13  End Sub
```

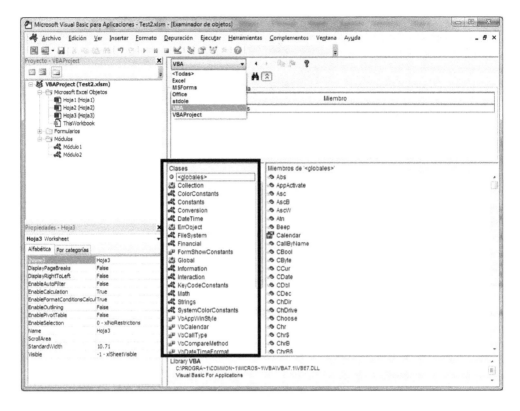

Figura 10.3. Funciones de la biblioteca de VBA.

El resultado de la ejecución de la subrutina 10.2 se muestra en la figura 10.4.

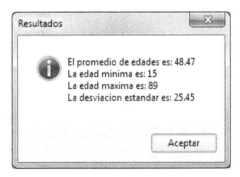

Figura 10.4. Resultado de la ejecución de la subrutina 10.2.

Para lograr que los valores de promedio y desviación estándar mostraran sólo dos decimales, se usó la función **Format**. La función **Format** forma parte de la biblioteca *Strings*.

Para presentar la información hemos usado la función **MsgBox**, de la biblioteca **Interaction**. Esta función ya la hemos introducido en otros capítulos, pero aquí ya le damos la entrada formal. En capítulos anteriores la hemos usado en su versión más simple. Sin embargo, es posible personalizarla. Por ejemplo, nuestra ventana (figura 10.4) muestra una imagen de información (*vbInformation*) y además tiene un título personalizado.

10.4 Funciones diseñadas por el usuario.

En el capítulo 2 (punto 2.3.2) hablamos de funciones y dijimos que, a diferencia de una subrutina, ejecuta una tarea y puede o no devolver un valor o una referencia. También dijimos que las funciones comienzan con la palabra clave **Function**. En aquel contexto, invocamos a las funciones desde una subrutina para que ejecutaran un cálculo. Sin embargo, esa misma función también puede ser invocada desde una celda en una hoja de cálculo. Para ilustrar esto, haremos nuestra propia función de cálculo de promedio y la usaremos con los mismos datos del punto anterior.

Subrutina 10.3

```
1   Function miPromedio(R As Range) As Double
2   Dim suma As Double
3   Dim i, j, filas, columnas As Integer
4   filas = R.Rows.Count
5   columnas = R.Columns.Count
6   suma = 0
7   For i = 1 To filas
8      For j = 1 To columnas
9         suma = suma + R.Cells(i, j)
10     Next j
11  Next i
12  miPromedio = suma / (filas * columnas)
13  End Function
```

La figura 10.5 muestra el nombre de la función creada en la subrutina anterior y el rango de celdas que tomará en cuenta para la ejecución del cálculo. Una vez que se presiona la tecla "Enter" se verá el resultado.

Interesante en esta función es el paso de un rango de entrada y el uso de las propiedades *Rows.Count* y *Columns.Count* para determinar el número de filas y columnas respectivamente que conforman el rango seleccionado (líneas 4 y 5). Para hacer referencia a cada una de las celdas que componen el rango se usó la propiedad *Cells* (línea 9).

Programación avanzada en VBA-Excel para principiantes.

Figura 10.5. Usando nuestra propia función de cálculo de promedio.

Se debe tener cuidado de no usar nombres para esas funciones que ya estén reservadas para funciones propias de Excel. Recuerde que las funciones deben ser escritas en ventanas de código de módulos.

Capítulo 11.
Interactuando con el usuario.

11.1 Introducción.

Con VBA también se pueden hacer aplicaciones que luzcan profesionales. Hasta ahora hemos trabajado con los fundamentos que nos permitirán manejar muchas de las fortalezas que hacen de Excel y su lenguaje de programación una aplicación muy potente para el desarrollo de aplicaciones. Ahora veremos cómo podemos interactuar con el usuario de nuestras aplicaciones, a través de formularios (*Userforms*) que no son más que las ventanas en las cuales se hacen solicitudes de información o se presentan resultados, bien sea números, textos, imágenes y/o gráficos. VBA ofrece una amplia variedad de controles para mostrar información al usuario y para solicitarla, llamadas *widgets* en inglés. A través de estos controles se puede mostrar información, opciones para que el usuario escoja, botones que ejecuten tareas, etc.

11.2 Formularios (*userforms*).

Los formularios son el contenedor principal que contiene a una aplicación gráfica. Dentro de un formulario habrá etiquetas, botones, listas de opciones, controles de texto, etc. Es la interfaz con la que el usuario interactúa. La figura 11.1 muestra como luce un formulario vacío. Está compuesta por un área principal donde nosotros agregaremos nuestros controles (encerrada en un rectángulo). Tiene una "X" en la esquina superior derecha, que permite cerrar la ventana (para siempre), lo cual a su vez termina la ejecución del programa. Esta salida es una forma "violenta" de salir de la ejecución, ya que también es una forma de abortar la ejecución del programa (o de esa porción del programa). En la esquina superior izquierda del formulario está un mensaje que muchas veces se usa para mostrar el nombre de la aplicación, pero que en general se puede personalizar con cualquier mensaje (en nuestra figura es donde dice *UserForm1*).

En la figura 11.2 se muestra una ventana con todos los controles que se pueden agregar a un formulario para personalizarlo. Vamos a dar una breve explicación de cada uno de ellos, mediante la construcción de una aplicación.

La aplicación que vamos a desarrollar se basa en la subrutina 10.2, con la diferencia de que ahora le pediremos al usuario que introduzca el rango de datos que se tomen en cuenta para los cálculos. El usuario podrá escoger el cálculo que desee y el resultado se mostrará en el formulario, en lugar de usar la función **MsgBox**. Adicionalmente, el programa contará la cantidad de muestras que hay en un rango de edades.

En el punto 5 se mostró cómo agregar un formulario. Para agregar un control, lo seleccionamos del Cuadro de herramientas (figura 11.2) y lo arrastramos hasta el formulario. Allí lo podemos moverlo hasta la posición que nos guste e inclusive podemos cambiar su tamaño. Otra forma es haciendo click en el control, mover el ratón hasta el formulario y hacer click sobre él. Luego se mueve a la posición deseada.

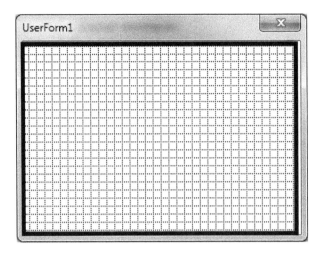

Figura 11.1. Formulario (*userform*).

Figura 11.2. Cuadro de herramientas (*widgets*).

Empecemos por personalizar nuestro formulario. En la figura 11.3 podemos verlo en fase de diseño. En caso de que queramos modificar el tamaño podemos hacerlo arrastrando alguno de los cuadrados blancos que rodean al formulario. También puede hacerse manualmente, modificando sus propiedades *Height* (alto) y *Width* (ancho) en la ventana de propiedades (ventana ubicada en la parte inferior izquierda de la figura 11.3)

Lo primero que vamos a hacer es cambiar el nombre que tendrá el formulario. Para hacer esto, cambiamos la propiedad *Name*. Por defecto, cuando se crea un formulario, VBA asigna el nombre y el título de la ventana por igual. Tal como puede verse en la figura 11.3, el nombre (*Name* en la ventana de propiedades) y el título (*Caption*) son iguales. Cambiar el nombre no cambia el título. La diferencia entre ambos es que el nombre (*Name*) es el que servirá para hacer referencia al formulario en el código. El título puede ser una palabra u oración que queramos mostrar.

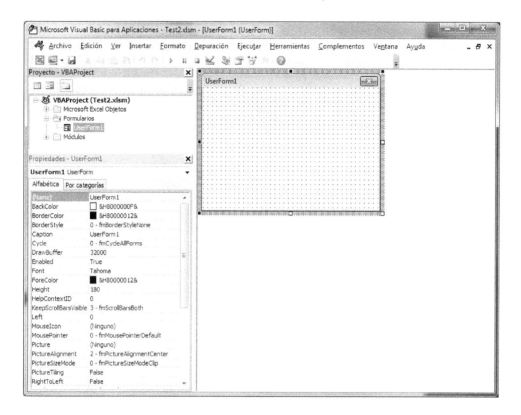

Figura 11.3. Fase de diseño del formulario.

Las propiedades que vamos a cambiar en la ventana de propiedades son:

Propiedad	Valor
Name	Stat
Caption	Software de estadística

El tamaño lo modificamos usando el ratón.

11.3 Label (etiqueta).

Este control permite agregar una etiqueta con texto que por lo general no es de larga extensión. Se usa sobre todo para dar alguna información sobre otro control o para mostrar información al usuario (que puede ir variando a medida que se va ejecutando la aplicación), como por ejemplo una ruta de acceso a un archivo. El contenido de información en este control no puede ser modificado directamente por el usuario en tiempo de ejecución, a menos que la modificación se haga desde código.

Por ahora vamos a agregar una etiqueta con información sobre el programa. En la figura 11.4 puede verse como se ve el mensaje y las propiedades que hasta ahora se han modificado (encerradas en rectángulos).+

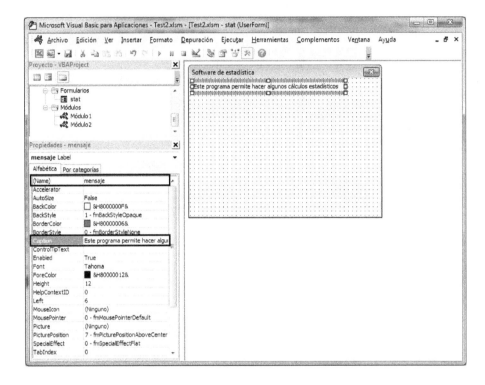

Figura 11.4. Edición de propiedades de una etiqueta (*label*).

A medida que vayamos agregando otros controles iremos agregando más etiquetas.

11.4 Frame (marco).

Un marco nos permite agrupar controles dentro de él. Ayuda a mejorar el aspecto de la interfaz y además es muy útil durante el diseño, ya que con sólo mover el marco dentro del formulario, se mueven a la vez todos los controles que están dentro de él.

En nuestro ejemplo, vamos a agregar un marco que posteriormente contendrá cuadros de texto (*textboxes*).

En la figura 11.5 se muestra como se ve la aplicación con el marco agregado.

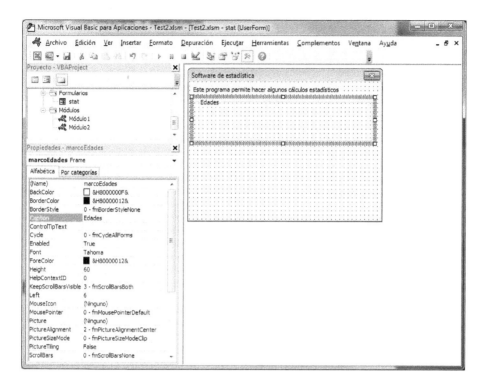

Figura 11.5. Edición de propiedades del marco.

11.5 Textbox (cuadro de texto).

Este control sirve para que el usuario introduzca información al programa. Esta información puede ser una cadena de texto o un número. En nuestro caso, vamos a utilizar este control para introducir límites de edad.

Como puede verse en la figura 11.6, hemos agregado dos cuadros de texto, uno para introducir el límite inferior de edad y otro para el límite superior. Una funcionalidad de nuestra aplicación es que cuenta cuantas personas tienen edades dentro de esos límites.

11.6 Checkbox (casilla).

Este control nos permite ofrecer al usuario varias opciones para tomar en cuenta en la ejecución de un programa. Es útil sobre todo cuando la cantidad de opciones no es tan grande. Es cuestión de espacio disponible para ofrecer las opciones y puede que también de estética. En caso de que sean muchas las opciones, se podrá usar el cuadro de lista, que veremos más adelante.

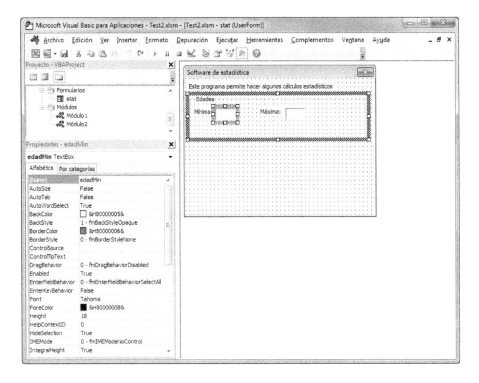

Figura 11.6. Cuadros de texto.

Para efectos de nuestro ejemplo, usaremos las casillas para ofrecer al usuario las opciones de cálculo de nuestro programa, tal como se muestra en la figura 11.7.

Como puede notarse, hemos agrupado las casillas dentro de un marco. A veces puede ocurrir que agregamos unos controles y después nos dimos cuenta que queríamos agruparlos en un marco. No hay problema. Se puede crear el marco después y arrastrar los controles dentro de él.

11.7 RefEdit (rango de datos).

Este control es exclusivo de VBA-Excel. A través de él se escoge el rango de celdas de una hoja de cálculo Excel que contiene los datos de entrada para nuestra aplicación.

En la figura 11.8 se muestra como luce ahora la aplicación con este control que se ha agregado. Como pudo haber notado, hemos ampliado el alto (Height) del formulario. Al nuevo control lo hemos llamado RangoDatos.

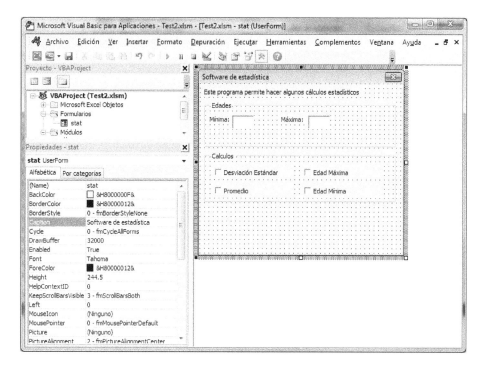

Figura 11.7. Casillas (*checkboxes*).

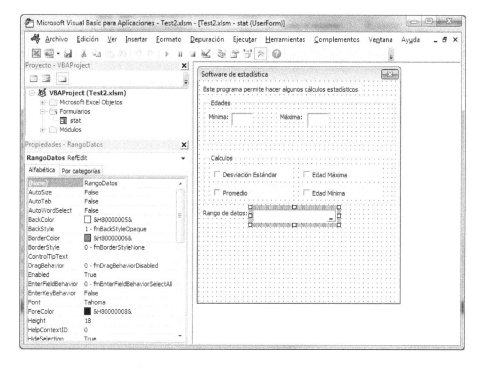

Figura 11.8. Rango de datos.

11.8 CommandButton (botón de comando).

Este botón permite dar inicio a la ejecución de un programa. En su programación está todo el código necesario para hacer los cálculos de nuestra aplicación. Aunque la ejecución de tareas no es exclusiva de este control, es lo que más comúnmente se hace. También se puede escribir código para eventos asociados a otros controles.

En la figura 11.9 se muestra cómo luce ahora nuestra aplicación finalmente diseñada. También puede notarse que hemos agregado más etiquetas, que son las que mostrarán los resultados. Estas etiquetas no muestran texto al comienzo de la ejecución. Como posiblemente la información que muestren pueda ser de diferente tamaño, debe cambiar la propiedad **AutoSize** de cada una de ellas a *True* (tal como se muestra en la figura 11.9) y la propiedad **WordWrap** a *False*. Adicionalmente hemos agregado un botón para cerrar la aplicación (Salir). Este botón lo vamos a programar usando el evento *Click*.

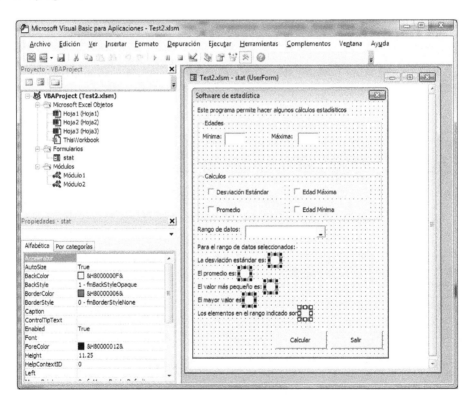

Figura 11.9. Botón de comando.

Para agregar el código que se ejecutará al presionar el botón "Calcular", hacemos doble-click encima del botón. Esto hará que se cree automáticamente la subrutina donde estará contenido el código (figura 11.10). Por defecto, la subrutina que se crea se asociará al evento "Click". Esto quiere decir que la subrutina se ejecutará cuando el usuario haga un solo click encima del botón. Sin embargo, es posible asociarle otro evento.

En la figura 11.10, dentro del rectángulo, se pueden observar dos cuadros combinados (*comboboxes*). El de la izquierda contiene todos los controles que componen la aplicación (figura 11.11). El de la derecha contiene todos los eventos que son posibles de programar para el control seleccionado en el cuadro combinado de la izquierda.

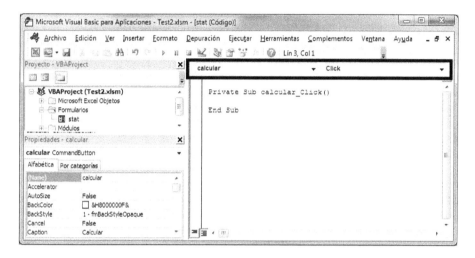

Figura 11.10. Ventana donde se escribirá el código del botón Calcular.

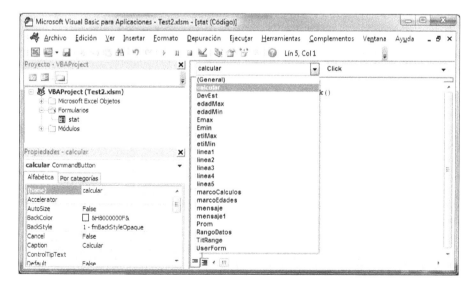

Figura 11.11. Controles que componen nuestra aplicación.

Por ejemplo, en el caso del botón "Calcular", los eventos posibles para programar son los que se muestran en la figura 11.12.

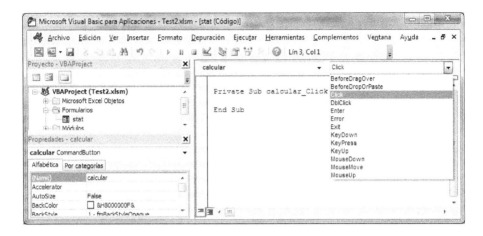

Figura 11.12. Eventos disponibles para el botón "Calcular".

Solo para efectos de ilustrar cómo funcionan los eventos, vamos a programar nuestro botón "Calcular" para que responda al doble-click del ratón.

Para agregar una subrutina asociada a otro evento, se selecciona el evento del cuadro combinado de la derecha. Al seleccionar el evento doble-click (DblClick) se genera el espacio que contendrá a la subrutina, tal como se muestra en la figura 11.13 (encerrado en el rectángulo).

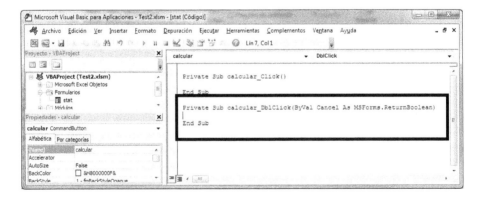

Figura 11.13. Espacio para la subrutina del botón "Calcular" asociada al evento *Dblclick*.

También vamos a programar el evento KeyPress, el cual se activará cuando el usuario, una vez hecho un click sobre el botón "Calcular", presione cualquier tecla. El programa mostrará un mensaje de que esa opción no es válida para ejecutar la aplicación. La figura 11.14 muestra el cuerpo de la subrutina, asociada al evento *KeyPress* (rectángulo).

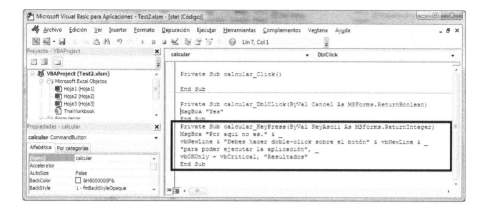

Figura 11.14. Encerrado en el rectángulo, subrutina para el evento *KeyPress* del botón "Calcular".

La subrutina 11.1 muestra el código para el evento *KeyPress*.

Subrutina 11.1.

```
1  Private Sub calcular_KeyPress(ByVal KeyAscii As MSForms.ReturnInteger)
2  MsgBox "Por aqui no es." & _
3  vbNewLine & "Debes hacer doble-click sobre el botón" & vbNewLine & _
4  "para poder ejecutar la aplicación", _
5  vbOKOnly + vbCritical, "Resultados"
6  End Sub
```

La subrutina 11.2 muestra el código asociado al evento *DblClick* del botón "Calcular". Este código es el que ejecutará los cálculos de la aplicación.

Subrutina 11.2.

```
1   Private Sub calcular_DblClick(ByVal Cancel As MSForms.ReturnBoolean)
2   Dim R As Range
3   Dim i, filas, contador, li, ls As Integer
4
5   Set R = Range(RangoDatos.Value)
6   filas = R.Rows.Count
7   contador = 0
8   li = CInt(edadMin.Value)     'edad mínima
9   ls = CInt(edadMax.Value)     'edad máxima
10
11  If li >= WorksheetFunction.Min(R) _
12  And ls <= WorksheetFunction.Max(R) Then
13      For i = 1 To filas + 1
14          If R.Cells(i, 1).Value >= li And _
```

```
15        R.Cells(i, 1).Value <= ls Then
16            contador = contador + 1
17        End If
18    Next i
19  End If
20
21  If DevEst.Value = True Then
22      valor1 = Format(WorksheetFunction.StDev(R), "0.00")
23  End If
24  If Prom.Value = True Then
25      valor2 = Format(WorksheetFunction.Average(R), "0.00")
26  End If
27  If Emax.Value = True Then
28      valor3 = WorksheetFunction.Min(R)
29  End If
30  If Emin.Value = True Then
31      valor4 = WorksheetFunction.Max(R)
32  End If
33  valor5 = contador
34  End Sub
```

Algunos comentarios interesantes sobre este código:

- Para seleccionar el rango de celdas, colocamos el ratón dentro del control de Rango de datos. Una vez allí, nos vamos a la hoja de cálculo y seleccionamos el rango de celdas donde está la información que queremos usar de entrada.

- Ese rango de celdas es leído como una cadena de texto. Para que pueda ser usado como un objeto Range, es necesario usar la instrucción Range (línea 5). Este rango es asignado a la variable "R". Recuerde que la palabra reservada Set, en este caso, lo que hace es crear una especie de apodo para que sea más fácil y práctico referirse al objeto Range.
-
- En las líneas 8 y 9, hemos usado la instrucción CInt para que las cadenas de texto leídas desde los cuadros de texto (textboxes) sean convertidas a números.
-
- Las casillas (checkboxes) sólo pueden tener dos valores: True o False (seleccionada o no). Esto es lo que se evalúa en las líneas 21, 24, 27 y 30, para cada una de las cuatro casillas que se usan en el programa.

Para la ejecución de este programa, se puede presionar F5 o el botón Ejecutar macro (es fácil reconocer este botón en la barra de herramientas estándar: es un triángulo verde apuntando a la derecha). Esto debe hacerse de esta forma, ya que un formulario no es en sí un programa completo, sino parte de uno más grande. Para que una aplicación con ventanas (formularios) pueda ser lanzada sin necesidad de estar en el ambiente de programación, su invocación debe hacerse desde (o formar parte de) una subrutina.

En la figura 11.15 se puede ver una etapa durante la ejecución del programa, en la cual se muestra la selección del rango de celdas a usar en los cálculos. La figura 11.16 muestra la ventana con los resultados.

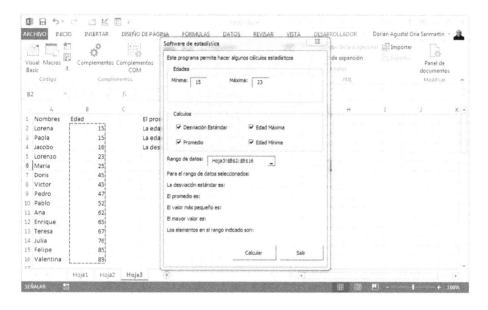

Figura 11.15. Ejecución de nuestra aplicación.

Para salir de la aplicación, se programó el botón "Salir". El código que se ejecuta al presionarlo es el que se muestra en la subrutina 11.3

Subrutina 11.3.

1	Private Sub salir_Click()
2	Unload Me
3	End Sub

Interesante en este código es que la instrucción para finalizar la aplicación hace referencia al objeto mismo (Me). Sin embargo, se puede cambiar por el nombre del formulario: *stat*. Esto quiere decir que la instrucción **Unload** puede cerrar cualquier otro formulario. Basta con facilitar el nombre del mismo (pruebe cambiando *Me* por *stat* en la línea 2).

11.9 Ejecutando una aplicación formulario.

Ejecutar una aplicación desde el entorno de programación puede no ser muy elegante ni práctico. Sin contar con el hecho de que probablemente esta aplicación la vayan a ejecutar personas con poco o ningún conocimiento de programación (que de hecho no tienen por qué tenerla considerando que son usuarios finales). Inclusive, Ud. puede querer que nadie tenga acceso al código.

Figura 11.16. Resultado de la ejecución de la subrutina 8.2.

Independientemente de la forma en que se desee dar acceso a la aplicación, es necesario crear una subrutina que lance al programa, como la que se muestra a continuación.

Subrutina 11.4.

1	Sub lanzarStat()
2	stat.Show
3	End Sub

Esta subrutina se escribió en un módulo. En un sentido estricto, se puede escribir en cualquier ventana de código, de cualquier objeto (menos en la ventana de código del formulario). En caso de que por alguna razón Ud. desee escribir la subrutina en una ventana de código diferente a la de los módulos, agréguele la palabra **Public** antes de la palabra **Sub**.

Vamos a presentar cuatro formas de acceder a la aplicación desde Excel. La primera de ellas es usando el botón Macros que está en la pestaña "DESARROLLADOR" (figura 11.17), que lanza la ventana que se muestra en la figura 11.18. La ventana Macro también se puede lanzar usando como atajo las teclas **Alt+F8**. Para ejecutar la aplicación se presiona el botón "Ejecutar" una vez que se ha sido seleccionada.

Figura 11.17. Botón que activa la ventana Macro.

Figura 11.18. Ventana Macro, mostrando resaltada la subrutina para lanzar nuestra aplicación.

La segunda propuesta para lanzar la aplicación es usando un atajo (*shortcut*) mediante la combinación de teclas. Para poder hacer esto, en la ventana mostrada en la figura 11.18 presione el botón "Opciones" (habiendo seleccionado previamente la subrutina a la que se desea agregar el atajo). Al hacer esto aparece la ventana que se muestra en la figura 11.19.

En la parte superior de la ventana puede verse el nombre de la subrutina a la que vamos a agregar la combinación de teclas (Tecla de método abreviado) para su invocación. Al presionar ese conjunto de teclas, se ejecutará la subrutina que lanza la aplicación.

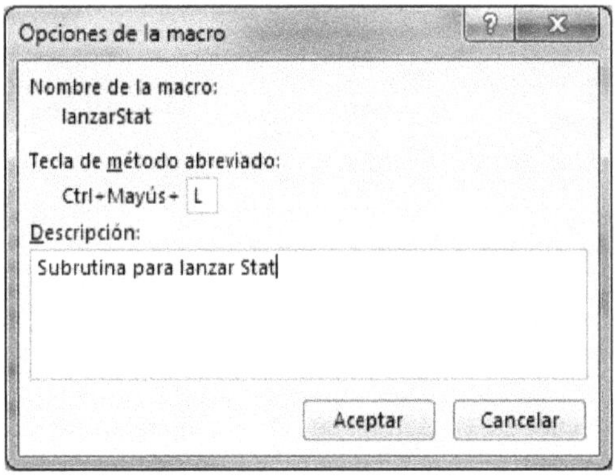

Figura 11.19. Agregando un atajo a la subrutina que lanza la aplicación Stat.

La tercera propuesta es hacerlo mediante un botón en la barra de herramientas de Excel. Se puede crear el botón en cualquiera de las pestañas disponibles o se puede crear una nueva, personalizada. Para hacer esto seguimos la ruta Archivo -> Opciones -> Personalizar cinta de opciones. Al hacer esto, la ventana que apareció lucirá como se muestra en la figura 11.20. Una vez en esta ventana, seleccionamos Macros en el cuadro combinado "Comandos disponibles en:". Una vez hecho esto, la ventana lucirá como se muestra en la figura 11.21. En el lado derecho de la ventana, presionamos el botón "Nueva pestaña". Vamos a cambiarle el nombre por: "Apps propias". Fíjese que una vez se crea una pestaña, automáticamente se crea un grupo nuevo. Seleccionamos "Nuevo grupo" y le cambiamos el nombre a: "Capitulo 11". Una vez completados estos pasos, la ventana lucirá como se muestra en la figura 11.22.

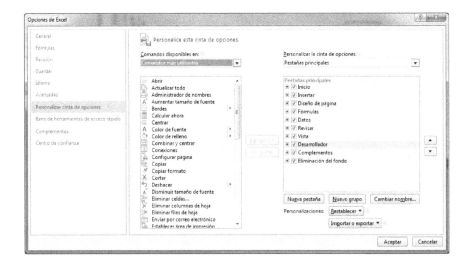

Figura 11.20. Ventana para personalizar cinta de opciones (barra de herramientas).

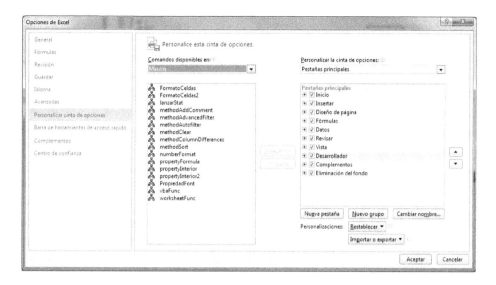

Figura 11.21. Ventana de personalización mostrando las macros (subrutinas) disponibles en el libro Excel.

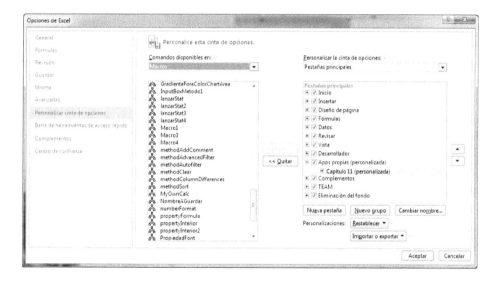

Figura 11.22. Ventana mostrando la nueva pestaña y el nuevo grupo agregado.

Teniendo seleccionado el nuevo grupo, nos vamos al lado izquierdo de la ventana donde se muestran las macros (subrutinas) disponibles y seleccionamos la que nos interesa (en nuestro caso lanzarStat). Presionamos el botón "Agregar >>" y ahora la ventana lucirá como se muestra en la figura 11.23. Una vez concluido esto, la barra de herramientas de Excel lucirá como se muestra en la figura 11.24.

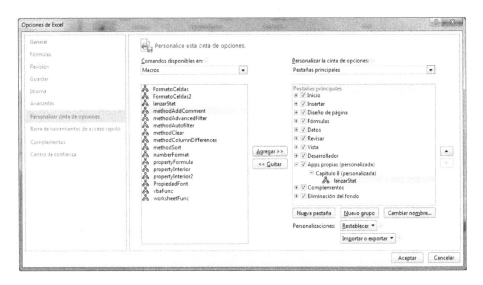

Figura 11.23. Botón para lanzarStat agregado.

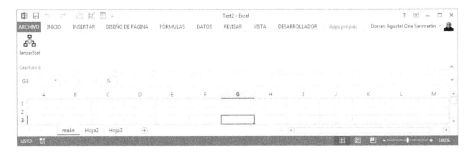

Figura 11.24. Pestaña Apps propias agregada con el botón para lanzar nuestra aplicación.

La cuarta propuesta consiste en agregar un botón de comando en una hoja de cálculo. Para tener acceso a los controles en esta área, vamos a la pestaña "DESARROLLADOR" y allí presionamos el botón "Insertar". Al hacer esto, aparece la ventana que se muestra en la figura 11.25.

Figura 11.25. Controles disponibles para hoja de cálculo.

Se selecciona el botón de comando (encerrado en el rectángulo en la figura 11.25) y el ratón toma la forma de una cruz pequeña. Está esperando que se haga click con el ratón en el punto donde se desea agregar el botón. De cualquier manera, el botón después puede configurarse, incluyendo el cambio de posición.

Una vez que se ha agregado el botón, éste luce como se muestra en la figura 11.26.

Figura 11.26. Agregando un botón de comando en una hoja de cálculo.

Fíjese que el botón que está al lado del botón "Insertar" (Modo Diseño) ahora se muestra activado. Esto quiere decir que mientras se esté en ese modo no se ejecutarán las instrucciones de ningún control que esté dentro de la hoja de cálculo.

Para modificar las propiedades del botón recién agregado, presionamos el botón que dice "Propiedades" que está al lado del botón "Modo Diseño". Al hacerlo, aparece la ventana que se muestra en la figura 11.27.

En este caso, podemos obviar el cambio de la propiedad *Name*. Podemos cambiar la propiedad *Caption* a Stat. Al hacerlo, nuestro botón lucirá como se muestra en la figura 11.28.

Programación avanzada en VBA-Excel para principiantes.

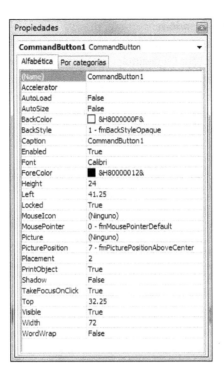

Figura 11.27. Ventana de propiedades del botón de comando.

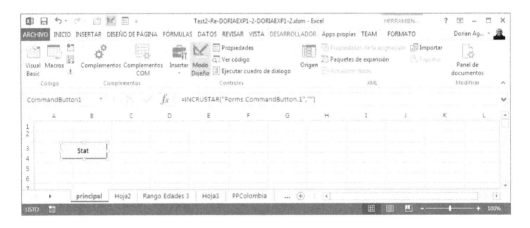

Figura 11.28. Aspecto del botón de comando con la propiedad *Caption* personalizada.

Finalmente, hacemos doble-click en nuestro botón y aparecerá una ventana de código. Dentro de la subrutina que automáticamente fue creada, escribimos el nombre de la subrutina que queremos invocar. La ventana de código lucirá como se muestra en la figura 11.29.

Figura 11.29. Programando el botón de comando.

Es interesante señalar que, debido a que el botón está contenido dentro de la hoja "principal", la ventana de código que se abrirá será la de ese objeto.

Para poder ejecutar las instrucciones del botón recién agregado, debemos desactivar el Modo Diseño. Una vez hecho esto, al hacer click en el botón, se ejecutará la instrucción lanzarStat, que a su vez ejecutará la subrutina 11.4. Si Ud. desea, pruebe cambiando lanzarStat por *stat.Show* y vea que pasa.

11.10 Protección del código de una aplicación.

Para proteger el código, de forma que no sea visible, haremos lo siguiente:

- Desde el ambiente de programación, nos vamos a Herramientas -> Propiedades de VBA Project. Al hacer esto, aparece la ventana que se muestra en la figura 11.30.

- En la ventana de la figura anterior seleccionamos la pestaña que dice "Protección". La ventana ahora lucirá como se muestra en la figura 11.31.

- Activamos el bloqueo del proyecto para visualización y asignamos una clave.

11.11 ListBox (cuadro de lista).

Vamos a hacer una pequeña variación en nuestra aplicación. Vamos a cambiar las casillas (*checkboxes*) por un cuadro de lista. Este control permite ofrecer todas las opciones de cálculo. La figura 11.32 muestra como luce el control vacío.

Figura 11.30. Ventana de propiedades del proyecto VBA.

Figura 11.31. Ventana de propiedades del proyecto VBA, mostrando la opción para proteger código.

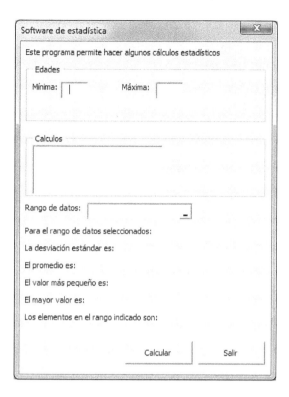

Figura 11.32. Versión de la aplicación Stat, ahora con un cuadro de lista (ListBox).

Como puede notarse en la figura 11.32, el cuadro de lista no ofrece ninguna opción. Esto ocurre porque este control necesita que la información sea introducida en él antes de que se muestre la aplicación que lo contiene.

Para ello, hemos hecho una modificación en la subrutina 11.4 (lanzarStat). La nueva rutina puede verse a continuación.

Subrutina 11.5.

1	Sub lanzarStat()
2	With stat2
3	With .ListaCalculos
4	.AddItem "Desviacion Estandar"
5	.AddItem "Promedio"
6	.AddItem "Minimo"
7	.AddItem "Maximo"
8	End With
9	.Show
10	End With

Nuestro cuadro de lista (ListBox) lo hemos llamado "ListaCalculos". Recuerde que un control es un objeto, por lo que para referirnos a los objetos que lo componen, a sus propiedades o métodos usamos un punto después del objeto. En nuestro caso, debido a que la aplicación la estamos lanzando desde una subrutina que está en un módulo, se hace necesario invocar la ruta completa a cada objeto. Nuestro formulario lo hemos llamado "stat2". Entonces, con estructuras **With – End With** anidadas hemos hecho referencia al objeto "ListaCalculos" y lo hemos poblado con el método *AddItem*. Internamente, el cuadro de lista asigna un índice (en tiempo de ejecución) a cada uno de los elementos que lo conforman, comenzando desde 0. Solo para que sirva de recordatorio, la subrutina 11.6 muestra cómo se vería el código sin usar las estructuras **With – End With** anidadas.

Subrutina 11.6.

```
1   Sub lanzarStat()
2   stat2.ListaCalculos.AddItem "Desviacion Estandar"
3   stat2.ListaCalculos.AddItem "Promedio"
4   stat2.ListaCalculos.AddItem "Minimo"
5   stat2.ListaCalculos.AddItem "Maximo"
6   stat2.Show
7   End Sub
```

Ahora cuando lanzamos nuestra aplicación de cualquiera de estas subrutinas (11.5 u 11.6), ésta se ve como se muestra en la figura 11.33.

La forma en cómo se configuró el cuadro de lista es un versión extendida que permite se escoja una opción a la vez, o todas (dejando el ratón pulsado o usando la combinación **Shift** + click del botón izquierdo del ratón), o que se escojan varias opciones pero no consecutivas (usando la combinación **Ctrl** + click con el botón izquierdo del ratón). Para esto, se cambió la propiedad *MultiSelect* del "ListBox" a *fmMultiSelectExtended*. Otra forma de hacerlo es durante la ejecución de la subrutina lanzarStat (11.5). Para ello, agregue debajo de la línea 7 la siguiente instrucción:

```
. MultiSelect= fmMultiSelectExtended
```

Cuando esté escribiendo esta instrucción, en algún momento su ventana de código lucirá como se muestra en la figura 11.34.

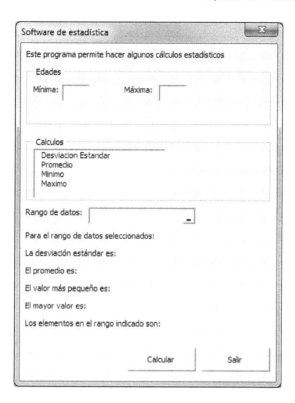

Figura 11.33. Aplicación Stat2 usando cuadro de lista (ListBox) para mostrar opciones.

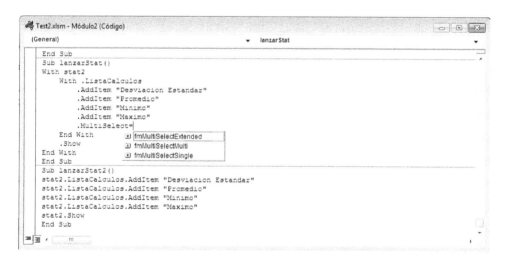

Figura 11.34. Ventana de código mostrando el funcionamiento de la tecnología *IntelliSense*.

La subrutina que sigue es el código que se ejecutará al hacer click sobre el botón "Calcular" de nuestra nueva aplicación (stat2).

221

Subrutina 11.7.

```
1   Private Sub calcular2_Click()
2   Dim R As Range
3   Dim i, filas, contador, li, ls As Integer
4
5   Set R = Range(RangoDatos.Value)
6   filas = R.Rows.Count
7   contador = 0
8   li = CInt(edadMin.Value)
9   ls = CInt(edadMax.Value)
10
11  If li >= WorksheetFunction.Min(R) _
12  And ls <= WorksheetFunction.Max(R) Then
13      For i = 1 To filas + 1
14          If R.Cells(i, 1).Value >= li And _
15              R.Cells(i, 1).Value <= ls Then
16              contador = contador + 1
17          End If
18      Next i
19  End If
20
21  If ListaCalculos.Selected(0) = True Then
22      valor1 = Format(WorksheetFunction.StDev(R), "0.00")
23  End If
24  If ListaCalculos.Selected(1) = True Then
25      valor2 = Format(WorksheetFunction.Average(R), "0.00")
26  End If
27  If ListaCalculos.Selected(2) = True Then
28      valor3 = WorksheetFunction.Min(R)
29  End If
30  If ListaCalculos.Selected(3) = True Then
31      valor4 = WorksheetFunction.Max(R)
32  End If
33  valor5 = contador
34  End Sub
```

La diferencia entre esta subrutina y la 11.2 está entre las líneas 21 a la 32. Ahora, en lugar de validar casillas (*checkboxes*), se validan las opciones que se muestras en el cuadro de lista (*ListBox*). Como se mencionó anteriormente, cada uno de los elementos en el cuadro de lista tiene un índice asignado en tiempo de ejecución. Así, la opción "Desviacion Estandar" es la opción 0 y a ella nos referimos como "ListaCalculos.Selected(0)". Fíjese como aquí no fue necesario agregar antes el nombre del objeto que lo contiene (es decir, el formulario stat2) debido a que ya se está dentro del objeto y su código.

11.12   Scrollbar (barra de desplazamiento).

Esta barra permite desplazarse a través de un control cuando su tamaño no es suficiente para mostrar todo su contenido. En este caso, la barra de desplazamiento está incrustada dentro del control.

Hay otros casos en los cuales la barra de desplazamiento puede ser usada como un control individual. Por ejemplo, en casos en los cuales se desee que el usuario escoja entre un rango de valores.

Veamos primero como se ve una barra de desplazamiento dentro de otro control. Para este caso, tomaremos como ejemplo el cuadro de lista que usamos en la subrutina anterior. En este caso, sabemos que tenemos cuatro opciones disponibles. Reduzcamos el tamaño del cuadro de lista (alto o *Height*), de forma tal que solo puedan verse dos opciones. Ahora ejecute la subrutina 11.5. Luego de hacerlo, la ventana lucirá como se muestra en la figura 11.35. Como puede verse, la barra de desplazamiento aparece de forma automática.

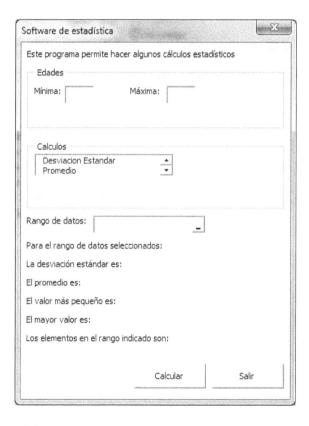

Figura 11.35. Cuadro de lista más pequeño no puede mostrar todos los elementos que lo contienen, agregando una barra de desplazamiento para navegar en él.

223

Vamos con otro ejemplo. Imagine que nuestro formulario fuese más **pequeño**. Algo así como la imagen que se muestra en la figura 11.36.

Figura 11.36. Formulario más pequeño.

Como ya se dio cuenta, no se pueden ver las etiquetas ni los botones de la parte inferior de la aplicación. Si Ud. trata de acceder a esa parte de la aplicación no le será posible.

Tomando en cuenta este tamaño de ventana, vamos a modificar un par de propiedades del formulario. La primera de ellas es la propiedad *ScrollBars*. Recuerde que esto se hace desde la ventana Propiedades, teniendo seleccionada el formulario. Seleccionemos aquí el valor *fmScrollBarsVertical*. Ahora, cambie el valor de la propiedad *ScrollHeight* a 366. Al ejecutar de nuevo la aplicación, esta se verá como se muestra en la figura 11.37.

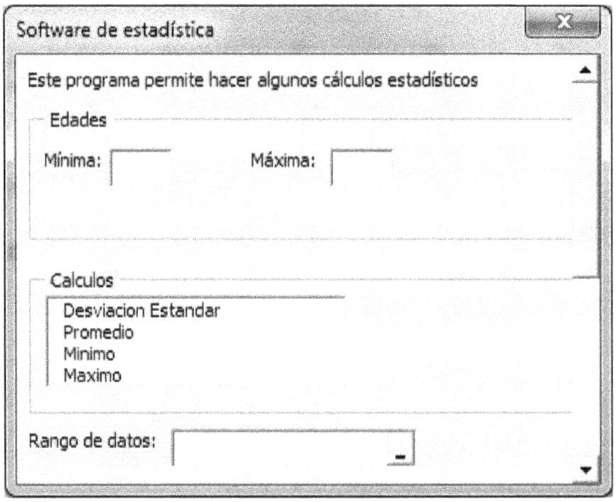

Figura 11.37. Formulario más pequeño, ahora con barra de desplazamiento vertical.

Ahora puede usar la barra de desplazamiento para moverse hasta el final de la ventana.

Esto también puede hacerse con código. Agregue las siguientes líneas de código a la subrutina 11.5 justo antes de la línea 9. Es importante que se haga de esta forma. Si las líneas de código se agregan después de la instrucción que está en la línea 9 (.*Show*) ya será muy tarde y los cambios no se tomarán en cuenta.

```
.ScrollBars = fmScrollBarsVertical
.ScrollHeight = .InsideHeight * 2
```

Interesante en estas líneas de código es la propiedad *InsideHeight*. Ella devuelve la altura actual de la ventana. En este caso, asumimos que al multiplicarla por dos ya nos permite cubrir el tamaño de la ventana y llegar a los controles que están en la parte inferior. Pruebe Ud. por su cuenta cambiando el 2 por otro valor. O sumando valores a *Insideheight* en lugar de multiplicar. Veamos ahora la opción en la cual la barra de desplazamiento puede ser usada como un control. En este caso, vamos a agregar una barra de desplazamiento para que nos permita cambiar el tamaño de las letras dentro del cuadro de lista. Además, agregamos una etiqueta (*Label*) para que nos indique el tamaño de la letra que estamos usando. Esta etiqueta se agregó al lado de la expresión "Tamaño de la letra" y la llamamos *etiquetaLetra*. Una vez hecho esto, la aplicación lucirá como se muestra en la figura 11.38.

Ahora, vamos a programar la barra de desplazamiento. Empecemos por editar un par de propiedades: *Min*=8 y *Max*=14. Con este par de valores lo que queremos es que la fuente más pequeña tenga tamaño 8 y la más grande 14. Ahora, para que ante un movimiento en la barra de desplazamiento, ocurra un cambio en el cuadro de lista, programemos la barra. Para ello, en modo diseño hagamos doble-click sobre ella y automáticamente se creará el espacio de la subrutina para el código, el cual se muestra a continuación.

Subrutina 11.8.

```
1   Private Sub letra_Change()
2   ListaCalculos.Font.Size = letra.Value
3   etiquetaLetra = letra.Value
4   End Sub
```

Al ejecutar este código y variar los valores de la barra de desplazamiento (*scrollbar*), la ventana mostrada en la figura 11.38 lucirá como se muestra en la figura 11.39.

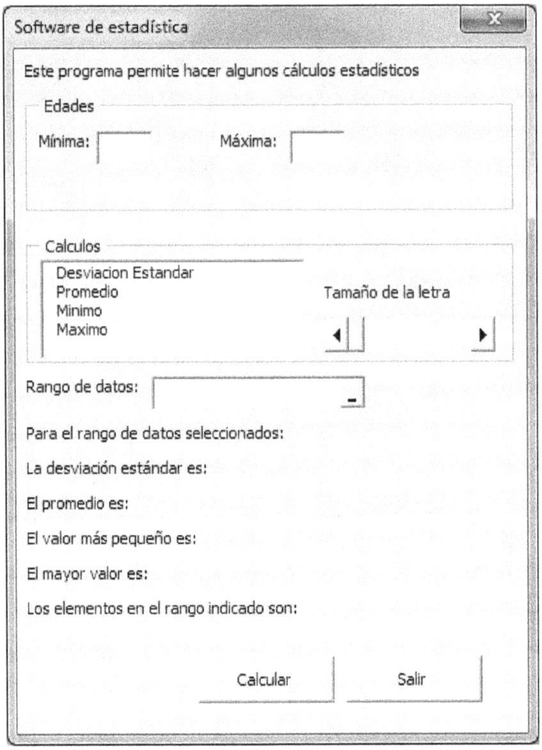

Figura 11.38. Aplicación con barra de desplazamiento agregada como control individual.

11.13 ComboBox (cuadro combinado).

Al igual que el cuadro de lista, este control permite ofrecer varias opciones al usuario, con la diferencia de que sólo se puede escoger una. Aunque puede que no sea práctico para nuestro programa, lo mostraremos con fines académicos.

La figura 11.40 muestra como se ve la aplicación con el cuadro combinado agregado. Al igual que sucedió con el cuadro de lista (punto 11.11), es necesario agregar las opciones al cuadro combinado antes de mostrar la interfaz de la aplicación. Hemos cambiado el nombre del formulario completo a stat3.

Para ello hemos programado otra subrutina, que hemos llamado lanzarStat3. El código se muestra a continuación.

Subrutina 11.9.

1	Sub lanzarStat3()
2	stat3.ComboCalculos.AddItem "Desviacion Estandar"
3	stat3.ComboCalculos.AddItem "Promedio"
4	stat3.ComboCalculos.AddItem "Minimo"

5	stat3.ComboCalculos.AddItem "Maximo"
6	stat3.Show
7	End Sub

Recuerde que en el punto 11.9 se han expuesto cuatro formas de lanzar la aplicación. En este caso, hemos agregado un botón en la cinta de opciones que llamamos Apps propias. El botón luce como se muestra en la figura 11.41.

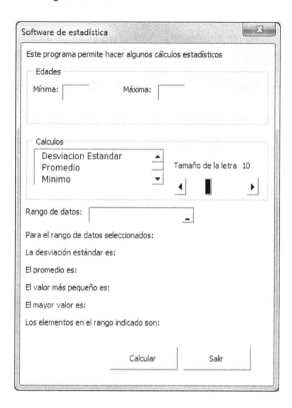

Figura 11.39. Barra de desplazamiento tomando el valor de 10, que se ve reflejado en el tamaño de la letra en el listado de cálculos e indicado en la etiqueta que está justo encima de ella.

Programación avanzada en VBA-Excel para principiantes.

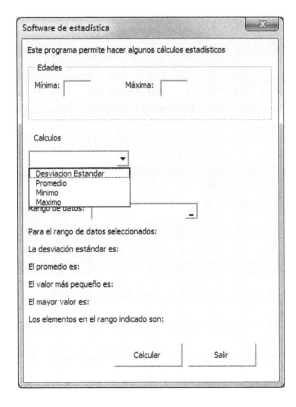

Figura 11.40. Aplicación mostrando el cuadro combinado con las opciones agregadas.

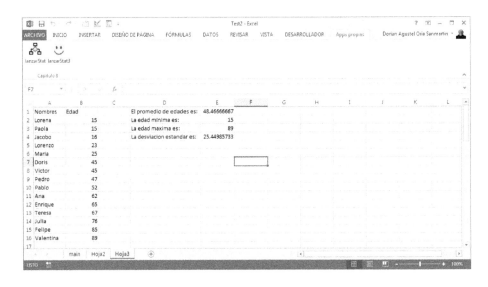

Figura 11.41. Interfaz de Excel mostrando nuevo botón agregado para invocar nuestra aplicación stat3.

El código del botón "Calcular" es el que se muestra a continuación.

Subrutina 11.10.

```
1   Private Sub calcular3_Click()
2   Dim R As Range
3   Dim i, filas, contador, li, ls As Integer
4
5   Set R = Range(RangoDatos.Value)
6   filas = R.Rows.Count
7   contador = 0
8   li = CInt(edadMin.Value)
9   ls = CInt(edadMax.Value)
10
11  If li >= WorksheetFunction.Min(R) _
12  And ls <= WorksheetFunction.Max(R) Then
13      For i = 1 To filas + 1
14          If R.Cells(i, 1).Value >= li And _
15              R.Cells(i, 1).Value <= ls Then
16              contador = contador + 1
17          End If
18      Next i
19  End If
20
21  If ComboCalculos.ListIndex = 0 Then
22      valor1 = Format(WorksheetFunction.StDev(R), "0.00")
23  End If
24  If ComboCalculos.ListIndex = 1 Then
25      valor2 = Format(WorksheetFunction.Average(R), "0.00")
26  End If
27  If ComboCalculos.ListIndex = 2 Then
28      valor3 = WorksheetFunction.Min(R)
29  End If
30  If ComboCalculos.ListIndex = 3 Then
31      valor4 = WorksheetFunction.Max(R)
32  End If
33  valor5 = contador
34  End Sub
```

Este código es muy parecido al que se usó para el caso del cuadro de lista. En este caso, ha cambiado el código de las líneas 21, 24, 27 y 30. En esas líneas se ha cambiado el objeto, que llamamos "ComboCalculos". En este control, para referirnos a cada una de las opciones, usamos el índice de cada una de ellas, como si fuese un arreglo (*array*). Así, nuestra primera opción, Desviación Estándar, tiene como índice la posición 0, luego la opción Promedio el índice 1 y así sucesivamente.

Al ejecutar la aplicación, esta lucirá como se muestra en la figura 11.42.

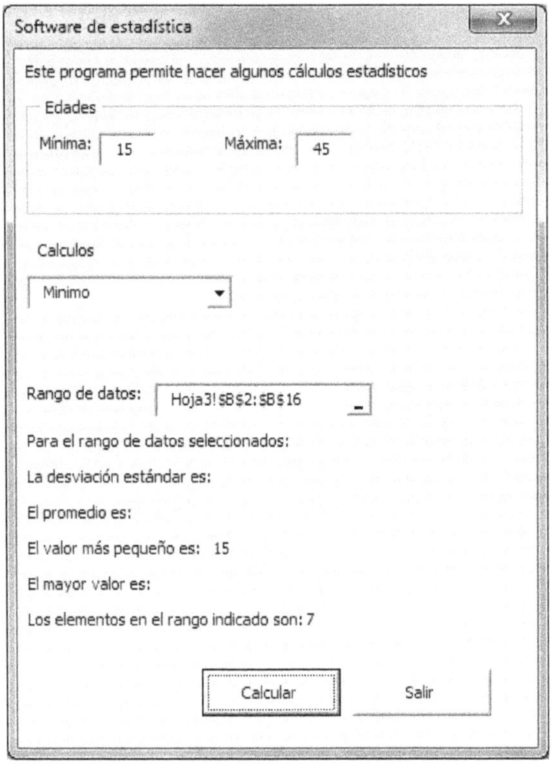

Figura 11.42. Aplicación mostrando los resultados después de haber seleccionado la opción Mínimo en el cuadro combinado.

11.14 SpinButton (botón de número).

Este control se parece a la barra de desplazamiento, en cuanto a la capacidad de hacer que un número cambie su valor, como el tamaño de la letra en el ejemplo que usamos en el punto 11.12. Sin embargo, una diferencia fundamental, es que la barra de desplazamiento está más orientada a permitir recorridos en controles más pequeños que los contenidos que muestra.

Vamos a tomar el mismo ejemplo del punto 11.12 (subrutina 11.8) y vamos a reemplazar la barra de desplazamiento que cambia el tamaño de la letra en el cuadro de lista por un botón de número (*SpinButton*).

Una vez que se ha agregado el botón de número (al lado de la frase "Tamaño de la letra"), la ventana de nuestra aplicación lucirá como se muestra en la figura 11.43.

Al igual que con la barra de desplazamiento, en la ventana de propiedades del botón de número se pueden cambiar los valores mínimo y máximo. Recuerde que para tener acceso a esta ventana, seleccione el control y de inmediato se verán reflejadas las propiedades del objeto en la ventana inferior a la izquierda. También se puede cambiar la orientación del control. En nuestro caso está orientado verticalmente, pero también se puede colocar horizontalmente. Es importante destacar que las propiedades de un control se pueden fijar en etapa de diseño o en tiempo de ejecución antes de lanzar la aplicación como tal, es decir, antes de ejecutar el método *Show* del formulario (línea 6 de la subrutina 11.11, por ejemplo).

La subrutina para lanzar la aplicación es la que se muestra a continuación.

Subrutina 11.11.

```
1  Sub lanzarStat4()
2  stat4.ListaCalculos.AddItem "Desviacion Estandar"
3  stat4.ListaCalculos.AddItem "Promedio"
4  stat4.ListaCalculos.AddItem "Minimo"
5  stat4.ListaCalculos.AddItem "Maximo"
6  stat4.Show
7  End Sub
```

Figura 11.43. Aplicación mostrando el control botón de número (*SpinButton*).

Ahora, vamos a programar el control de forma similar a como se hizo con la barra de desplazamiento. Hacemos dobleclick en nuestro control y se creará automáticamente el espacio para el código. En nuestro caso, hemos llamado al control CambiaTam. El código se muestra en la subrutina 11.12.

Subrutina 11.12.

1	Private Sub CambiaTam_Change()
2	ListaCalculos.Font.Size = CambiaTam.Value
3	etiquetaLetra = CambiaTam.Value
4	End Sub

Al ejecutar la aplicación, ésta se verá como se muestra en la figura 11.44.

Figura 11.44. Aplicación mostrando el cambio del tamaño de letra de las opciones dentro del cuadro de lista.

11.15 Multipage (página múltiple).

Este control es bastante útil cuando se desean organizar diferentes partes de un programa, pero de una forma elegante, sin necesariamente hacer más grande al formulario que los contiene. Recuerde que la forma de agregar un control es clickeando sobre él en la ventana Cuadro de herramientas y luego haciendo click en el lugar dentro del formulario donde desea que esté. Haciendo click en cada una de las páginas (*pages*) se activa ese espacio. Imagine por un momento que se trata de una colección de marcos (*frames*), dentro de los cuales podrá colocar otros controles.

Sólo para efectos de ilustrar su funcionamiento y forma de programarlo, dividiremos los cálculos estadísticos en dos grupos. Activemos *Page1*. Ahora arrastremos las etiquetas correspondientes a Desviación estándar y Promedio a esa página. Ahora hagamos lo mismo con las etiquetas correspondientes al valor más pequeño y el más grande, moviéndolas a *Page2*. Después de otros pequeños ajustes que ya Ud. debe estar en capacidad de hacer por su cuenta, la aplicación debe lucir como se muestra en la figura 11.45.

Figura 11.45. Diseño de la aplicación usando el control página múltiple (*Multipage*).

Vamos a hacer otros cambios. A pesar de que este es un solo control, cada página tendrá sus propios atributos, como si de un objeto individual se tratase, atado, por su puesto, al control principal. Así, cada página tiene sus propios atributos de nombre y título a mostrar (que en la ventana de propiedades corresponden a las propiedades *Name* y *Caption*). Por ahora, vamos a cambiar los títulos de las páginas (*captions*). Una vez hecho esto, la aplicación lucirá como se muestra en la figura 11.46.

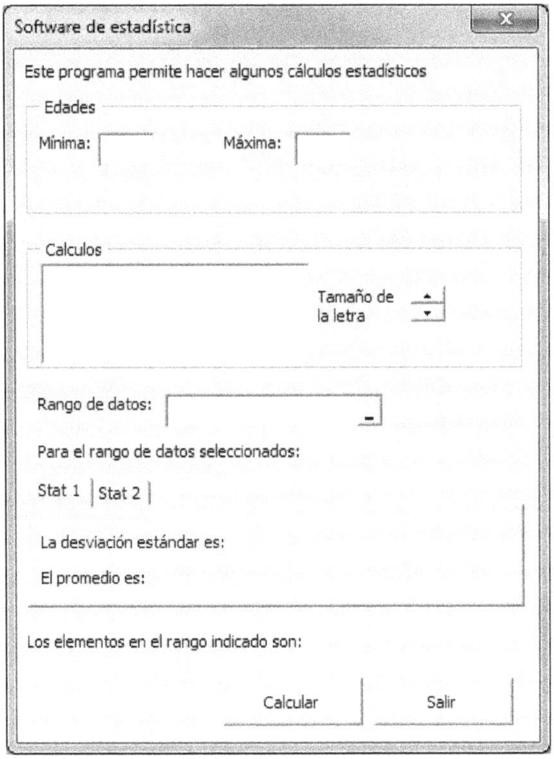

Figura 11.46. Diseño de la aplicación usando el control página múltiple (*Multipage*), con la propiedad *Caption* modificada para cada página.

Al ejecutar la aplicación, lucirá como se muestra en la figura 11.47. Si queremos ver los otros resultados, solo tenemos que seleccionar la página Stat 2. El código que se va a ejecutar con el botón "Calcular" quedó inalterado (subrutina 11.10).

Si se desea agregar más páginas al control, se hace click con el botón derecho encima de él. Esto hace que aparezca un pequeño menú como se muestra en la figura 11.48.

11.16 Image (imagen).

Este control se usa para insertar una imagen dentro de la ventana de la aplicación. Una vez agregado el control, se le da la ruta donde está la imagen que se desea mostrar. Para ello usamos la propiedad *Picture*. Si la figura es más grande que el contenedor, se puede ajustar automáticamente cambiando los valores de la propiedad *PictureSizeMode*. Esta propiedad viene con tres valores predefinidos. Para ajuste automático hemos seleccionado *fmPictureSizeModeStretch*. Y la propiedad *PictureAligment* la establecimos como *fmPictureAligmentCenter* (figura 11.49).

Figura 11.47. Resultado de la ejecución de la aplicación.

Para ilustrar el uso de este control, seleccionamos una imagen de las que vienen como muestra en la instalación de Windows. La aplicación lucirá como se muestra en la figura 11.50.

11.17 Alternativas a los formularios.

VBA-Excel viene con varios formularios pre-programados, algunos de los cuales ya hemos usado, como el **InputBox** (subrutina 4.10, por ejemplo) y la **MsgBox** (subrutina 2.2). Sin embargo, en este apartado veremos más información sobre estas funciones.

11.17.1   Inputbox como función.

Como ya se mencionó anteriormente, hemos mostrado algunos ejemplos de esta caja de diálogo (*dialog box*), para capturar información de entrada por parte del usuario. Cuando se usa como función, **InputBox** puede capturar un número o una cadena de texto. Un ejemplo de esta forma de uso se puede ver en la subrutina 4.10.

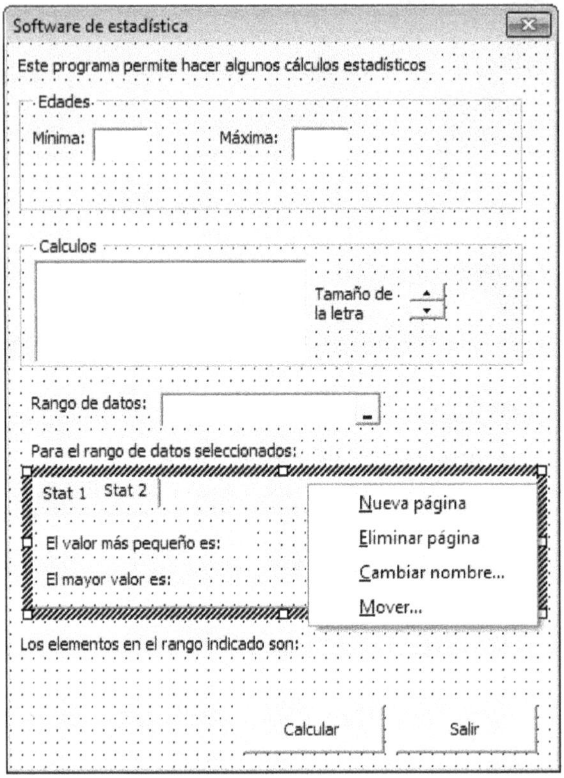

Figura 11.48. Agregando más páginas (pages) al control página múltiple (Multipage).

11.17.2 Inputbox como método.

Cuando se usa como método, *InputBox* ofrece muchas más prestaciones. Permite capturar una más amplia variedad de tipos de datos, tal como se muestra en la tabla 11.1. En esta tabla se puede ver el tipo de datos y el valor que se usa cuando se escribe como código.

Tabla 11.1. Lista de valores que pueden ser capturados.

Tipo de dato	Valor
Fórmula	0
Número	1
Texto (cadena)	2
Valor lógico (True o False)	4
Referencia a una celda (como objeto **Range**)	8
Valor de manejo de errores (como #N/A)	16
Arreglo de valores	64

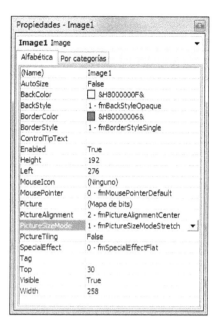

Figura 11.49. Ventana propiedades del control imagen (Image).

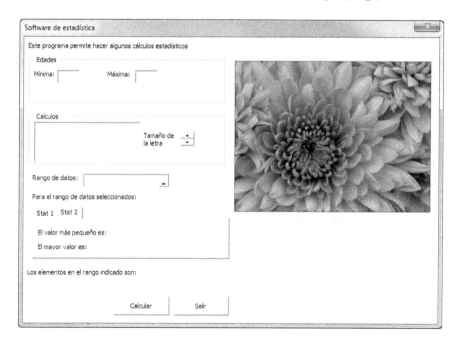

Figura 11.50. Aspecto de la aplicación con una imagen agregada.

Cuando se usa como método, es necesario hacer referencia al objeto al cual pertenece, que en este caso es *Application*. La siguiente subrutina calcula la suma y promedio de valores que están en un rango de celdas en una hoja de cálculo. A través del método *InputBox* se le pedirá al usuario que introduzca el rango de celdas.

Subrutina 11.13.

```
1   Sub InputBoxMetodo1()
2   Dim rango As Range
3   Dim suma As Integer
4   Dim promedio As Single
5   Set rango = Application.InputBox( _
6      Prompt:="Calcular suma y promedio", _
7      Title:="Suma y promedio", _
8      Left:=50, Top:=50, _
9      Type:=8)
10  suma = WorksheetFunction.Sum(rango)
11  promedio = WorksheetFunction.Average(rango)
12  MsgBox "La suma es " & suma & vbNewLine & _
13       "El promedio es " & promedio
14  End Sub
```

Al ejecutar el código, el programa lanza la ventana que se muestra en la figura 11.51. La figura fue capturada después de haber seleccionado el rango de celdas que contiene los números a tomar en cuenta para los cálculos. Llama la atención que esta ventana luce diferente a la **InputBox** cuando se usa como función.

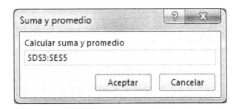

Figura 11.51. InputBox usado como método del objeto *Application*.

Una vez introducidos los datos, el final de la ejecución muestra los resultados en la ventana que se muestra en la figura 11.52.

Figura 11.52. Resultado de la ejecución de la subrutina 11.13.

Si en lugar de presionar el botón "Aceptar" Ud. decide cancelar la ejecución de la subrutina (presionando el botón "Cancelar"), ocurrirá un error como el que se muestra en la figura 11.53.

Figura 11.53. Error en la ejecución de la subrutina 11.13 al intentar cancelar su ejecución.

Para evitar que durante la cancelación de la ejecución se produzca este error, que además le quita elegancia a la aplicación, es necesario agregar un par de líneas de código para poder darle a este tipo de errores un manejo adecuado. La subrutina 11.14 muestra el código con las líneas de código agregadas (líneas 5 y 11). La línea 5 captura el error justo cuando se produce y luego que es capturado, va a la línea 11 y hace algo con ese error, que en nuestro caso es finalizar la ejecución del programa. Sin embargo, aquí podría haberse colocado una instrucción para que se ejecutara algo diferente (reemplazando **Exit Sub** por un **GoTo** por ejemplo).

Subrutina 11.14.

```
1   Sub InputBoxMetodo1()
2   Dim rango As Range
3   Dim suma As Integer
4   Dim promedio As Single
5   On Error Resume Next
6   Set rango = Application.InputBox( _
7       Prompt:="Calcular suma y promedio", _
8       Title:="Suma y promedio", _
9       Left:=50, Top:=50, _
10      Type:=8)
11  If rango Is Nothing Then Exit Sub
12  suma = WorksheetFunction.Sum(rango)
13  promedio = WorksheetFunction.Average(rango)
14  MsgBox "La suma es " & suma & vbNewLine & _
15       "El promedio es " & promedio
16  End Sub
```

11.17.3   MsgBox como función.

De esta función se habló un poco más en el capítulo 10. En este punto sólo daremos un ejemplo adicional de su configuración. La siguiente subrutina muestra varias configuraciones posibles de la ventana **MsgBox** y la forma de las respuestas que ofrece.

Subrutina 11.15.

```
1   Sub EjMsgBox()
2   Dim opcion
3   opcion = MsgBox("Está seguro de lo que desea hacer?", vbYesNoCancel, "Pregunta de seguridad")
4   If opcion = vbYes Then
5       MsgBox "Suerte...", vbExclamation
6   End If
7   If opcion = vbNo Then
8       MsgBox "Quizas sea lo más conveniente", vbInformation
9   End If
10  If opcion = vbCancel Then
11      MsgBox "En algún momento tendrás que tomar una decisión", vbCritical
12  End If
13  End Sub
```

Capítulo 12.
Gráficos.

12.1 Introducción.

Los gráficos (*charts*) son otros de los objetos más potentes que tiene Excel. Para efectos de lo que se explicará más adelante, se asume que Ud. está familiarizado con ellos. Lo que se tratará en este capítulo es cómo automatizar su creación cada vez que se desee hacer un análisis de información y se desee presentar en forma de gráficos la información que lo soporta. Excel tiene una amplia variedad de ellos. Veremos cómo trabajar con los que considero más relevantes y se deja la puerta abierta para que pruebe con otros. De cualquier manera, una vez se familiarice con los que se expondrán aquí, seguramente trabajar con otros no será tan complicado.

12.2 Objeto Chart.

Este objeto representa un gráfico dentro de un libro (*Workbook*). El gráfico puede estar incorporado dentro de una hoja de cálculo (incluido en un contenedor u objeto *ChartObject*) o puede ser una hoja de gráficos por separado dentro de un objeto *Sheets* (hoja).

12.2.1 Objeto ChartObject.

Este objeto representa un gráfico dentro de una hoja de cálculo. El objeto *ChartObject* actúa como contenedor de un objeto *Chart*. Adicionalmente, este objeto es miembro de la colección *ChartObjects*, que contiene todos los gráficos dentro de una hoja de cálculo.

Cada gráfico (*Chart*) que se agrega dentro de una hoja de cálculo tiene un índice asignado (que realmente se asigna al contenedor *ChartObject*, por lo que 1 o más gráficos pertenecen a una colección más grande llamada *ChartObjects*. Entonces, para referirse a un gráfico dentro de una hoja de cálculo, es necesario conocer su índice. Para mí en particular esto puede ser un enredo cuando hay más de un gráfico dentro de una hoja de cálculo o dentro de un libro, por lo que yo en particular prefiero ponerle nombres a cada gráfico. Sin embargo, para efectos académicos, veremos las dos formas de referirnos a un gráfico: con índices y con nombres.

A continuación, vamos a trabajar con los datos mostrados en las columnas A y B de la hoja de cálculo que se muestra en la figura 12.1. Imagine por un momento que queremos analizar los rangos de edades de esa muestra. Los rangos de edades de interés serán escritos en las celdas resaltadas. Adicionalmente, queremos mostrar los resultados en un gráfico. El código se muestra a continuación.

Subrutina 12.1.

```
1  Sub EjemploGraficos1()
2  Dim rango, rango2 As Range
3  With Worksheets("Hoja3")
4      Set rango = .Range("B2:B16")
5      .Range("E7").Value = WorksheetFunction.CountIf(rango, "<20")
6      .Range("E8").Value = WorksheetFunction.CountIfs(rango, ">=20", rango, "<35")
```

7	.Range("E9").Value = WorksheetFunction.CountIfs(rango, ">=35", rango, "<50")
8	.Range("E10").Value = WorksheetFunction.CountIf(rango, ">=50")
9	Set rango2 = .Range("D7:E10")
10	End With
11	With Worksheets("Hoja3").ChartObjects.Add _
12	(Left:=400, Width:=375, Top:=45, Height:=225)
13	.Chart.SetSourceData Source:=rango2
14	.Chart.ChartType = xlColumnClustered
15	End With
16	End Sub

Figura 12.1. Datos de edades para análisis.

Vamos a analizar la subrutina. En la línea 2 hemos declarado dos variables de tipo rango. Más adelante veremos lo que contendrá cada una de ellas. Entre las líneas 3 y 10 tenemos las instrucciones que nos permitirán contar los elementos según los criterios especificados en los rangos de la columna D. En la línea 4 le asignamos el rango de valores que queremos analizar a la variable "rango". En la línea 5 usamos la función de hoja de cálculo *CountIf* (dentro de la hoja de cálculo sería el equivalente a usar la función CONTAR.SI si se está usando Excel en español) que nos permitirá contar, en este caso, las edades menores de 20 que están dentro de rango.

Debido a que el segundo criterio de arriba hacia abajo necesita dos condiciones (entre 20 y 35), hemos usado la función *CountIfs* (dentro de la hoja de cálculo sería el equivalente a usar la función CONTAR.SI.CONJUNTO si se está usando Excel en español). En este caso, contará las edades comprendidas entre mayores o iguales a 20 y menores que 35.

La explicación de la línea 7 es similar a la de la línea anterior y la de la línea 8 es similar a la explicación de la línea 5.

En la línea 9 se asignan los resultados a la variable rango2.

Entre las líneas 11 y 15 se construye el gráfico.

En la línea 11 se da inicio a un bloque *With* que tendrá las instrucciones comunes para el método *Add* de la colección *ChartObjects*. En la línea 12 se establecen algunos parámetros del gráfico tales como su ubicación (esquina superior derecha dada por las coordenadas *Left* y *Top*) y sus dimensiones (dadas por el ancho (*Width*) y el alto (*Height*)).

En la línea 13 se establece cual será el rango de datos para construir el gráfico. En la línea 14 se construye finalmente el gráfico (*Chart*), que en nuestro caso es un gráfico de columnas (*xlColumnClustered*). Para saber cuál es el código para cada uno de los tipos de gráficos que ofrece Excel, recuerde que puede consultar el Examinador de objetos de VBA-Excel. En la figura 12.2 se muestran algunos de los tipos de gráficos, que realmente corresponden a los valores que puede tomar la propiedad *ChartType* del objeto *Chart* (clase *XlChartType*).

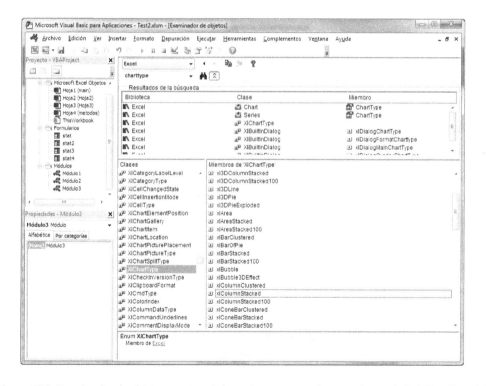

Figura 12.2. Examinador de objetos mostrando los valores que puede tomar la propiedad *ChartType* del objeto *Chart*.

Al ejecutar este código, se generará un gráfico dentro de la hoja de cálculo, tal como se muestra en la figura 12.3.

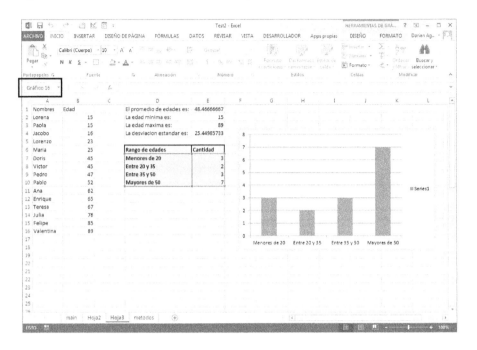

Figura 12.3. Resultado de la ejecución de la subrutina 12.1.

Fíjese que por defecto, el nombre del gráfico es "Gráfico 16" (esto es porque antes de hacer éste yo generé otros, pero cuando se hace por primera vez el nombre es Gráfico 1), tal como puede notarse dentro del rectángulo en la figura 12.3. Sin embargo, el número 16 no es su número de identificación. Como por ahora sólo hay un gráfico, su número de identificación será el 1. Esto lo que quiere decir es que si, por ejemplo, desease hacer activo el gráfico para hacer después sobre él otras operaciones, podríamos referirnos a él con alguna de las siguientes instrucciones:

Worksheets("Hoja3").ChartObjects("Gráfico 16").Activate   ó
Worksheets("Hoja3").ChartObjects(1).Activate

Excel jamás repite los nombres de los gráficos, pero en caso de que se agregara otro, a este nuevo le correspondería el número de identificación 2. Esto puede complicarse luego, ya que es difícil recordar los índices. Por ejemplo, suponiendo que tenemos dos gráficos y se borra el que se agregó de primero (es decir, el que tiene número de identificación o índice 1), entonces el gráfico que antes tenía índice 2 ahora tendrá índice 1. Con el nombre no hay problemas para referirse a los gráficos porque siempre será único.

"Gráfico 16" puede que no nos diga mucho sobre lo que ese gráfico representa. Es posible que se le pueda asignar un nombre diferente mientras se está creando o puede cambiarse luego. Por ejemplo, agregue la siguiente instrucción después de la línea 14 en la subrutina 12.1 y ejecútela de nuevo.

.Chart.Parent.Name = "Rango Edades"

Al seleccionar el gráfico verá que ahora su nombre cambió, según la instrucción mostrada anteriormente.

Supongamos ahora que los datos de entrada (es decir, los que están en las columnas A y B) cambiaron y se desea repetir el análisis. Si no queremos tener dos gráficos, se puede eliminar manualmente el existente y ejecutar la subrutina 12.1 nuevamente. Otra alternativa es verificar si hay gráficos existentes y si existen, eliminarlos con código. Por ahora, vamos con un ejemplo de este caso. Imagine por un momento que se tienen dos gráficos como se muestra en la figura 12.4.

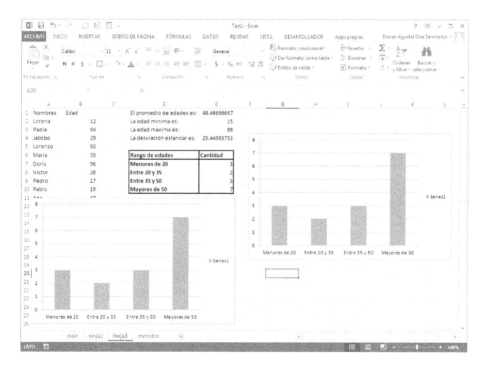

Figura 12.4. Ejemplo de entrada con dos gráficos antes de ejecutar subrutina 12.2.

Lo que queremos hacer es que no se agreguen más gráficos, sino que siempre tengamos uno. Por tanto, vamos a eliminar los existentes y luego construir uno nuevo.

Programación avanzada en VBA-Excel para principiantes.

Subrutina 12.2.

```
1   Sub EjemploGraficos2()
2   Dim rango, rango2 As Range
3   Dim n As Integer
4   n = Worksheets("Hoja3").ChartObjects.Count
5   If n <> 0 Then
6      Worksheets("Hoja3").ChartObjects.Delete
7   End If
8   With Worksheets("Hoja3")
9      Set rango = .Range("B2:B16")
10     .Range("E7").Value = WorksheetFunction.CountIf(rango, "<20")
11     .Range("E8").Value = WorksheetFunction.CountIfs(rango, ">=20", rango, "<35")
12     .Range("E9").Value = WorksheetFunction.CountIfs(rango, ">=35", rango, "<50")
13     .Range("E10").Value = WorksheetFunction.CountIf(rango, ">=50")
14     Set rango2 = .Range("D7:E10")
15  End With
16  With Worksheets("Hoja3").ChartObjects.Add _
17     (Left:=400, Width:=375, Top:=45, Height:=225)
18     .Chart.SetSourceData Source:=rango2
19     .Chart.ChartType = xlColumnClustered
20     .Chart.Parent.Name = "Rango Edades"
21  End With
22  End Sub
```

Al ejecutar esta subrutina, se eliminarán los gráficos preexistentes y se creará uno nuevo. La hoja de cálculo lucirá igual a como se mostró en la figura 12.3.

Vamos a explicar ahora cómo lo hicimos. La subrutina 12.2 se basó en la subrutina 12.1. De hecho tiene las mismas instrucciones que se usaron para crear el gráfico. La única diferencia son las instrucciones que se agregaron para evaluar la existencia de otros gráficos dentro de la hoja de cálculo y luego borrarlos si existían.

Para comprobar si había otros gráficos usamos la propiedad *Count* del objeto *ChartObjects*. Si el valor resultante es cero, entonces no se ejecutará la instrucción de la línea 6. Caso contrario, la instrucción de la línea 6 borrará todos los gráficos existentes dentro de la hoja de cálculo.

Todo lo que viene después es igual a lo explicado para la subrutina 12.1.

Otra forma de evitar crear un gráfico nuevo cada vez, es simplemente actualizar la información del gráfico. Como Ud. sabe, si los valores que están en el rango E7:E10 cambian, el gráfico automáticamente se actualizará. Aprovechando esta funcionalidad de Excel, podemos comprobar la existencia del gráfico y si es así, que no lo cree de nuevo, sino que sólo haga los cálculos.

Veamos cómo quedaría la subrutina.

Subrutina 12.3.

```
1    Sub EjemploGraficos3()
2    Dim rango, rango2 As Range
3    Dim n As Integer
4    n = Worksheets("Hoja3").ChartObjects.Count
5    With Worksheets("Hoja3")
6        Set rango = .Range("B2:B16")
7        .Range("E7").Value = WorksheetFunction.CountIf(rango, "<20")
8        .Range("E8").Value = WorksheetFunction.CountIfs(rango, ">=20", rango, "<35")
9        .Range("E9").Value = WorksheetFunction.CountIfs(rango, ">=35", rango, "<50")
10       .Range("E10").Value = WorksheetFunction.CountIf(rango, ">=50")
11       Set rango2 = .Range("D7:E10")
12   End With
13   If n = 0 Then
14       With Worksheets("Hoja3").ChartObjects.Add _
15           (Left:=400, Width:=375, Top:=45, Height:=225)
16           .Chart.SetSourceData Source:=rango2
17           .Chart.ChartType = xlColumnClustered
18           .Chart.Parent.Name = "Rango Edades"
19       End With
20   End If
21   End Sub
```

Para mostrar el funcionamiento del ejercicio, hemos cambiado los datos de entrada. Después de ejecutar la subrutina 12.3, la hoja de cálculo luce como se muestra en la figura 12.5.

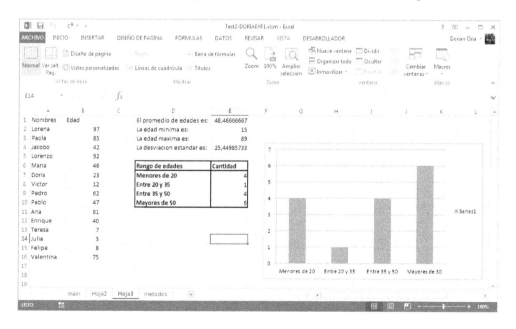

Figura 12.5. Hoja de cálculo después de haber ejecutado la subrutina 12.3.

Para probar que la subrutina está realmente haciendo lo que se desea, sugiero que borre el gráfico de la hoja de cálculo y vuelva a ejecutar la subrutina.

12.2.2 Propiedades del objeto *ChartObject*.

Vamos a ver las propiedades más importantes de este objeto. Si desea saber más, por favor consulte en las páginas web que Microsoft tiene dispuesta para esta información.

12.2.2.1 Propiedad Count.

Cuenta el número de objetos en la colección *ChartObjects*. Un ejemplo de esta propiedad lo tenemos en las subrutinas 12.2, 12.3 y 12.5.

12.2.2.2 Propiedad Height.

Representa la altura, en puntos, del objeto *CharObject*.

12.2.2.3 Propiedad Width.

Representa el ancho, en puntos, del objeto *CharObject*.

12.2.2.4 Propiedad Left.

Es la distancia, en puntos, contada desde el borde izquierdo del objeto *CharObject* hasta el borde izquierdo de la columna A (en una hoja de cálculo).

12.2.2.5 Propiedad Top.

Es la distancia, en puntos, contada desde la parte superior del objeto *CharObject* hasta la parte superior de la fila 1 (en una hoja de cálculo).

12.2.2.6 Propiedad Placement.

Esta propiedad representa la forma en como el objeto *CharObject* se fija a la hoja de cálculo. Puede tomar tres valores:

Tabla 12.1. Valores posibles para la propiedad *Placement*.

Nombre	Valor	Descripción
xlFreeFloating	3	El gráfico puede flotar libremente en la hoja de cálculo. Esto quiere decir que si, por ejemplo, se cambia el tamaño de alguna fila o columna, el tamaño del gráfico no cambia.
xlMove	2	El gráfico se mueve junto con las celdas. Por ejemplo, si se insertan filas o columnas, el gráfico se moverá de forma proporcional al desplazamiento que se ocasione.

xlMoveAndSize	1	El gráfico se mueve junto con las celdas, en el caso por ejemplo de inserción de filas o columnas y también cambia su tamaño si se cambia el tamaño de las filas o columnas que están debajo de él. Si no se especifica la propiedad *Placement*, este valor es el que se establece por defecto.

Cuando se use la propiedad *Placement*, Ud. puede hacerla igual al nombre o al valor numérico mostrado en la tabla anterior. Por ejemplo, en la subrutina 12.5, se puede cambiar el número 3 (línea 7) por *xlFreeFloating*.

12.2.2.7 Propiedad ProtectChartObject.

Si esta propiedad toma el valor *True*, el objeto *CharObject* no se puede mover, ni borrar ni cambiársele el tamaño a través de la interfaz con el usuario.

La subrutina 12.4 muestra un ejemplo de la aplicación de todas estas propiedades.

Subrutina 12.4.

```
1   Sub EjemploGraficos5()
2   With Worksheets("Hoja3").ChartObjects("Rango Edades")
3       .Height = 175
4       .Width = 325
5       .Top = 25
6       .Left = 450
7       .Placement = 3
8   End With
9   End Sub
```

Si Ud. desea probar la propiedad *ProtectChartObject*, puede agregar la siguiente instrucción después de la línea 7:

.ProtectChartObject = True

12.2.3 Métodos del objeto *ChartObjects*.

Vamos a ver los métodos más importantes de este objeto. Si desea saber más, por favor consulte en las páginas web que Microsoft tiene dispuestas para esta información.

12.2.3.1 Método Add.

Crea un nuevo gráfico. Ejemplo en las subrutinas 12.1, 12.2 y 12.3. Cuando se usa con el objeto *ChartObjects*, necesita dos parámetros obligatorios: *Left* y *Width*.

Otra forma de escribir la instrucción de las subrutinas 12.1, 12.2 y 12.3 para agregar el gráfico es:

With Worksheets("Hoja3").ChartObjects.Add(400, 45, 375, 225)

Es decir, la instrucción tiene la estructura:

With Worksheets("Hoja3").ChartObjects.Add(*Left, Top, Width, Height*)

12.2.3.2 Método Delete.

Borra el objeto *CharObject*. Lo usamos en la subrutina 12.2 (línea 6).

12.2.4 Objeto Chart ocupando una hoja.

Hasta ahora hemos creado gráficos que ubicamos dentro de una hoja de cálculo. Ahora vamos a crear gráficos que ocupen una hoja para ellos solos. En realidad el proceso es bastante similar. La diferencia radica en el contenedor del objeto. Veamos la siguiente subrutina.

Subrutina 12.5.

```
1   Sub EjemploGraficos4()
2   Dim rango, rango2 As Range
3   Dim n As Integer
4   n = Charts.Count
5   MsgBox n
6   With Worksheets("Hoja3")
7       Set rango = .Range("B2:B16")
8       .Range("E7").Value = WorksheetFunction.CountIf(rango, "<20")
9       .Range("E8").Value = WorksheetFunction.CountIfs(rango, ">=20", rango, "<35")
10      .Range("E9").Value = WorksheetFunction.CountIfs(rango, ">=35", rango, "<50")
11      .Range("E10").Value = WorksheetFunction.CountIf(rango, ">=50")
12      Set rango2 = .Range("D7:E10")
13  End With
14  If n = 0 Then
15      With Charts.Add
16          .Name = "Rango Edades"
17          .ChartType = xlColumnClustered
18          .SetSourceData Source:=rango2
19      End With
20  End If
21  End Sub
```

Al ejecutar la subrutina, nuestro libro Excel lucirá como se muestra en la figura 12.6.

Al ver la subrutina, podemos notar que su funcionalidad es prácticamente la misma. Veamos las diferencias. Ahora nos interesa contar los gráficos que ocupan hojas (*Sheets*) separadas y no los gráficos que están dentro de una hoja de cálculo como en el caso del objeto *ChartObjects*. Estos gráficos ahora están en el ámbito del objeto *Workbook* y se cuentan de forma parecida a como se cuenta los objetos *Worksheets*. En la línea 4 se cuentan los gráficos que están en el ámbito del *Workbook* activo. Por eso no se hace referencia al objeto que los contiene. Si se deseara ser más específico, se pudiera reemplazar la línea 4 por alguna de las siguientes instrucciones:

n = Workbooks("Test2-DORIAEXP1.xlsm").Charts.Count   ó
n = Activeworkbook.Charts.Count

La función **MsgBox** de la línea 5 puede ser obviada. La coloqué allí sólo para mostrar la cantidad de gráficos que tiene el libro. El resto del programa prácticamente varía sólo en el contenedor, que ya no está dentro de una hoja de cálculo sino ocupando prácticamente una hoja a nivel del libro Excel.

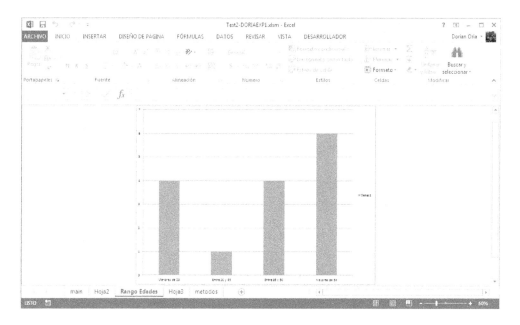

Figura 12.6. Gráfico creado con la subrutina 12.4.

12.2.5 Propiedades del objeto *Charts*.

Recuerde que cuando hablamos de *Charts* nos estamos refiriendo a gráficos que no están ubicados dentro de una hoja de cálculo. En mi práctica, no veo una propiedad más interesante que *Count*.

12.2.5.1   Propiedad Count.

Como en el caso de *ChartObjects*, también devuelve el número de gráficos dentro del objeto o colección *Charts*. Un ejemplo de esta propiedad lo tenemos en la subrutina 12.5 (línea 4).

12.2.6 Métodos del objeto *Charts*.

Como en el caso del objeto *ChartObjects*, los métodos que me parecen interesantes para este contenedor son *Add* y *Delete*, que funcionan de igual forma a lo explicado en el punto 12.2.3.1 y 12.2.3.2.

12.2.7 Propiedades del objeto *Chart*.

Ya hemos visto propiedades y métodos de los dos espacios disponibles en Excel para contener gráficos. Una vez visto los dos contenedores, vamos a trabajar ahora específicamente con el objeto *Chart* dentro del contenedor *ChartObjects*. Algunas de las propiedades de *ChartObjects* no aplican cuando el objeto *Chart* no está dentro de una hoja de cálculo.

12.2.7.1   Propiedad AutoScaling.

Si el valor de esta propiedad es *True*, ajusta la escala del gráfico 3D de forma que su tamaño quede cercano a uno equivalente en 2D. Para que esto sea posible, el valor de la propiedad *RightAngleAxes* debe ser *True*.

Para mostrar el funcionamiento de esta propiedad, cambiemos en la subrutina 12.2 el tipo de gráfico (línea 19) por un gráfico de barras verticales en 3D. La línea quedaría como se muestra a continuación:

.Chart.ChartType = xl3DColumn.

Ahora, ejecute de nuevo la subrutina. La hoja de cálculo debe lucir como se muestra en la figura 12.7.

A continuación, veamos cómo funciona la propiedad AutoScaling.

Subrutina 12.6.

```
1   Sub EjemploGraficos6()
2   With Worksheets("Hoja3").ChartObjects("Rango Edades").Chart
3       .RightAngleAxes = True
4       .AutoScaling = True
5   End With
6   End Sub
```

Al ejecutar la subrutina 12.6, hace el ajuste en el gráfico tal como se muestra en la figura 12.8.

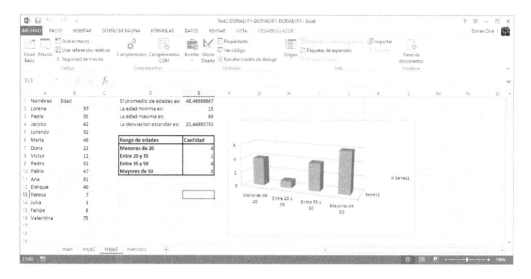

Figura 12.7. Resultado de la ejecución de la subrutina 12.2 con el cambio del tipo de gráfico (*ChartType*).

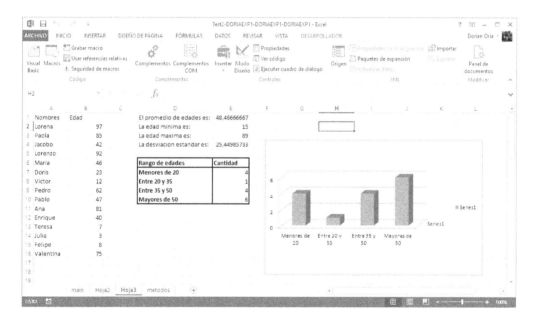

Figura 12.8. Resultado de la ejecución de la subrutina 12.6.

12.2.7.2 Propiedad BarShape.

Establece la forma usada en las barras de los gráficos 3D o en los gráficos de columnas 2D.

En la tabla siguiente se muestran los valores posibles que puede tomar (*XlBarShape Enumeration*):

Tabla 12.2. Valores posibles de la propiedad *BarShape*.

Nombre	Value	Descripción
xlBox	0	Caja (Box)
xlConeToMax	5	Cono, truncado a un valor
xlConeToPoint	4	Cono, coming to point at value.
xlCylinder	3	Clindro
xlPyramidToMax	2	Pirámide, truncada a un valor.
xlPyramidToPoint	1	Pirámide, coming to point at value.

Cuando se hace un gráfico de barras, bien sea 2D o 3D, la forma por defecto de las barras es una caja (*xlBox*).

Veamos el siguiente ejemplo, en el cual se usa una subrutina para cambiar la forma de las barras mostradas en la figura 12.8.

Subrutina 12.7.

```
1  Sub EjemploGraficos7()
2  With Worksheets("Hoja3").ChartObjects("Rango Edades").Chart
3      .BarShape = xlPyramidToPoint
4  End With
5  End Sub
```

Esta subrutina hace que las barras tomen forma de pirámide, tal como se aprecia en la figura 12.9.

12.2.7.3 Propiedad ChartArea.

Esta propiedad devuelve un objeto *ChartArea* que representa el área del gráfico de un objeto *Chart*. El gráfico (*chart*) incluye todo, además del área de ploteo. Sin embargo, el área de ploteo (objeto *PlotArea*) tiene su propio relleno (*fill*), de manera que llenar el área de ploteo no llena el área del gráfico y viceversa. Esto parece un poco enredado. Sin embargo, ya vamos a ver ejemplos de esto.

La siguiente subrutina cambia el estilo de la línea que bordea al gráfico y da color al área correspondiente al objeto *ChartArea*. Nótese como el fondo del gráfico como tal (objeto *PlotArea*) no se colorea.

Subrutina 12.8.

```
1  Sub EjemploGraficos8()
2  With Worksheets("Hoja3").ChartObjects("Rango Edades").Chart.ChartArea
3      .Border.LineStyle = xlDash
4      .Border.ColorIndex = 3
5      .Format.Fill.ForeColor.RGB = RGB(255, 255, 0)
6  End With
```

7	End Sub

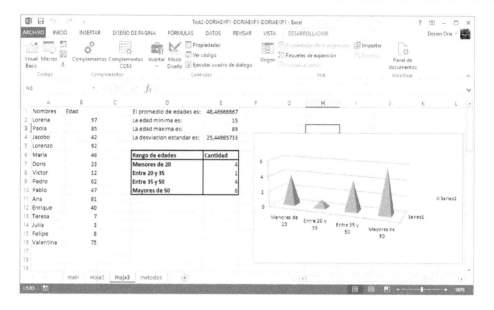

Figura 12.9. Resultado de la ejecución de la subrutina 12.7, en la que se cambia la forma de las barras del gráfico.

En la línea 2 iniciamos el bloque **With** que nos permitirá trabajar con el objeto *ChartArea* del objeto *Chart* insertado en el objeto *ChartObjects*, que está atado a la hoja de cálculo Hoja3.

En la línea 3 vamos a modificar, del objeto *Border*, su propiedad *LineStyle*. En este caso, la línea lucirá como segmentos.

En la línea 4 modificamos el color del objeto *Border*, en este caso a rojo.

En la línea 5 modificamos la propiedad *Format*, que realmente devuelve el objeto *ChartFormat*. *Fill* es una propiedad del objeto *ChartFormat*, que devuelve a su vez el objeto *FillFormat*. Una de las propiedades de este objeto es *ForeColor* que a su vez devuelve un objeto llamado *ColorFormat*. RGB finalmente es una propiedad del objeto *ColorFormat*.

El párrafo anterior puede que luzca un poco enredado, pero así es el lenguaje de programación con objetos. Una propiedad devuelve un objeto y este objeto tiene propiedades que a su vez devuelven otros objetos. Yo creo que una forma fácil de entenderlo es haciendo símil con el cuerpo humano: un cuerpo tiene brazos (objetos). Esos brazos tienen propiedades (largo, peso, sujetabilidad), métodos (subir o bajarlo, doblarlo) y a la vez tienen otros miembros (objetos) como las manos. Imaginen la propiedad sujetabillidad del brazo, esa sujetabilidad devuelve el objeto mano. Y así sucesivamente.

Al ejecutar la subrutina 12.8, produce los cambios en el gráfico de barras tal como se muestra en la figura 12.10.

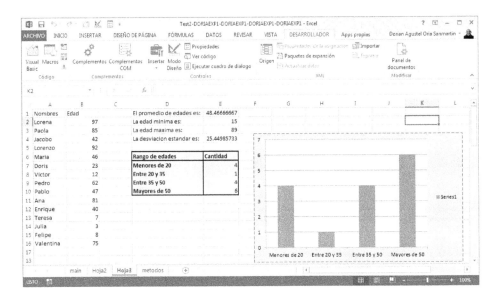

Figura 12.10. Resultado de la ejecución de a subrutina 12.8.

La siguiente subrutina cambia el color del fondo usando gradiente de colores.

Subrutina 12.9.

```
1   Sub EjemploGraficos9()
2   With Worksheets("Hoja3").ChartObjects("Rango Edades").Chart _
3       .ChartArea.Format.Fill
4       .TwoColorGradient msoGradientVertical, 1
5       .ForeColor.RGB = RGB(255, 0, 0)
6       .BackColor.RGB = RGB(255, 255, 0)
7       .GradientStops(1).Position = 0
8       .GradientStops(2).Position = 1
9       .GradientStops.Insert RGB(255, 255, 255), 0.5
10  End With
11  End Sub
```

En la línea 2 comienza el bloque **With** que utilizaremos para trabajar sobre la propiedad *Fill* (línea 3) del objeto *ChartFormat* (recuerde que este objeto es devuelto por la propiedad *Format*).

En la línea 4 usamos el método *TwoColorGradient* para indicar que queremos usar un gradiente conformado por dos colores. Luego viene el tipo de gradiente que vamos a usar, que en este caso es vertical. Los estilos posibles se muestran la tabla 12.3.

Tabla 12.3. Valores posibles para gradientes (*MsoGradientStyle*).

MsoGradientStyle
msoGradientDiagonalDown
msoGradientDiagonalUp
msoGradientFromCenter
msoGradientFromCorner
msoGradientFromTitle
msoGradientHorizontal
msoGradientMixed
msoGradientVertical

Después del estilo viene un número al que se le llama *Variant* (no confundir con el tipo de variable) y que corresponde a la forma en cómo se despliegan los colores. Para que tenga una idea de su efecto, cambie los valores hasta el 4 y vea que pasa. Adicionalmente y para que siga probando, comente la línea 9 (que ya explicaremos) y siga probando.

En la línea 5 establecemos el primer color (que en nuestro caso es el rojo) y en la línea 6 establecemos el segundo color (que en nuestro caso es amarillo).

En la línea 7 establecemos la posición hasta donde llega el color sin cambiar y a partir de allí comienza el gradiente. Este valor varía entre 0 y 1 (puede tomar valores de porcentaje, por ejemplo 0.1 sería 10%, 0.5 sería 50%, etc.). En nuestro ejemplo comienza en 0. Esto lo que quiere decir es que prácticamente desde allí comenzará el gradiente y sólo allí estará el rojo en su forma más pura.

En la línea 8 establecemos la posición desde donde comenzará el color amarillo. En nuestro caso es 1, lo que quiere decir que sólo al final se tendrá el amarillo puro. La gradación de colores comenzará en 0 y terminará en 1.

Por ejemplo, si en la línea 7 hubiésemos usado 0.3, hubiésemos querido decir que hasta el 30% de la longitud del gráfico se mantendría el rojo y a partir de allí comenzaría a gradar hacia el amarillo.

En la línea 9 agregamos un color intermedio para el proceso de gradación. En este caso, el color blanco (**RGB(255,255,255)**). El valor 0.5 corresponde al porcentaje de la longitud del gráfico en donde será insertado el color, es decir, en la mitad. Pruebe a cambiar ese valor.

Al ejecutar la subrutina 12.9, el gráfico cambia su aspecto tal como se muestra en la figura 12.11.

Programación avanzada en VBA-Excel para principiantes.

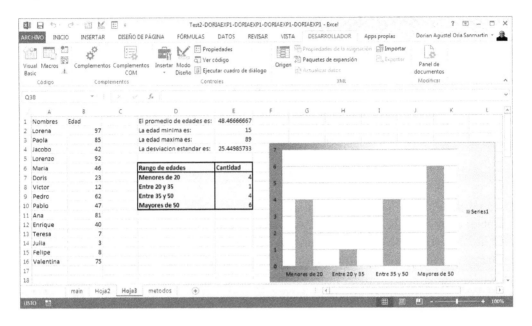

Figura 12.11. Resultado de la ejecución de la subrutina 12.9.

12.2.7.4   Propiedad ChartStyle.

Esta propiedad asigna un estilo predeterminado al objeto *Chart*, incluyendo los objetos *ChartArea* y *PlotArea*. Hay 48 estilos predefinidos.

Vamos a ver los efectos que tiene un cambio en esta propiedad sobre el gráfico que se realizó con la subrutina 12.2.

Subrutina 12.10.

```
1   Sub EjemploGrafico10()
2   With Worksheets("Hoja3").ChartObjects("Rango Edades").Chart
3       .ChartStyle = 44
4   End With
5   End Sub
```

Al ejecutar esta subrutina, modificará el estilo del gráfico como puede verse en la figura 12.12.

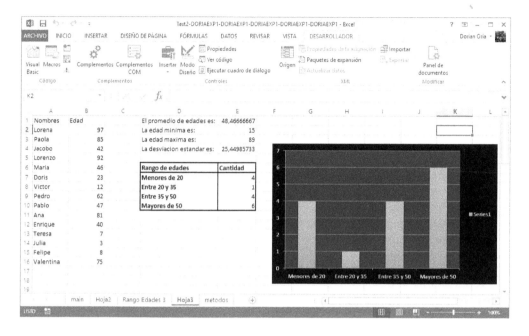

Figura 12.12. Resultado de la ejecución de la subrutina 12.10.

Cambiemos el valor de la propiedad *ChartStyle* a 46. Al hacerlo, el gráfico lucirá como se muestra en la figura 12.13.

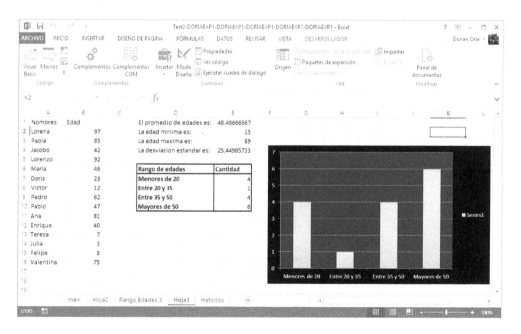

Figura 12.13. Resultado de la ejecución de la subrutina 12.10, después de haber cambiado el valor de la propiedad *ChartStyle*.

261

12.2.7.5 Propiedad ChartTitle.

Esta propiedad devuelve el objeto *ChartTitle*, el cual representa el título del gráfico. Vamos a agregar un título a nuestro gráfico y a establecer algunas propiedades diferentes a las que se establecerían por defecto.

Subrutina 12.11.

```
1   Sub EjemploGrafico11()
2   With Worksheets("Hoja3").ChartObjects("Rango Edades").Chart
3       .HasTitle = True
4       .ChartTitle.Text = "Estudio Rango Edades"
5       .ChartTitle.Font.Color = vbYellow
6       .ChartTitle.Font.FontStyle = "Bold Italic"
7       .ChartTitle.Font.Size = 12
8       .ChartTitle.Font.Name = "Times New Roman"
9       .ChartTitle.Interior.ColorIndex = 3
10  End With
11  End Sub
```

El objeto *ChartTitle* no existirá o no se podrá usar a menos que la propiedad *HasTitle* sea *True* (línea 3).

En la línea 4 asignamos el texto que contendrá el título del gráfico.

En la línea 5 asignamos el color al texto. En este caso, hemos usado uno de los 8 colores básicos predefinidos en VBA-Excel, los cuales se muestran en la tabla 12.4.

Tabla 12.4. Colores básicos y sus nombres en VBA-Excel.

Color	Constante	Valor
Negro	vbBlack	&h00
Rojo	vbRed	&hFF
Verde	vbVerde	&hFF00
Amarillo	vbYellow	&hFFFF
Azul	vbBlue	&hFF0000
Magenta	vbMagenta	&hFF00FF
Cyan	vbCyan	&hFFFF00
White	vbWhite	&hFFFFFF

Sin embargo, existen muchos más colores (de hecho existen 16.581.375 combinaciones posibles si usamos la función RGB para el color. Así, podríamos cambiar la línea 5 por:

.ChartTitle.Font.Color = RGB(255, 255, 0)

Con esa instrucción también obtendremos el amarillo y con la función RGB todos los colores posibles. Lo invitamos a probar sus propias combinaciones.

En la línea 6 hacemos que el estilo de la fuente sea negrita (*Bold*) e itálica (*Italic*), mediante la propiedad *FontStyle*. Los estilos posibles de fuente se pueden ver en la tabla 12.5.

Tabla 12.5. Estilos de fuente.

Estilo	Ejemplo
Regular	Texto regular
Bold (negrita)	**Texto en negrita.**
Italic (itálica)	*Texto en itálica.*
Underline (subrayada)	Texto subrayado

En la línea 7 establecemos el tamaño de la fuente con la propiedad *Size*.

En la línea 8 establecemos el tipo de letra a través de la propiedad *Name*.

En la línea 9 establecemos el color del fondo del título del gráfico. Aquí hemos usado la propiedad *ColorIndex*, la cual sólo tiene disponibles 56 colores. Si queremos usar más colores como en el caso de las fuentes, podemos cambiar la línea 9 por:

.ChartTitle.Interior.Color = RGB(255, 0, 0)

Fíjese que para poder usar la función **RGB** hemos tenido que usar la propiedad *Color* y no *ColorIndex*.

12.2.7.6 Propiedad ChartType.

Devuelve o establece el tipo de gráfico. Esta propiedad ya la hemos usado en nuestras subrutinas previas. En el siguiente link se pueden conseguir todos los valores que esta propiedad puede tomar, que corresponden a cada uno de los tipos de gráfico con los que cuenta Excel:

https://msdn.microsoft.com/EN-US/library/office/ff838409.aspx

12.2.7.7 Propiedad DataTable.

Esta propiedad devuelve un objeto *DataTable* que representa, en forma de tabla, los datos con los que se construyó el gráfico.

Subrutina 12.12.

```
1  Sub EjemploGrafico12()
2  With Worksheets("Hoja3").ChartObjects("Rango Edades").Chart
3     .HasDataTable = True
```

4	.DataTable.HasBorderOutline = True
5	End With
6	End Sub

En la línea 3 se agrega la tabla con los valores (objeto *DataTable*).

En la línea 4 agregamos a la tabla de datos una línea como borde para cada una de las celdas.

La figura 12.14 muestra como se ve el gráfico después de la ejecución de la subrutina 12.12.

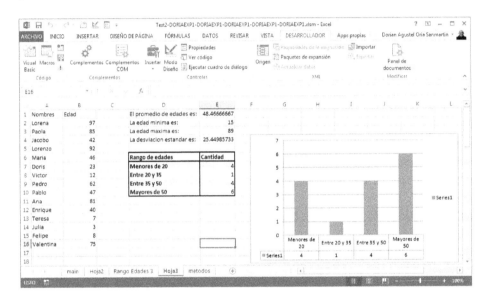

Figura 12.14. Resultado de la ejecución de la subrutina 12.12.

12.2.7.8 Propiedad Legend.

Esta propiedad devuelve el objeto *Legend* que representa la leyenda del gráfico. Excel la agrega por defecto cuando se crea el gráfico. Veamos algunas cosas que se pueden hacer con este objeto.

Subrutina 12.13.

```
1   Sub EjemploGrafico13()
2   With Worksheets("Hoja3").ChartObjects("Rango Edades").Chart
3       .HasLegend = True
4       With .Legend
5           .Font.Color = RGB(255, 255, 0)
6           .Interior.Color = RGB(255, 0, 0)
7           .Font.Name = "Arial"
8           .Font.Size = 10
```

9	.Font.FontStyle = "Italic"
10	.Position = xlLegendPositionBottom
11	End With
12	End With
13	End Sub

En la línea 3 se hace visible la leyenda.

En la línea 10 se establece la posición de la leyenda. En este caso, se ha colocado en la parte inferior del gráfico, tal como puede verse en la figura 12.15. La tabla 12.6 muestra las posibles ubicaciones que puede tener la leyenda en el gráfico.

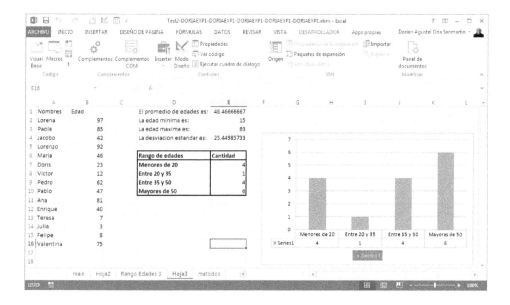

Figura 12.15. Resultado de la ejecución de la subrutina 12.13.

Tabla 12.6. Ubicaciones posibles de la leyenda en el gráfico.

Nombre	Descripción
xlLegendPositionBottom	Debajo del gráfico
xlLegendPositionCorner	En la esquina superior derecha del gráfico.
xlLegendPositionCustom	En una posición definida por el usuario.
xlLegendPositionLeft	A la izquierda del gráfico.
xlLegendPositionRight	A la derecha del gráfico.
xlLegendPositionTop	Sobre el gráfico.

El caso con el que hemos explicado esta propiedad es sencillo pues se trata sólo de un conjunto de datos y por tanto de una sola leyenda. Sin embargo, es común que en un gráfico se represente más de un conjunto de datos. Veamos un ejemplo.

En la tabla siguiente se muestra la producción de petróleo de Colombia de los años 2013 y 2014. Vamos a hacer un gráfico de barras que nos muestre como ha variado la producción mes a mes para cada año.

Tabla 12.7. Producción petrolera de Colombia en miles de barriles.

Producción petrolera de Colombia		
Mes	Año	
	2013	2014
Enero	1015	1014
Febrero	997	1002
Marzo	1012	977
Abril	1007	938
Mayo	1013	952
Junio	974	1011
Julio	1020	971
Agosto	1031	1002
Septiembre	995	996
Octubre	986	1004
Noviembre	998	1004
Diciembre	989	1009

La siguiente subrutina genera un gráfico de barras con esta información. Adicionalmente, le da formato al gráfico con algunas de las propiedades que hemos visto hasta ahora.

Subrutina 12.14.

```
1   Sub EjemploGrafico14()
2   Dim rango As Range
3   Dim n As Integer
4   n = Worksheets("PPColombia").ChartObjects.Count
5   If n <> 0 Then
6       Worksheets("PPColombia").ChartObjects.Delete
7   End If
8   With Worksheets("PPColombia")
9       Set rango = .Range("A2:C15")
10  End With
11  With Worksheets("PPColombia").ChartObjects.Add _
12      (Left:=190, Width:=375, Top:=5, Height:=225)
13      .Chart.SetSourceData Source:=rango
14      .Chart.ChartType = xlColumnClustered
15      .Chart.Parent.Name = "Produccion Petrolera Colombia"
16  End With
17  With Worksheets("PPColombia").ChartObjects("Produccion Petrolera Colombia").Chart
```

```
18    .HasTitle = True
19    With .ChartTitle
20      .Text = "Produccion Petrolera de Colombia"
21      .Font.Color = RGB(255, 255, 0)
22      .Font.FontStyle = "Bold"
23      .Font.Size = 12
24      .Font.Name = "Arial Narrow"
25      .Interior.Color = RGB(0, 153, 153)
26    End With
27    .HasLegend = True
28    With .Legend
29      .LegendEntries(1).Font.Bold = True
30      .LegendEntries(1).Font.Size = 10
31      .LegendEntries(1).Font.Name = "Arial Narrow"
32      .LegendEntries(2).Font.Italic = True
33      .LegendEntries(2).Font.Size = 14
34      .LegendEntries(2).Font.Name = "Arial Narrow"
35      .Position = xlLegendPositionBottom
36      .Interior.Color = RGB(0, 200, 153)
37    End With
38  End With
39  End Sub
```

En esta subrutina vamos a comentar las líneas que están entre la 29 y la 34. El objeto *Legend* contiene uno o más objetos *LegendEntry*. Cada objeto *LegendEntry* contiene a su vez un objeto *LegendKey* (esto lo veremos más adelante en otro ejemplo). En los primeros gráficos que hicimos, también estaba presente este objeto (*LegendEntry*), sólo que en aquellos casos, como se trataba de un solo conjunto de datos, los objetos *LegendEntry* y *Legend* eran como uno sólo. Como se vio en la subrutina 12.13, el formato que se dio a la leyenda hubiese afectado a todos los objetos *LegendEntry* que se hubiesen encontrado.

En este ejemplo quiero mostrar cómo cada serie de datos y su leyenda respectiva pueden ser tratados por separado, aunque esto sólo se puede hacer prácticamente con las fuentes (en este ejemplo). Entre las líneas 29 y 31 se da formato a las fuentes de la serie 1 y entre las líneas 32 y 34 se da formato a las fuentes de la serie 2. Las leyendas de cada serie no pueden estar separadas, por lo que en este caso los cambios en el color del interior (fondo) y su posición se hacen a nivel del objeto *Legend* (líneas 35 y 36).

Al ejecutar la subrutina 12.14, se obtiene un gráfico como el que se muestra en la figura 12.16.

Programación avanzada en VBA-Excel para principiantes.

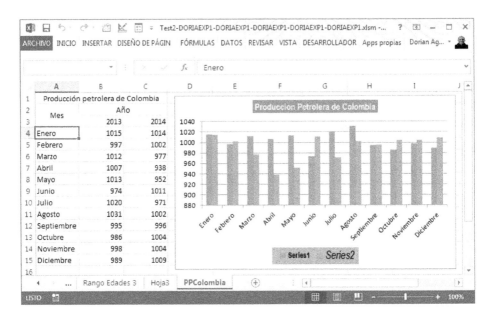

Figura 12.16. Resultado de la ejecución de la subrutina 12.14.

En el siguiente ejemplo vamos a ver la utilidad del objeto *LegendKey*. Este objeto vincula visualmente una entrada de una leyenda (*LegendEntry*) con su serie de datos asociada en el gráfico (*Chart*). Esto quiere decir que si se cambia el formato de la entrada en la leyenda, ocasiona un cambio en el formato de la serie representada en el gráfico. En nuestro ejemplo, vamos a graficar nuevamente los datos de la tabla 12.7, pero esta vez usando un gráfico de línea.

Subrutina 12.15.

```
1   Sub EjemploGrafico15()
2   Dim rango As Range
3   Dim n As Integer
4   n = Worksheets("PPColombia").ChartObjects.Count
5   If n <> 0 Then
6       Worksheets("PPColombia").ChartObjects.Delete
7   End If
8   With Worksheets("PPColombia")
9       Set rango = .Range("A4:C15")
10  End With
11  With Worksheets("PPColombia").ChartObjects.Add _
12      (Left:=190, Width:=375, Top:=5, Height:=225)
13      .Chart.SetSourceData Source:=rango
14      .Chart.ChartType = xlLineMarkers
15      .Chart.Parent.Name = "Produccion Petrolera Colombia"
16  End With
17  With Worksheets("PPColombia").ChartObjects("Produccion Petrolera Colombia").Chart
```

268

```
18    .HasTitle = True
19    With .ChartTitle
20      .Text = "Produccion Petrolera de Colombia"
21      .Font.Color = RGB(255, 255, 0)
22      .Font.FontStyle = "Bold"
23      .Font.Size = 12
24      .Font.Name = "Arial Narrow"
25      .Interior.Color = RGB(0, 153, 153)
26    End With
27    .HasLegend = True
28    With .Legend
29      .LegendEntries(1).Font.Bold = True
30      .LegendEntries(1).Font.Size = 10
31      .LegendEntries(1).Font.Name = "Arial Narrow"
32      .LegendEntries(1).LegendKey.MarkerStyle = xlMarkerStyleCircle
33      .LegendEntries(1).LegendKey.MarkerSize = 5
34      .LegendEntries(1).LegendKey.MarkerBackgroundColor = RGB(255, 255, 0)
35      .LegendEntries(1).LegendKey.MarkerForegroundColor = RGB(255, 0, 0)
36      .LegendEntries(2).Font.Italic = True
37      .LegendEntries(2).Font.Size = 14
38      .LegendEntries(2).Font.Name = "Arial Narrow"
39      .LegendEntries(2).LegendKey.MarkerStyle = xlMarkerStyleSquare
40      .LegendEntries(2).LegendKey.MarkerSize = 5
41      .LegendEntries(2).LegendKey.MarkerBackgroundColor = RGB(255, 0, 0)
42      .LegendEntries(2).LegendKey.MarkerForegroundColor = RGB(255, 255, 0)
43      .Position = xlLegendPositionBottom
44      .Interior.Color = RGB(0, 200, 153)
45    End With
46   End With
47   End Sub
```

Los gráficos de línea pueden ser simplemente una línea uniendo puntos (tipo de gráfico *xlLine*) o pueden incluir marcadores en cada punto. En nuestro ejemplo, vamos a usar un gráfico de línea con marcadores (*xlLineMarkers*), es decir, que en cada valor vamos a colocar un símbolo.

Para el caso de la leyenda de la serie 1, en la línea 32 establecimos que los puntos serán círculos (*xlMarkerStyleCircle*), mediante el uso de la propiedad *MarkerStyle*. En la figura 12.17 se muestra el Examinador de objetos en el cual pueden verse los marcadores disponibles.

En la línea 33 se establece el tamaño del marcador.

En la línea 34 se establece el color de fondo del marcador y el del borde se establece en la línea 35. Entre las líneas 39 y 42 se hace lo mismo para la leyenda de la serie 2.

Más propiedades del objeto *LegendKey* pueden encontrarse en el Examinar de objetos de VBA-Excel, tal como se muestra en la figura 12.18.

La figura 12.19 muestra el gráfico resultante de la ejecución de la subrutina 12.15.

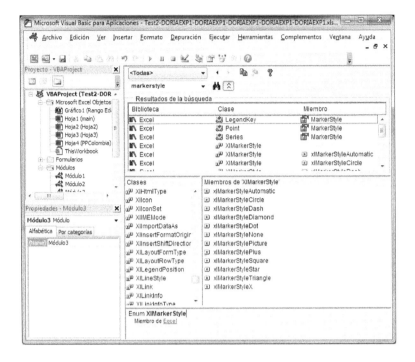

Figura 12.17. Examinador de objetos mostrando los valores posibles de la propiedad *MarkerStyle*.

12.2.7.9   Propiedad PlotArea.

Esta propiedad devuelve el objeto del mismo nombre y representa el área dentro del gráfico donde están las series de datos graficadas (*PlotArea*). En el caso de gráficos 2D, *PlotArea* contiene los marcadores de los datos (vistos en el punto anterior), las líneas de la malla (grid), etiquetas de los datos, series de datos y otros ítems opcionales colocados dentro del área del gráfico. En el caso de los gráficos 3D, *PlotArea* contiene todos los ítems mencionados anteriormente para los gráficos 2D más las paredes, piso, ejes, títulos de los ejes y etiquetas de las *tick-marks*.

PlotArea está rodeada por el área del gráfico (*ChartArea*). A diferencia de *PlotArea* para el caso de los gráficos 3D, para gráficos 2D y 3D, *ChartArea* contiene el título del gráfico y la leyenda. En el caso de los gráficos 2D, *ChartArea* contiene los ejes y sus títulos.

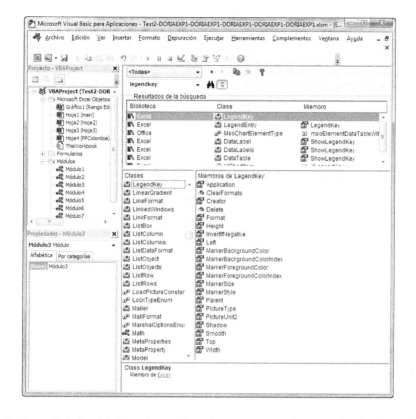

Figura 12.18. Propiedades del objeto *LegendKey*, tal como se ve en el Examinador de objetos de VBA-Excel.

Subrutina 12.16.

1	Sub EjemploGrafico16()
2	With Worksheets("PPColombia").ChartObjects("Produccion Petrolera Colombia").Chart
3	.PlotArea.Border.LineStyle = xlDash
4	.PlotArea.Height = 150
5	.PlotArea.Width = 350
6	End With
7	End Sub

En la línea 3 se establece que la línea del borde del área del gráfico es segmentada (*xlDash*). El ancho y largo del área donde está realmente el gráfico se establece en las líneas 4 y 5.

Al ejecutar la subrutina 12.16 se genera el gráfico que se muestra en la figura 12.20.

Programación avanzada en VBA-Excel para principiantes.

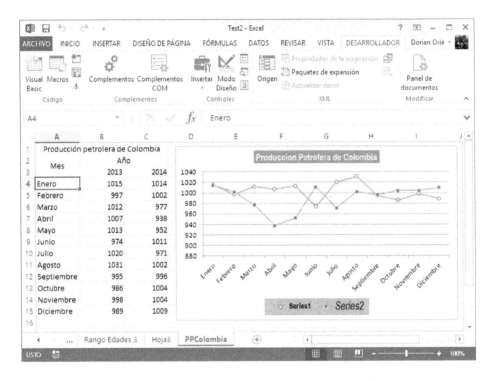

Figura 12.19. Resultado de la ejecución de la subrutina 12.15.

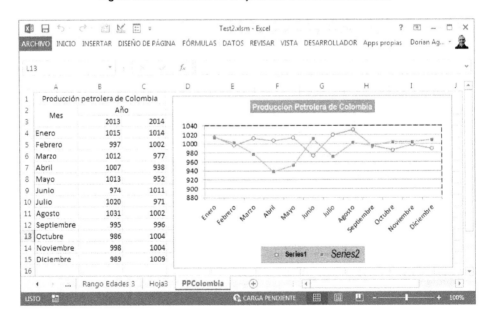

Figura 12.20. Resultado de la ejecución de la subrutina 12.16.

12.2.7.10 Propiedad PlotBy.

La información puede venir organizada en columnas o filas. En los ejemplos anteriores, hemos trabajado con información organizada por columnas. Ahora bien, Excel y VBA por defecto asumen que los datos vienen organizados por columnas. Para poder controlar si queremos graficar por columnas o por filas, usamos la propiedad *PlotBy*. Imagine que queremos graficar la información de producción de petróleo de Colombia, pero esta vez viene organizada por filas, tal como puede verse en la figura 12.21.

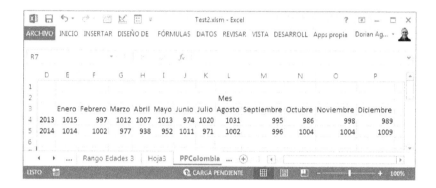

Figura 12.21. Producción de petróleo de Colombia organizada por filas.

En caso de que viniese organizada de esta forma y si se desea obtener un gráfico parecido al de la figura 12.19, es necesario agregar durante la creación del gráfico la instrucción:

.Chart.PlotBy = xlRows

Esta instrucción se puede agregar después de la línea 15 en la subrutina 12.15.

Adicionalmente, se debe cambiar el rango de datos. Para ello, reemplace la línea 9 por:
Set rango = .Range("D3:P5")

Y se cambian las coordenadas *Left* y *Top* por 10 y 90 respectivamente.

Al ejecutar de nuevo la subrutina, el gráfico quedará igual, pero en una posición diferente, tal como se muestra en la figura 12.22 (para hacer la captura de la imagen, se ocultaron las columnas A, B y C).

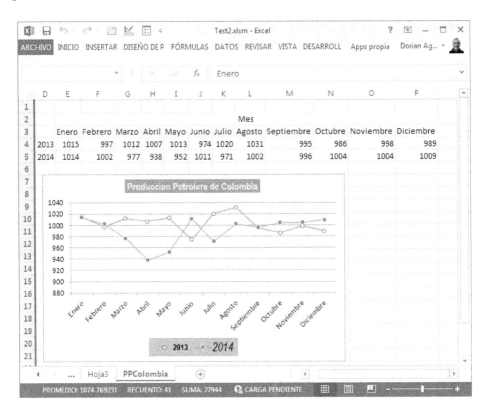

Figura 12.22. Resultado de la ejecución de la subrutina 12.15 con los cambios hechos en el rango de datos, coordenadas y forma de graficación (*PlotBy*).

Si deseara trabajar con el rango de datos A4:C15 y dejo *PlotBy = xlRows*, entonces el gráfico se vería como se muestra en la figura 12.23.

12.2.7.11 Propiedad Rotation.

Devuelve o establece la rotación de un gráfico 3D. Esta rotación es realmente en el objeto *PlotArea* alrededor del eje Z y se mide en grados. Este valor puede variar entre 0 y 360 grados.

Para mostrar cómo funciona esta propiedad, hagamos primero el gráfico. Para ello, vamos a usar la subrutina 12.2, pero vamos a cambiar el tipo de gráfico por xl3DColumn. Esto se hace reemplazando la línea 19 por:

.Chart.ChartType = xl3DColumn

Ahora vamos a programar un botón para que cambie la rotación del gráfico. Para esto, en la Hoja3, insertemos un control de número (*SpinButton*). Esto se hace desde la pestaña

DESARROLLADOR. Presione el botón "Insertar" y esto hará que aparezca la ventana que se muestra en la figura 12.24. Ahora se selecciona el botón encerrado en el cuadrado.

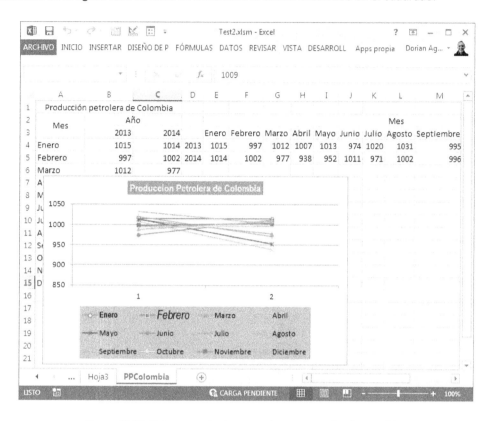

Figura 12.23. Datos organizados por columnas y graficados por filas.

Figura 12.24. Controles de Formulario y Controles Activex.

Una vez insertado el control y colocado en la posición de interés, se modifica la orientación (*Orientation*) del botón y hacemos que sea horizontal. Luego se hace click encima de él con el botón derecho del ratón para que aparezca el menú que se muestra en la figura 12.25.

Programación avanzada en VBA-Excel para principiantes.

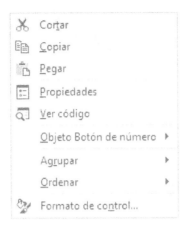

Figura 12.25. Menú de opciones para controles Activex.

En esta ventana escogemos "Propiedades" y esto hará que aparezca la ventana que se muestra en la figura 12.26.

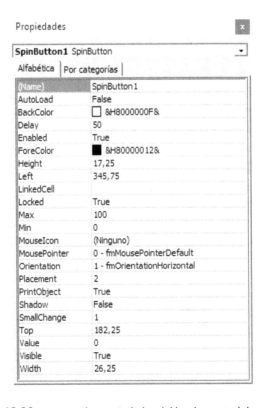

Figura 12.26. Ventana de propiedades del botón control de número.

Ahora vamos a cambiar algunas propiedades. Como estamos trabajando con un gráfico de barras, ya sabemos que el valor mínimo que puede tomar la rotación es 0 y el máximo 360. Así que editemos eso valores en la ventana de propiedades. Por defecto, los cambios en el número serán de uno en uno. Si esto se quiere cambiar, se puede editar la propiedad *SmallChange*.

La figura 12.27 muestra la ventana propiedades con los valores modificados. Una vez hecho esto, hacemos doble-click en el botón y aparecerá una ventana de código esperando que introduzcamos las instrucciones que queremos que se ejecuten cada vez que haya un cambio en el control de número. La subrutina 12.17 muestra el código del botón.

Figura 12.27. Ventana de propiedades del botón control de número con varias propiedades modificadas.

Subrutina 12.17.

```
1  Private Sub SpinButton1_Change()
2  With Worksheets("Hoja3")
3    .ChartObjects("Rango Edades").Chart.Rotation = SpinButton1.Value
4    .Range("E13").Value = SpinButton1.Value
5  End With
6  End Sub
```

En la línea 3 damos valor a la rotación.

Antes de ejecutar la subrutina, debe cerciorarse de que el botón Modo Diseño (que está al lado de "Insertar" en la pestaña DESARROLADOR) esté desactivado. Una vez verificado esto, ya puede comenzar a jugar con su botón recién creado.

La figura 12.28 muestra un momento en el cual se ha rotado el gráfico 30 grados.

12.2.8 Métodos del objeto *Chart*.

Ya hemos visto varias de las propiedades más importantes que necesitamos para poder trabajar con el objeto *Chart*. Es importante dejar claro que las propiedades explicadas anteriormente no son todas. Hay muchas más.

Al igual que con las propiedades, vamos a ver ahora algunos de los métodos más importantes que es conveniente dominar para hacer nuestros gráficos. No los veremos todos. Sin embargo, estoy seguro que Ud. entenderá tan bien los métodos que se explicarán aquí, que luego será capaz por su propia cuenta de ampliar el conocimiento sobre ellos. Internet está llena de ejemplos con explicaciones.

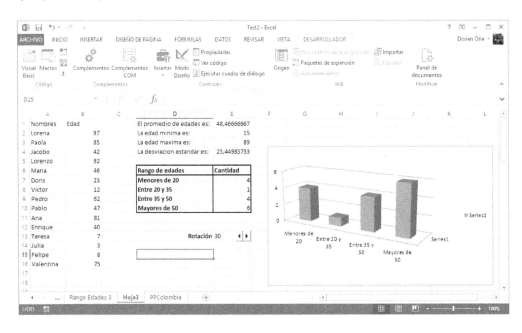

Figura 12.28. Muestra de la rotación de un gráfico de barras 3D.

12.2.8.1 Método Axes.

Devuelve un objeto que representa, bien sea un eje en un gráfico (*Axis*), o una colección de todos los ejes de un gráfico (*Axes*).

Vamos a trabajar con la subrutina 12.2 para crear un gráfico de la producción petrolera de Colombia en 3D. Después de modificar la subrutina, esta quedará como se muestra a continuación:

Subrutina 12.18.

```
1   Sub EjemploGrafico16()
2   Dim rango, rango2 As Range
3   Dim n As Integer
4   n = Worksheets("PPColombia").ChartObjects.Count
5   If n <> 0 Then
6       Worksheets("PPColombia").ChartObjects.Delete
7   End If
8   With Worksheets("PPColombia")
9       Set rango = .Range("A4:C15")
10  End With
11  With Worksheets("PPColombia").ChartObjects.Add _
12      (Left:=200, Width:=375, Top:=5, Height:=225)
13      With .Chart
14          .SetSourceData Source:=rango
15          .ChartType = xl3DColumn
16          .Parent.Name = "PPColombia"
17          .Rotation = 45
18          With .Axes(xlCategory)
19              .HasTitle = True
20              .AxisTitle.Text = "Mes"
21          End With
22          With .Axes(xlValue)
23              .HasTitle = True
24              .AxisTitle.Text = "Barriles x 1000"
25          End With
26          With .Axes(xlSeriesAxis)
27              .HasTitle = True
28              .AxisTitle.Text = "Años"
29          End With
30      End With
31  End With
32  End Sub
```

En esta subrutina hemos usado varias de las propiedades explicadas anteriormente. Lo nuevo en ella es el uso del método *Axes*.

Entre las líneas 18 y 21 se agrega título al eje X del gráfico, que en nuestro caso corresponde a cada uno de los meses.

Entre las líneas 22 y 25 se agrega título al eje Z del gráfico, que en nuestro caso corresponde a la producción de petróleo en miles de barriles.

Finalmente, entre las líneas 26 y 29 se agrega título al eje Y del gráfico, que muestra los años que se están graficando (Series1 y Series2).

Al ejecutar esta subrutina, se crea el gráfico que se muestra en la figura 12.29.

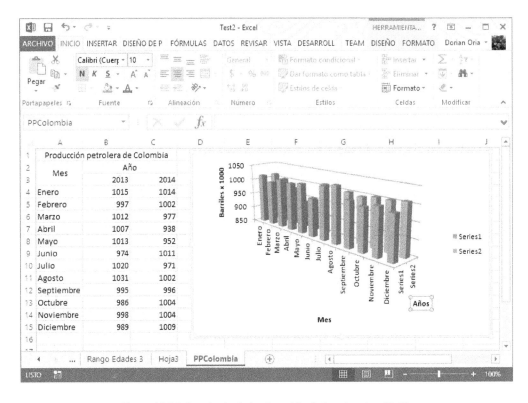

Figura 12.29. Resultado de la ejecución de la subrutina 12.18.

Ahora, veamos otro ejemplo en el cual vamos a poder modificar otros atributos que dependen de la colección de objetos *Axes*.

Subrutina 12.19.

```
1  Sub EjemploGrafico17()
2  With Worksheets("PPColombia").ChartObjects("PPColombia").Chart
3     With .Axes(xlCategory)
4        .HasMajorGridlines = True
```

5	.MajorGridlines.Border.Color = RGB(255, 255, 0)
6	.MajorGridlines.Border.LineStyle = xlDot
7	.HasMinorGridlines = True
8	.MinorGridlines.Border.Color = RGB(34, 100, 35)
9	With .Border
10	.LineStyle = xlDash
11	.Weight = xlThick
12	.Color = RGB(200, 24, 34)
13	End With
14	End With
15	With .Axes(xlValue)
16	.HasMajorGridlines = True
17	.MajorGridlines.Border.Color = RGB(255, 0, 0)
18	.MajorGridlines.Border.LineStyle = xlDot
19	.HasMinorGridlines = True
20	.MinorGridlines.Border.Color = RGB(34, 100, 35)
21	.MinimumScale = 900
22	.MaximumScale = 1050
23	With .Border
24	.LineStyle = xlDashDot
25	.Weight = xlMedium
26	.Color = RGB(150, 150, 34)
27	End With
28	End With
29	End With
30	End Sub

En esta subrutina se han cambiado algunas de las propiedades del gráfico mostrado en la figura 12.29. Sólo se trabajó en los ejes X y Z.

Entre las líneas 3 y 14 se modificaron propiedades del eje X. Con la instrucción de la línea 4 se permite la visualización de las líneas principales de la cuadrícula (*grid*). En la línea 5 se les cambia el color y en la línea 6 el estilo de la línea.

Con la instrucción de la línea 7 se permite la visualización de las líneas secundarias de la cuadrícula y en la línea 8 se les asigna un color.

En la línea 10 se ha cambiado el estilo de la línea que define al eje X. En la línea 11 se ha cambiado su grosor y en la línea 12 se ha cambiado su color. Más allá de que esto se vea bien o no estéticamente, el punto es mostrar cómo funcionan las diferentes propiedades de la colección de objetos *Axes*.

Entre las líneas 15 y 28 se modificaron las propiedades del eje Z. Aquí aplica la misma explicación que se dio para el eje X, con la excepción de los cambios que se hicieron en la escala. Los valores mínimo y máximo de la escala se cambiaron en las líneas 21 y 22 respectivamente.

Al ejecutar la subrutina, el gráfico resultante luce como se muestra en la figura 12.30 (el gráfico lo agrandé respecto al original para mostrar mejor los cambios realizados).

Una forma quizás más práctica y elegante de establecer los valores mínimo y máximo de la escala en el eje Z pudiera ser utilizando las funciones que permiten determinar los valores mínimo y máximo de un rango de datos. Así, podríamos cambiar las líneas 21 y 22 por las siguientes:

```
.MinimumScale = WorksheetFunction.Min(rango)
.MaximumScale = WorksheetFunction.Max(rango)
```

Adicionalmente se deben agregar las siguientes líneas al principio de la subrutina:

```
Dim rango As Range
Set rango = Worksheets("PPColombia").Range("B4:C15")
```

Con estos cambios, ahora el gráfico lucirá como se muestra en la figura 12.31.

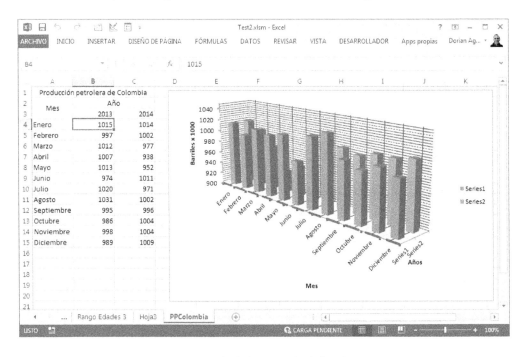

Figura 12.30. Resultado de la ejecución de la subrutina 12.19.

12.2.8.2 Método ChartWizard.

Modifica las propiedades de un gráfico (*chart*). Este método se puede usar para dar un formato rápido a un gráfico sin necesidad de dar formato a cada propiedad individualmente.

Vamos a hacer un gráfico parecido al hecho con la subrutina 12.2, utilizando el método *ChartWizard*.

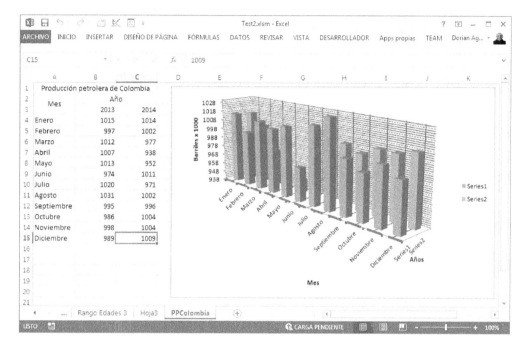

Figura 12.31. Resultado de la ejecución de la subrutina 12.19 con los cambios propuestos para establecer escala del eje Z.

Subrutina 12.20.

```
1   Sub EjemploGrafico18()
2   Dim rango As Range
3   Dim n As Integer
4   n = Worksheets("Hoja3").ChartObjects.Count
5   If n <> 0 Then
6      Worksheets("Hoja3").ChartObjects.Delete
7   End If
8   Set rango = Worksheets("Hoja3").Range("D6:E10")
9   With Worksheets("Hoja3").ChartObjects.Add _
10     (Left:=400, Width:=375, Top:=5, Height:=225)
11     .Chart.ChartWizard _
12       Source:=rango, _
13       Gallery:=xl3DColumn, _
14       Format:=1, _
15       PlotBy:=xlColumns, _
16       CategoryLabels:=1, _
17       SeriesLabels:=1, _
18       HasLegend:=True, _
19       Title:="Rango Edades", _
```

20	CategoryTitle:="Rangos", _
21	ValueTitle:="# Muestras"
22	.Chart.Parent.Name = "Rango Edades"
23	End With
24	End Sub

Esta subrutina tiene código que ya se ha explicado antes. Vamos a explicar lo nuevo, que es el hecho de establecer propiedades con el método *ChartWizard*.

A partir de la línea 11 y hasta la línea 21 se han establecido todas las propiedades que se pueden establecer con el método *ChartWizard*, excepto *ExtraTitle*, la cual se utiliza para agregar el título de las series en el caso de gráficos 3D o un segundo eje Y para el caso de gráficos 2D. Viene siendo el equivalente a lo que establece la propiedad *.AxisTitle.Text* del objeto *.Axes(xlSeriesAxis)* (líneas 26 y 28 de la subrutina 12.18). El establecimiento de todos estos parámetros es opcional. Se pudo simplemente haber usado el método *ChartWizard* sin parámetros y VBA-Excel hubiese asignado valores por defecto.

Un parámetro que vale la pena comentar es *Format* (línea 14). Este valor puede variar entre 1 y 10 (dependiendo del tipo de gráfico) y ya están predefinidos (autoformatos). Haga sus propios experimentos cambiando el valor de este parámetro.

Al ejecutar la subrutina 12.20 se genera el gráfico que se muestra en la figura 12.32.

12.2.8.3 Método Export.

Exporta el gráfico en formato gráfico (GIF, JPEG, BMP).

Subrutina 12.21.

1	Sub EjemploGrafico19()
2	With Worksheets("PPColombia").ChartObjects("PPColombia").Chart
3	.Export _
4	Filename:="C:\Users\dorian\OneDrive\Documentos\PPColombia.jpg", _
5	FilterName:="JPG"
6	End With
7	End Sub

En esta forma de hacer la exportación, se ha provisto al método *Export* con el nombre y dirección completa donde se desea ubicar el archivo de salida (*FileName*) y con el formato gráfico (*FilterName*).

La figura 12.33 muestra el archivo gráfico en formato *jpg* abierto con el programa *Paint* de Microsoft™.

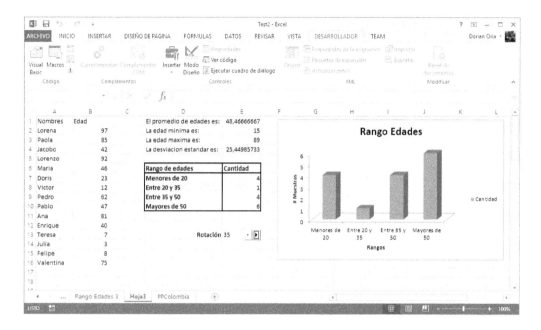

Figura 12.32. Resultado de la ejecución de la subrutina 12.20.

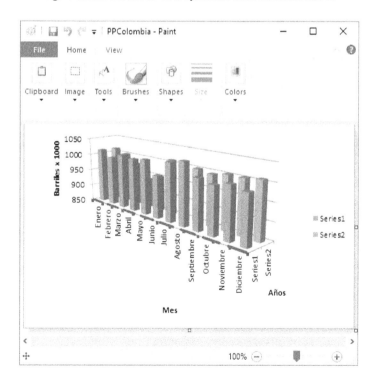

Figura 12.33. Archivo resultante de la ejecución de la subrutina 12.21, abierto con el programa *Paint* de Microsoft™.

12.2.8.4   Método SeriesCollection.

Devuelve un objeto que representa una serie simple (objeto *Series*) o una colección de todas las series en un gráfico o un grupo de gráficos (*charts*).

Veamos algunos ejemplos. Vamos a trabajar con el gráfico de la información de producción petrolera de Colombia que hicimos con la subrutina 12.18. Se hizo un pequeño cambio en la subrutina para que el gráfico fuese un poco más grande.

Subrutina 12.22.

```
1   Sub EjemploGrafico20()
2   Dim series2 As Series
3   Dim puntos2 As Points
4   Dim punto2 As Point
5   Dim j As Integer
6   j = 0
7   With Worksheets("PPColombia").ChartObjects("PPColombia").Chart
8       With .SeriesCollection(1)
9           .BarShape = xlCylinder
10          .HasDataLabels = True
11          .ApplyDataLabels Type:=xlValue
12          .Name = Worksheets("PPColombia").Range("B3")
13      End With
14      Set series2 = .SeriesCollection(2)
15      Set puntos2 = series2.Points
16      With series2
17          .BarShape = xlBox
18          .Border.LineStyle = xlDot
19          .Border.Weight = xlThin
20          .Border.Color = RGB(255, 0, 0)
21          .HasDataLabels = True
22          .ApplyDataLabels Type:=xlValue
23          For Each punto2 In puntos2
24              j = j + 1
25              If Int(j / 2) = j / 2 Then
26                  .Points(j).DataLabel.Top = xlLabelPositionBestFit
27              End If
28          Next punto2
29          .HasLeaderLines = True
30          .LeaderLines.Border.Color = RGB(2, 255, 89)
31          .Interior.Color = RGB(200, 230, 20)
32          .Name = Worksheets("PPColombia").Range("C3")
33      End With
34  End With
35  End Sub
```

En la línea 2 se declara la variable series2 como una variable del tipo *Series*. Fíjese que interesante que, además de ser un objeto, también representa un tipo de variable. Más adelante veremos la necesidad de haber declarado este tipo de variable.

En la línea 3 se declara la variable puntos2 como una variable tipo *Points*. En este caso, también estamos declarando otra variable como un tipo que también es un objeto. *Points* es una colección de objetos *Point*. En la línea 4 se declara una variable como este tipo.

En la línea 5 se declaró una variable tipo entera, que más adelante la vamos a usar para que nos sirva de contador de puntos de una de las series de datos.

En la línea 6 garantizamos que antes del trabajo con las series de datos, el valor de la variable "j" siempre comience en cero.

A partir de la línea 7 comienza una estructura With que nos permitirá trabajar con el objeto *Chart* del gráfico.

El objeto *Chart* está conformado también por las series de datos (objeto *SeriesCollection*), las cuales son objetos que también tienen propiedades y métodos.

Nos podemos referir a las series de datos según el orden en que los datos son introducidos en el gráfico. En nuestro caso, la primera serie de datos, es decir, el objeto *SeriesCollection(1)*, será el conformado por los datos de la columna "B". Entre las líneas 8 y 13 se da formato a esta serie de datos. En este caso, como se ha hecho un gráfico 3D, se puede seleccionar la forma que tendrá la barra de esa serie (*BarShape*), según la instrucción de la línea 9. Las formas disponibles pueden encontrarse en el Examinador de objetos, tal como se muestra en la figura 12.34.

En la línea 10 se hacen visibles las etiquetas (*labels*) de cada una de las muestras involucradas en el gráfico. Estas etiquetas son los valores de producción para cada mes, tal como se establece en la línea 11 (*xlValue*).

Hasta ahora, en todos los gráficos que se han hecho, a cada una de las series de datos Excel las ha llamado series1, series2, etc. A menos que se indique lo contrario, Excel hace esto automáticamente. Ahora finalmente podremos ponerle el nombre que deseemos, que esté acorde por supuesto con el tipo de dato que se represente. En nuestro caso, cada serie de datos representa la producción mensual de petróleo por año. Tenemos dos series, una para 2013 (*SeriesCollection(1)*) y otra para 2014 (*SeriesCollection(2)*). En la línea 12 asignamos nombre a la serie 1, que representa los datos de producción del año 2013.

En la línea 14 hacemos que la variable series2 sea igual al objeto *SeriesCollection(2)*. Cuando se usa la instrucción **Set**, es como si se estuviese usando un apodo para no tener que escribir .*SeriesCollection(2)*. Luego, en la línea 15, asignamos a la variable puntos2 la colección de puntos (*Points*) que conforma al objeto *SeriesCollection(2)*.

Ahora vamos a darle formato a la segunda serie de datos (*SeriesCollection(2)*) que corresponde a la producción petrolera del año 2014. Esto se hará entre las líneas 16 y 33.

En la línea 17 asignamos la forma de caja a las barras.

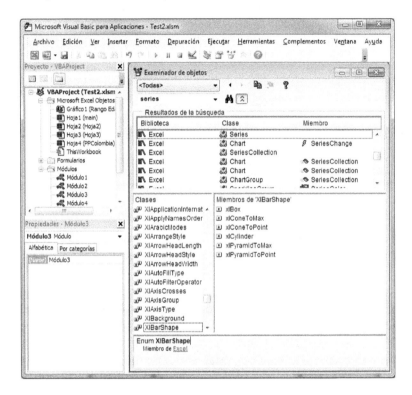

Figura 12.34. Examinador de objetos mostrando los valores posibles de la propiedad *BarShape* del objeto *Series*, el cual pertenece a la colección de objetos *SeriesCollection*.

Desde la línea 18 hasta la 20 se le da formato a los bordes de cada uno de los puntos (en este caso barras) del gráfico.

En las líneas 21 y 22 se hacen visibles los valores de producción petrolera para cada barra del gráfico (*Point*).

Entre las líneas 23 y 28 se establece la posición más óptima para algunas de las etiquetas de valores de las barras del gráfico.

En la línea 23 comienza un ciclo **For** que permite recorrer punto a punto (objeto *Point*) la colección de puntos que se encuentran en el objeto *Points* (que asignamos a la variable puntos2).

En la línea 24 incrementamos el valor de la variable "j" en 1, cada vez que se lee un punto de la colección. Esto se hizo con la idea de que posteriormente solo se aplique la ubicación más óptima (*xlLabelPositionBestFit*) a aquellas etiquetas pertenecientes a puntos de ubicación par dentro de la serie. De allí la condición **If** de la línea 25.

En las líneas 29 y 30 se hacen visibles líneas que conectan cada una de las barras con sus etiquetas. Como verá más adelante en el gráfico, solamente se ven las líneas que conectan con las etiquetas que se posicionaron con la condición de la línea 26 (*xlLabelPositionBestFit*), porque son las que están más lejos de cada una de las barras. Si Ud. manualmente mueve las otras barras que no se desplazaron, verá que aparece la línea.

En la tabla 12.8 se muestran otros valores posibles para la ubicación de las etiquetas.

Tabla 12.8. Ubicaciones posibles de las etiquetas (*DataLabels*).

Valor	Descripción
xlLabelPositionCenter	La etiqueta está centrada en el punto o dentro de la barra o torta (gráfico *pie*).
xlLabelPositionAbove	La etiqueta está sobre el punto.
xlLabelPositionBelow	La etiqueta está debajo del punto.
xlLabelPositionLeft	La etiqueta está en la base de la barra o torta.
xlLabelPositionRight	La etiqueta está posicionada en el tope de la barra o torta.
xlLabelPositionOutsideEnd	La etiqueta está posicionada en el tope de la barra o torta.
xlLabelPositionInsideEnd	La etiqueta está ubicada arbitrariamente.
xlLabelPositionInsideBase	La etiqueta está ubicada arbitrariamente.
xlLabelPositionBestFit	Excel controla la posición de la etiqueta.
xlLabelPositionMixed	La etiqueta está en la base de la barra o torta.
xlLabelPositionCustom	La etiqueta está centrada en el punto o dentro de la barra o torta (gráfico *pie*).

En la línea 31 se le da color a las barras y en la línea 32 se les asigna nombre.

Al ejecutar la subrutina 12.22 se genera el gráfico que se muestra en la figura 12.35. Fíjese que ahora en la leyenda se pueden ver los nombres de las series que hemos asignado.

Veamos ahora otro ejemplo, basado en los mismos datos de producción petrolera, pero esta vez graficados como líneas 2D. Para ello, cambie en la subrutina 12.18, línea 15, el tipo de gráfico a xlLine y comente (recuerde, con el carácter ') las líneas desde la 26 hasta la 29 (ambas inclusive). Es necesario comentar esas líneas porque sólo aplican para gráficos 3D.

Una vez hechos estos cambios, al ejecutar la subrutina se genera el gráfico que se muestra en la figura 12.36.

Ahora vamos a realizar algunos cambios en el gráfico, algunos de ellos parecidos a los que hicimos con el gráfico anterior. La novedad aquí es que, al tratarse de gráficos de líneas, es posible agregar marcas o símbolos a los puntos.

Programación avanzada en VBA-Excel para principiantes.

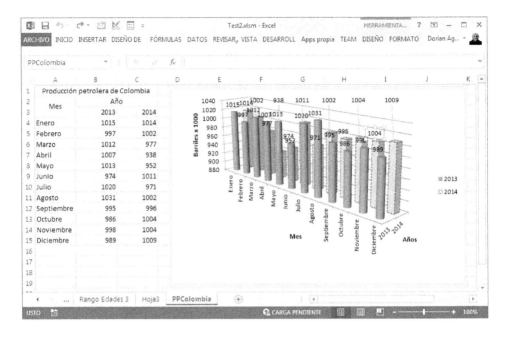

Figura 12.35. Resultado de la ejecución de la subrutina 12.22.

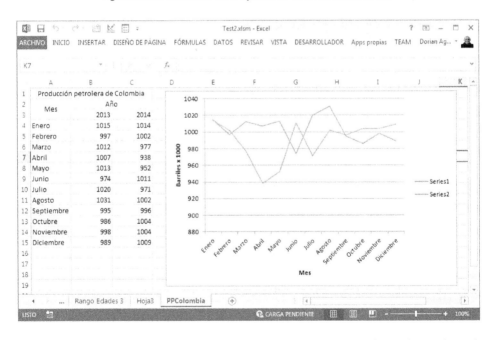

Figura 12.36. Resultado de la ejecución de la subrutina 12.18 con cambios efectuados en el tipo de gráfico (línea 2D).

Subrutina 12.23.

1	Sub EjemploGrafico21()

```
2   Dim series2 As Series
3   Dim puntos2 As Points
4   Dim punto2 As Point
5   Dim j As Integer
6   j = 0
7   With Worksheets("PPColombia").ChartObjects("PPColombia").Chart
8     With .SeriesCollection(1)
9       .HasDataLabels = True
10      .ApplyDataLabels Type:=xlValue
11      .Name = Worksheets("PPColombia").Range("B3")
12      .MarkerStyle = xlMarkerStyleStar
13      .MarkerSize = 6
14      .MarkerForegroundColor = RGB(255, 0, 255)
15    End With
16    Set series2 = .SeriesCollection(2)
17    Set puntos2 = series2.Points
18    With series2
19      .Border.LineStyle = xlDot
20      .Border.Weight = xlThin
21      .Border.Color = RGB(255, 0, 0)
22      .HasDataLabels = True
23      .ApplyDataLabels Type:=xlValue
24      For Each punto2 In puntos2
25        j = j + 1
26        .Points(j).DataLabel.Top = xlLabelPositionBestFit
27      Next punto2
28      .HasLeaderLines = True
29      .LeaderLines.Border.Color = RGB(2, 255, 89)
30      .Interior.Color = RGB(200, 230, 20)
31      .Name = Worksheets("PPColombia").Range("C3")
32      .MarkerStyle = xlMarkerStyleSquare
33      .MarkerSize = 6
34      .MarkerForegroundColor = RGB(255, 0, 255)
35      .MarkerBackgroundColor = RGB(255, 255, 0)
36    End With
37    With .Axes(xlValue)
38      .MinimumScale = 920
39      .MaximumScale = 1050
40    End With
41  End With
42  End Sub
```

Una de las novedades en esta subrutina es el hecho de poder agregar marcas a los puntos que se están graficando. Para el caso de los datos de producción petrolera del año 2013 (*SeriesCollection(1)*) se escogió que el marcador fuese una estrella (línea 12). En la línea 13 se establece el tamaño del marcador y en la línea 14 se establece su color. Fíjese que esta marca no tiene un espacio interior, por lo que no se estableció para ella un color para el fondo.

Otra novedad en esta subrutina es que se escogió una mejor ubicación para las etiquetas de todos los puntos de la serie de datos de producción petrolera del año 2014 (*SeriesCollection(2)*). Esto puede verse en las instrucciones de las líneas 24 a la 27.

Entre las líneas 32 y 35 se agregan las marcas para los puntos de segunda serie de datos y se les da formato. Como la marca escogida aquí es un cuadrado, en este caso si se asignó un color para su fondo (*MarkerBackgroundColor*).

La figura 12.37 muestra el gráfico que se genera al ejecutar la subrutina 12.23.

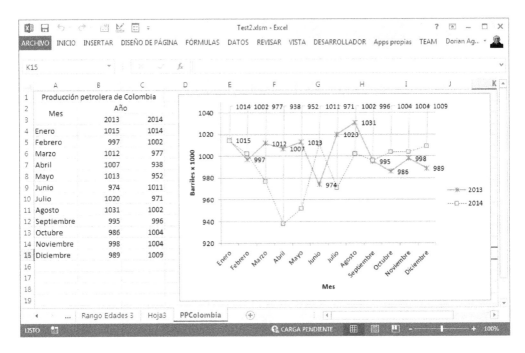

Figura 12.37. Resultado de la ejecución de la subrutina 12.23.

Vamos ahora a mostrar otro ejemplo cuando los datos se grafican usando barras 2D. Para ello, de nuevo cambiemos el tipo de gráfico en la subrutina 12.18, línea 15, por *xlColumnClustered*. Mantengamos comentadas las líneas desde la 26 hasta la 29.

Antes de ejecutar la subrutina, para efectos del ejercicio que se desea hacer es necesario hacer un cambio en los datos de entrada. Para ello, imagine por un momento que queremos ver cuánto por encima o por debajo se estuvo del millón de barriles mensualmente. Para ello, restamos mil a cada uno de los valores y como resultado de esta operación se generan los valores que se muestran la figura 12.38. La figura también muestra como se ve el gráfico resultante de la ejecución de la subrutina 12.18 con los cambios realizados.

En el ejemplo que se mostrará a continuación se desea mostrar el funcionamiento de una propiedad bien interesante del objeto *Series*, llamada *InvertIfNegative*.

Al restarle 1000 a la producción de cada mes, tendremos valores negativos para los casos en que la producción haya sido menor al millón de barriles.

Subrutina 12.24.

```
1   Sub Ejemplografico22()
2   Dim series2 As Series
3   Dim puntos2 As Points
4   Dim punto2 As Point
5   Dim j As Integer
6   j = 0
7   With Worksheets("PPColombia").ChartObjects("PPColombia").Chart
8     With .SeriesCollection(1)
9        .HasDataLabels = True
10       .ApplyDataLabels Type:=xlValue
11       .Border.Weight = xlMedium
12       .Border.Color = RGB(0, 0, 0)
13       .Interior.Color = RGB(0, 0, 255)
14       .Name = Worksheets("PPColombia").Range("B3")
15       .InvertIfNegative = True
16       .InvertColor = RGB(255, 255, 255)
17
18     End With
19     Set series2 = .SeriesCollection(2)
20     Set puntos2 = series2.Points
21     With series2
22        .Border.LineStyle = xlDot
23        .Border.Weight = xlThin
24        .Border.Color = RGB(255, 0, 0)
25        .HasDataLabels = True
26        .ApplyDataLabels Type:=xlValue
27        For Each punto2 In puntos2
28           j = j + 1
29           .Points(j).DataLabel.Top = xlLabelPositionOutsideEnd
30        Next punto2
31        .HasLeaderLines = True
32        .LeaderLines.Border.Color = RGB(2, 255, 89)
33        .Interior.Color = RGB(200, 230, 20)
34        .InvertIfNegative = True
35        .InvertColor = RGB(255, 255, 255)
36        .Name = Worksheets("PPColombia").Range("C3")
37     End With
38   End With
39   End Sub
```

Entre las líneas 15 y 16 se cambian las propiedades de las barras cuyos valores representen números negativos en la serie de datos de producción del año 2013. En la línea 15 se activa la propiedad y en la línea 16 se tiene la posibilidad de cambiar el color de las barras que tengan valores negativos. En las líneas 34 y 35 se hace lo mismo para las barras que representan la producción petrolera mensual del año 2014.

Al ejecutar la subrutina 12.24 se genera el gráfico que se muestra en la figura 12.39.

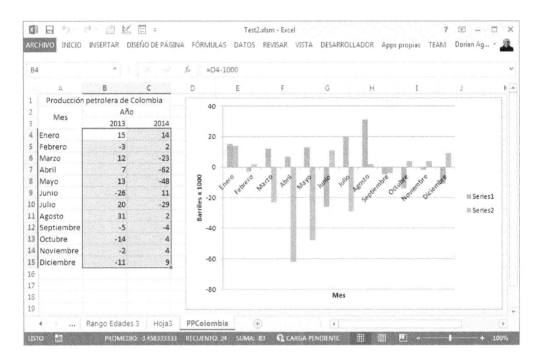

Figura 12.38. Resultado de la ejecución de la subrutina 12.18 después de cambiar el tipo de gráfico y los datos de entrada.

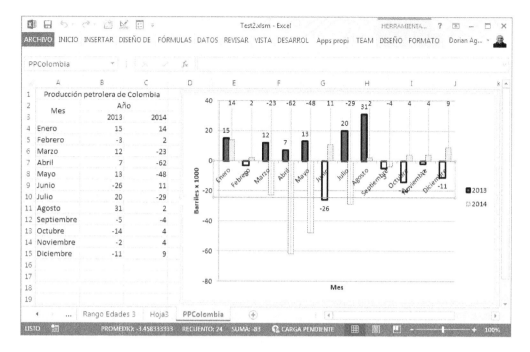

Figura 12.39. Resultado de la ejecución de la subrutina 12.24.

Capítulo 13.
Ejemplos de apps en
VBA-Excel.

13.1 Introducción.

Ya hemos recorrido un largo trecho y llegó el momento de empezar a poner juntas todas esas piezas que hemos visto anteriormente. Ahora vamos a ver ejemplos con situaciones provenientes de varias disciplinas. No podrán faltar ejemplos de geofísica, que es mi profesión.

En los ejemplos que veremos a continuación aprovecharé la oportunidad para introducir otros conceptos que sin duda le agregarán más potencia a lo que hemos visto anteriormente.

13.2 Cálculo de área bajo una curva.

Los métodos numéricos para integración se pueden utilizar para integrar funciones, bien sea que se tenga su ecuación o una tabla de datos que la describa (Nakamura, 1998). En algunos casos es posible inclusive que la solución numérica pueda ser más rápida que la solución analítica (encontrando la antiderivada de la función), en caso de que sólo se esté interesado en el valor numérico de la integral.

En esta sección se describirán tres métodos para integración numérica: método rectangular (o suma de Riemann por la izquierda y por la derecha), trapezoidal y la regla de Simpson.

Lo primero que se debe hacer es crear una ventana como la que se muestra en la figura 13.1.

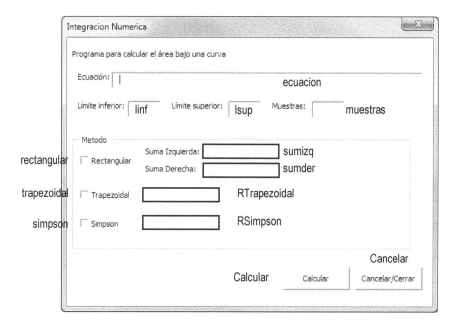

Figura 13.1. Ventana principal de la aplicación.

A esta ventana principal se le dio el nombre de Integral (recuerde que este es el nombre del formulario, es decir, el valor de la propiedad *Name*).

La figura 13.1 también muestra los nombres que se le dieron a cada uno de los controles. Los rectángulos negros que se ven en la figura no pertenecen al diseño original de la ventana. Están allí para indicar que en esas áreas hay etiquetas (*labels*), cuyos nombres están al lado de cada una. Esas etiquetas se usan para mostrar los resultados de los cálculos.

El cuadro de texto *ecuacion* es el que recibe la función a la que se le calculará la integral numérica, en el intervalo comprendido entre *linf* y *lsup*. La caja de texto *muestras* recibe la cantidad de divisiones que se usarán para el cálculo.

Vamos ahora a programar el botón *Calcular*. Para ello hacemos doble-click encima del botón y en la ventana de código se creará la subrutina que contendrá el código. Recuerde que por defecto, la subrutina para los botones sea crea con el evento *Click*. Es decir, en tiempo de ejecución, la subrutina se ejecutará al hacer click encima del botón. Este evento puede cambiarse (a que responda al evento *doble-click* por ejemplo).

La subrutina 13. 1 muestra el código que se ejecutará al presionar este botón.

Subrutina 13.1.

```
1  Private Sub Calcular_Click()
2  Dim i, n As Integer
3  Dim ws As Worksheet
4  Dim x, y As String
5  Dim li, ls, suma, deltaX As Double
6  Dim rango As Range
7  n = CInt(Integral.muestras)
8  li = CDbl(Integral.linf.Text)
9  ls = CDbl(Integral.lsup.Text)
10 deltaX = (ls - li) / n
11 suma = 0#
12 Set ws = Worksheets("funcion")
13 ws.Range("A:B").Clear
14 ws.Range("A1") = "x"
15 ws.Range("B1") = "f(x)"
16 For i = 0 To n
17   x = Format(li + i * deltaX, "0.0000000")
18   ws.Range("A" & i + 2).Value = CDbl(x)
19   ws.Range("B" & i + 2).Value = _
20   Format(Application.WorksheetFunction.Substitute(Integral.ecuacion.Text, "x", "A" & i + 2), _
21   "0.00")
22 Next i
23 If rectangular.Value = True Then
24   sumizq.Caption = Format(SumaIzquierda(li, ls, n), "0.0000000")
```

25	sumder.Caption = Format(SumaDerecha(li, ls, n), "0.0000000")
26	End If
27	If trapezoidal.Value = True Then
28	RTrapezoidal.Caption = Format(trapezoide(li, ls, n), "0.0000000")
29	End If
30	If simpson.Value = True And (n / 2) = Int(n / 2) Then
31	RSimpson.Caption = Format(fsimpson(li, ls, n), "0.0000000")
32	Else
33	RSimpson.Caption = "El numero de muestras debe ser un numero par"
34	End If
35	Set rango = ws.Range("A1:B" & n + 1)
36	Call graficar(rango, n)
37	End Sub

Es importante tener en cuenta que si se va a introducir una función que contiene la letra equis (x), como por ejemplo EXP, se haga usando mayúsculas, para diferenciarla de la variable "x".

Ahora se procederá a explicar los aspectos más relevantes del código.

En la línea 3 se ha declarado la variable "ws" como tipo *Worksheet*. Esto tiene unas ventajas que a mi me resultan muy buenas, ya que el algoritmo Intellisense de VBA-Excel reconoce a la variable como un objeto y se activa al escribir el nombre de la variable, mostrando sus propiedades y métodos tal como se muestra en la figura 13.2. Esta declaración no es necesaria, pero tiene unas ventajas increíbles, empezando por el hecho de que no es necesario escribir cada vez *Worksheets("funcion")*. Claro, a estas alturas Ud. ya sabe que puede usar un bloque With, pero no se le activará la función Intellisense al usar esta alternativa.

Entre las líneas 7 y 9 se ha usado la función **CDbl** para convertir las entradas de los cuadros de texto en variables tipo **Double**. Esto es necesario hacerlo ya que lo que se introduce en los cuadros de texto VBA-Excel lo maneja como texto (*strings*).

En la línea 11 vemos que la variable suma es igual a 0#. Esto es lo mismo que 0.0. El cambio lo hace VBA-Excel automáticamente.

En la línea 12 hacemos que la variable "ws" sea igual al objeto *Worksheets("función")*. Cuando se trabaja con objetos es necesario usar la instrucción **Set**.

En la línea 13 limpiamos (*clear*) las columnas A y B para que se pueda escribir en ellas los valores de la función que se graficará. Los valores del eje X estarán entre *li* y *ls* y estarán espaciados una distancia igual a *deltaX*.

En la línea 20 es donde está el truco de la aplicación. Estamos acostumbrados a usar la letra "x" como variable en nuestras ecuaciones. Entonces lo que hace la instrucción **Substitute** es que cambia la letra "x" que el usuario introduce en el cuadro de texto *ecuación* (figura 13.1) por A2,

A3, A4 y así sucesivamente ("A" & i+2, con la variable *i* variando dentro de un ciclo **For**) y lo escribe en las celdas de la columna B. Estos valores corresponden por tanto a los de la función f(x).

Entre las líneas 23 y 26 se calculan los valores de la suma de Riemann por la derecha y por la izquierda. Para cada una de ellas se escribió una función. Para la suma por la izquierda la función es la que se muestra en la subrutina 13.2 y para la suma por la derecha la función es la que se muestra en la subrutina 13.3.

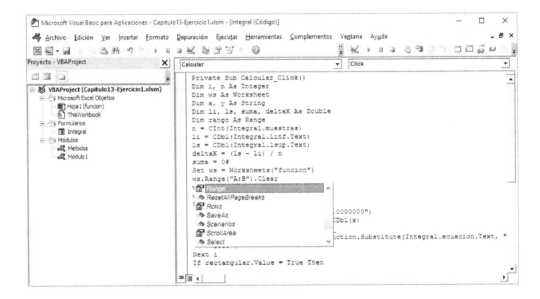

Figura 13.2. Declaración de variable como objeto Worksheet e Intellisense activado.

Subrutina 13.2.

1	Function SumaIzquierda(ByVal inf As Double, ByVal sup As Double, ByVal no As Integer) As Double
2	Dim i As Integer
3	Dim deltaX As Double
4	SumaIzquierda = 0
5	deltaX = Abs((sup - inf) / no)
6	For i = 0 To no - 1
7	SumaIzquierda = SumaIzquierda + Worksheets("funcion").Range("B" & i + 2) * deltaX
8	Next i
9	End Function

Subrutina 13.3.

1	Function SumaDerecha(ByVal inf As Double, ByVal sup As Double, ByVal no As Integer) As Double
2	Dim i As Integer
3	Dim deltaX As Double
4	SumaDerecha = 0
5	deltaX = Abs((sup - inf) / no)

```
6    For i = 1 To no
7       SumaDerecha = SumaDerecha + Worksheets("funcion").Range("B" & i + 2) * deltaX
8    Next i
9    End Function
```

Entre las líneas 27 y 29 se hacen los cálculos según la regla trapezoidal. La función que hace esto se muestra en la subrutina 13.4.

Subrutina 13.4.

```
1    Function trapezoide(ByVal inf As Double, ByVal sup As Double, ByVal no As Integer) As Double
2    Dim i As Integer
3    Dim deltaX As Double
4    trapezoide = 0
5    deltaX = Abs((sup - inf) / no)
6    For i = 0 To no
7       trapezoide = trapezoide + (Worksheets("funcion").Range("B" & i + 2) + _
8       Worksheets("funcion").Range("B" & i + 3)) * deltaX * 0.5
9    Next i
10   End Function
```

Entre las líneas 30 y 34 se hacen los cálculos utilizando la regla de Simpson. La función que hace esto se muestra en la subrutina 13.5.

Subrutina 13.5.

```
1    Function fsimpson(ByVal inf As Double, ByVal sup As Double, ByVal no As Integer) As Double
2    Dim i As Integer
3    Dim factor, f2, f4 As Double
4    fsimpson = 0
5    f2 = 0
6    f4 = 0
7    factor = Abs((sup - inf) / (3 * no))
8    If no = 2 Then
9    fsimpson = (Worksheets("funcion").Range("B2") + _
10      Worksheets("funcion").Range("B" & no + 2)) * factor
11   End If
12   If no <> 2 Then
13      For i = 1 To no / 2
14         f4 = f4 + 4 * Worksheets("funcion").Range("B" & 2 * i + 1)
15      Next i
16      For j = 1 To (no / 2) - 1
17         f2 = f2 + 2 * Worksheets("funcion").Range("B" & 2 * j + 2)
18      Next j
19   End If
20   fsimpson = factor * (f2 + f4 + Worksheets("funcion").Range("B2") + _
21      Worksheets("funcion").Range("B" & no + 2))
22   End Function
```

En la línea 36 se invoca la subrutina que se encarga de construir el gráfico de la curva y el área debajo de ella según el intervalo especificado. Esta subrutina es la que se muestra a continuación.

Subrutina 13.6.

```
1   Sub graficar(ByRef r As Range, ByVal muestras As Integer)
2   Dim n As Integer
3   Dim xlabels As Range
4   Set xlabels = Worksheets("funcion").Range("B2:B" & muestras + 1)
5   n = Worksheets("funcion").ChartObjects.Count
6   If n <> 0 Then
7      Worksheets("funcion").ChartObjects.Delete
8   End If
9   With Worksheets("funcion").ChartObjects.Add _
10     (Left:=200, Width:=375, Top:=60, Height:=225)
11     .Chart.SetSourceData Source:=r
12     .Chart.SeriesCollection(1).Delete
13     .Chart.SeriesCollection(1).XValues = xlabels
14     .Chart.ChartType = xlArea
15     .Chart.HasTitle = True
16     .Chart.ChartTitle.Text = "f(x)" & Integral.ecuacion
17     .Chart.Parent.Name = "Funcion"
18   End With
19   End Sub
```

El código del botón Cancelar/Cerrar se muestra a continuación. Se programa de la misma forma que el botón Calcular.

Subrutina 13.7.

```
1   Private Sub Cancelar_Click()
2   Unload Me
3   End Sub
```

Para mostrar la ventana principal de nuestra aplicación, hemos agregado un botón de comando en la hoja de cálculo "funcion", tal como se muestra en la figura 13.3.

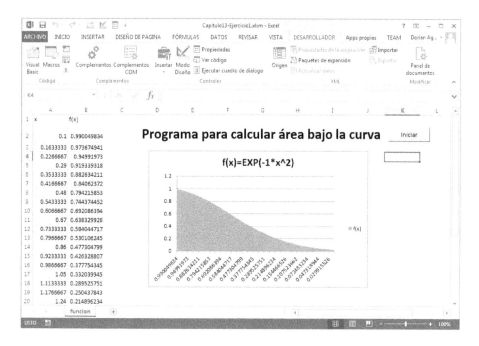

Figura 13.3. Hoja de cálculo que contiene la aplicación para cálculo de integrales numéricas.

Para agregar este botón se debe ir a la pestaña "DESARROLLADOR" y allí presionar el botón "Insertar". Al hacerlo, aparece la ventana que se muestra en la figura 13.4. El botón de comando se inserta con el control encerrado en el rectángulo negro.

Figura 13.4. Controles de formulario.

Para poder editar las propiedades del botón debemos presionar el botón "Modo Diseño", que está al lado del botón "Insertar". Una vez hecho esto se hace click encima del botón con el botón derecho del ratón para ver a ventana Propiedades. Si con el botón derecho del ratón no puede hacerlo, también puede presionar el botón "Propiedades" que está lado del botón "Modo Diseño". La ventana Propiedades del botón de este ejemplo se muestra en la figura 13.5.

Figura 13.5. Ventana Propiedades del botón Iniciar.

El código que se ejecutará al presionar este botón es el que se muestra a continuación. Para acceder a la ventana de código, en modo edición, se hace doble-click encima de él.

Subrutina 13.8.

```
1   Private Sub Go_Click()
2   Integral.Show
3   End Sub
```

Recuerde que Integral es como hemos llamado al formulario mostrado en la figura 13.1.

13.3 Control de calidad de pruebas de geófonos.

Para construir esta aplicación es necesario crear cada una de las hojas de cálculo que se muestran en la figura 13.6.

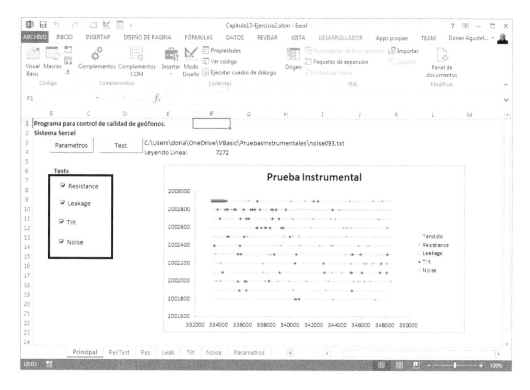

Figura 13.6. Interfaz principal de la aplicación para control de calidad de geófonos.

La hoja "Principal" representa la interfaz principal de la aplicación. En ella están contenidos los botones y el gráfico donde se muestra el tendido de geófonos sujeto a revisión. La hoja "ResTest" contiene los resultados de todas las pruebas. La hoja "Res" muestra aquellos geófonos que no pasaron la prueba *Resistance*, según los parámetros especificados en la hoja "Parametros". Lo mismo aplica para la hoja "Leak" (*Leakage*), *Tilt* y *Noise*.

La figura 13.7 muestra como luce la hoja "Parametros" con los valores que se usarán como umbrales para el control de calidad.

Ahora se puede crear el gráfico. Este es un gráfico de dispersión (X, Y) de sólo puntos. Se asume que Ud. está en capacidad de insertar un gráfico como estos en su hoja de cálculo. Una vez hecho esto, puede agregar las series de datos. Agregue los datos que representarán al tendido según se muestra en la figura 13.8. Para agregar los datos que representan los geófonos que no pasaron la prueba de *Resistance*, proceda como se muestra en la figura 13.9. Este proceso se repite para el resto de las pruebas.

Ahora procedamos a agregar los botones de comando. Ya en el punto anterior se describió el proceso de agregarlos. Deben lucir como se muestra en la figura 13.6.

Programación avanzada en VBA-Excel para principiantes.

Figura 13.7. Hoja de cálculo "Parametros".

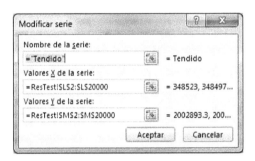

Figura 13.8. Agregando los datos del tendido.

Figura 13.9. Agregando los datos de los geófonos que no pasaron la prueba de *Resistance*.

A continuación se muestra la subrutina que se ejecutará al presionar el botón "Test".

Subrutina 13.9.

1	Private Sub Test_Click()
2	Dim archivo As String
3	With Application.FileDialog(msoFileDialogFilePicker)
4	.AllowMultiSelect = False

308

5	.Show
6	If .SelectedItems.Count > 0 Then
7	archivo = .SelectedItems(1)
8	Worksheets("Principal").Range("E3") = archivo
9	Call TestFile(archivo)
10	Else
11	MsgBox "Ud. no selecciono archivo"
12	End If
13	End With
14	Call SMapRes
15	Call SMapLeak
16	Call SMapTilt
17	Call SMapNoise
18	End Sub

Al ejecutar esta subrutina se muestra una ventana solicitando el archivo que contiene los datos de los geófonos y los resultados de las pruebas. El nombre completo del archivo (incluyendo su ruta en el disco) se escribirá en la celda E3 de la hoja "Principal".

La figura 13.10 muestra un fragmento del archivo con los resultados de las pruebas de los geófonos.

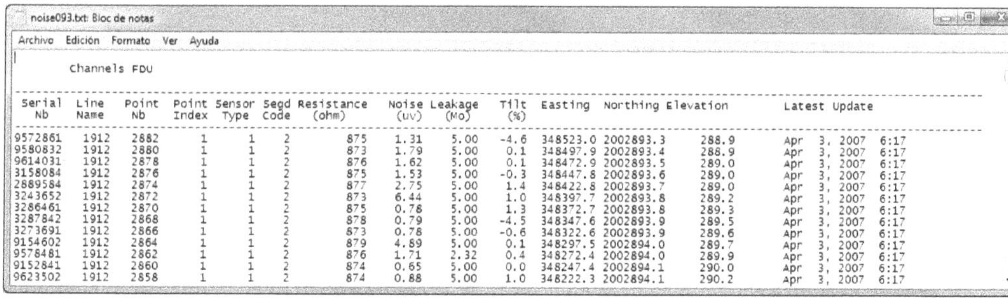

Figura 13.10. Ejemplo del archivo con los resultados de las pruebas en los geófonos.

En la línea 9 se invoca la subrutina TestFile que es la encargada de abrir el archivo, leerlo y realizar las pruebas. El código de esta subrutina se muestra a continuación.

Subrutina 13.10.

1	Sub TestFile(ByVal f2o As String)
2	Dim linea As String
3	Dim Asize, celdasOcupadas As Integer
4	Dim arreglo As Variant
5	Dim ResultadoRes As Integer
6	Open f2o For Input As #1
7	i = 1
8	With Worksheets("ResTest")

```
9    celdasOcupadas = WorksheetFunction.CountA(.Range("A:A"))
10   .Range("A2:N" & celdasOcupadas).Clear
11   While EOF(1) = False
12      Line Input #1, linea
13      If linea <> "" Then
14         arreglo = Split(WorksheetFunction.Trim(linea), " ")
15         Asize = UBound(arreglo) - LBound(arreglo) + 1
16         If Asize > 16 Then
17            Worksheets("Principal").Range("F4") = i
18            i = i + 1
19            .Range("A" & i) = arreglo(0)
20            .Range("B" & i) = arreglo(1)
21            .Range("C" & i) = arreglo(2)
22            .Range("D" & i) = FResistance(arreglo(6))
23            .Range("E" & i) = arreglo(6)
24            .Range("F" & i) = FNoise(arreglo(7))
25            .Range("G" & i) = arreglo(7)
26            .Range("H" & i) = FLeakage(arreglo(8))
27            .Range("I" & i) = arreglo(8)
28            .Range("J" & i) = FTilt(arreglo(9))
29            .Range("K" & i) = arreglo(9)
30            .Range("L" & i) = arreglo(10)
31            .Range("M" & i) = arreglo(11)
32            .Range("N" & i) = arreglo(12)
33         End If
34      End If
35   Wend
36   End With
37   Close #1
38   End Sub
```

En este código lo nuevo es el trabajo con archivos de texto, como el que se muestra en la figura 13.10. En la línea 6 se abre el archivo. La estructura que se usa para leer el archivo es **While-Wend**, usando como condición el hecho de que se lea la información del archivo hasta que se llegue al final del archivo (End Of File).

La instrucción de la línea 6 necesita la ruta completa donde está ubicado el archivo (el cual estamos pasando a la subrutina como f2o. El parámetro #1 es como un seudónimo con el que podremos referirnos al archivo con el que estamos trabajando.

En la línea 12 le estamos diciendo al programa que asigne cada línea leída a la variable *linea*. A medida que se vaya leyendo el archivo, esta variable irá cambiando su contenido.

Si el contenido de la línea es distinto de vacío ("", línea 13), entonces se crea un arreglo a partir de lo que contiene la línea leída (línea 14). Se usa el carácter espacio (" ") para separar los elementos de la cadena de texto y formar el arreglo. Si este arreglo tiene más de 16 elementos, entonces constituye una línea con valores de la prueba (línea 16).

En la línea 17 se escribe en una celda el número de la línea que se va leyendo del archivo de pruebas.

Entre las líneas 19 y 32 se completa la hoja de cálculo "ResTest" con los resultados de la prueba. En la línea 22 se escriben los resultados de la prueba de *Resistance*, para lo cual se invoca la función FResistance, cuyo código se muestra en la subrutina 13.11.

Subrutina 13.11.

```
1   Function FResistance(ByVal R As Variant) As Boolean
2   With Worksheets("Parametros")
3     If R <> "N/A" Then
4       R = CInt(R)
5       If R > .Range("C2") Or R < .Range("B2") Then
6         FResistance = False
7       Else
8         FResistance = True
9       End If
10    End If
11  End With
12  End Function
```

En la línea 24 se escriben los resultados de la prueba *Noise*, para lo cual se invoca la función FNoise, cuyo código se muestra en la subrutina 13.12.

Subrutina 13.12.

```
1   Function FNoise(ByVal R As Variant) As Boolean
2   With Worksheets("Parametros")
3     If R <> "N/A" Then
4       R = CInt(R)
5       If R > .Range("B5") Then
6         FNoise = False
7       Else
8         FNoise = True
9       End If
10    End If
11  End With
12  End Function
```

En la línea 26 se escriben los resultados de la prueba *Leakage*, para lo cual se invoca la función FLeakage, cuyo código se muestra en la subrutina 13.13.

Subrutina 13.13.

1	Function FLeakage(ByVal R As Variant) As Boolean
2	With Worksheets("Parametros")
3	If R <> "N/A" Then
4	R = CInt(R)
5	If R < .Range("B3") Then
6	FLeakage = False
7	Else
8	FLeakage = True
9	End If
10	End If
11	End With
12	End Function

Y finalmente, en la línea 28 se escriben los resultados de la prueba *Tilt*, para lo cual se invoca la función FTilt, cuyo código se muestra en la subrutina 13.14.

Subrutina 13.14.

1	Function FTilt(ByVal R As Variant) As Boolean
2	With Worksheets("Parametros")
3	If R <> "N/A" Then
4	R = Abs(CInt(R))
5	If R > .Range("B4") Then
6	FTilt = False
7	Else
8	FTilt = True
9	End If
10	End If
11	End With
12	End Function

En la línea 37 se cierra el archivo de pruebas.

Volvamos otra vez a la subrutina 13.9. Una vez que se ha ejecutado la subrutina TestFile (subrutina 13.10 invocada en la línea 9), se procede a generar la información para mostrar en el mapa (gráfico) de la hoja de cálculo "Principal". Para esto se ejecutan llamados a las subrutinas SMapRes, SMapLeak, SMapTilt y SMapNoise. Estas subrutinas escriben en las hojas de cálculo Res, Leak, Tilt y Noise (respectivamente) la información de los geófonos que fallaron en esas pruebas. Como ya se creó el gráfico con la información proveniente de estas hojas de cálculo, a medida que ellas se actualicen, se actualiza el mapa. A continuación se muestran las subrutinas con los códigos para cada una de las pruebas, en el mismo orden en que son invocadas en la subrutina 13.9.

Subrutina 13.15.

1	Sub SMapRes()

```
2   Dim i, j As Integer
3   i = 2
4   j = 1
5   celdasOcupadas = WorksheetFunction.CountA(Worksheets("Res").Range("A:A"))
6   Worksheets("Res").Range("A2:G" & celdasOcupadas).Clear
7   With Worksheets("ResTest")
8     While .Range("A" & i) <> ""
9       If .Range("D" & i) = False Then
10        j = j + 1
11        Worksheets("Res").Range("A" & j) = .Range("A" & i)
12        Worksheets("Res").Range("B" & j) = .Range("B" & i)
13        Worksheets("Res").Range("C" & j) = .Range("C" & i)
14        Worksheets("Res").Range("D" & j) = .Range("E" & i)
15        Worksheets("Res").Range("E" & j) = .Range("L" & i)
16        Worksheets("Res").Range("F" & j) = .Range("M" & i)
17        Worksheets("Res").Range("G" & j) = .Range("N" & i)
18      End If
19      i = i + 1
20    Wend
21  End With
22  End Sub
```

Subrutina 13.16.

```
1   Sub SMapLeak()
2   Dim i, j As Integer
3   i = 2
4   j = 1
5   celdasOcupadas = WorksheetFunction.CountA(Worksheets("Leak").Range("A:A"))
6   Worksheets("Leak").Range("A2:G" & celdasOcupadas).Clear
7   With Worksheets("ResTest")
8     While .Range("A" & i) <> ""
9       If .Range("H" & i) = False Then
10        j = j + 1
11        Worksheets("Leak").Range("A" & j) = .Range("A" & i)
12        Worksheets("Leak").Range("B" & j) = .Range("B" & i)
13        Worksheets("Leak").Range("C" & j) = .Range("C" & i)
14        Worksheets("Leak").Range("D" & j) = .Range("I" & i)
15        Worksheets("Leak").Range("E" & j) = .Range("L" & i)
16        Worksheets("Leak").Range("F" & j) = .Range("M" & i)
17        Worksheets("Leak").Range("G" & j) = .Range("N" & i)
18      End If
19      i = i + 1
20    Wend
21  End With
22  End Sub
```

313

Subrutina 13.17.

```
1   Sub SMapTilt()
2   Dim i, j As Integer
3   i = 2
4   j = 1
5   celdasOcupadas = WorksheetFunction.CountA(Worksheets("Tilt").Range("A:A"))
6   Worksheets("Tilt").Range("A2:G" & celdasOcupadas).Clear
7   With Worksheets("ResTest")
8     While .Range("A" & i) <> ""
9       If .Range("H" & i) = False Then
10        j = j + 1
11        Worksheets("Tilt").Range("A" & j) = .Range("A" & i)
12        Worksheets("Tilt").Range("B" & j) = .Range("B" & i)
13        Worksheets("Tilt").Range("C" & j) = .Range("C" & i)
14        Worksheets("Tilt").Range("D" & j) = .Range("K" & i)
15        Worksheets("Tilt").Range("E" & j) = .Range("L" & i)
16        Worksheets("Tilt").Range("F" & j) = .Range("M" & i)
17        Worksheets("Tilt").Range("G" & j) = .Range("N" & i)
18      End If
19      i = i + 1
20    Wend
21  End With
22  End Sub
```

Subrutina 13.18.

```
1   Sub SMapNoise()
2   Dim i, j As Integer
3   i = 2
4   j = 1
5   celdasOcupadas = WorksheetFunction.CountA(Worksheets("Noise").Range("A:A"))
6   Worksheets("Noise").Range("A2:G" & celdasOcupadas).Clear
7   With Worksheets("ResTest")
8     While .Range("A" & i) <> ""
9       If .Range("H" & i) = False Then
10        j = j + 1
11        Worksheets("Noise").Range("A" & j) = .Range("A" & i)
12        Worksheets("Noise").Range("B" & j) = .Range("B" & i)
13        Worksheets("Noise").Range("C" & j) = .Range("C" & i)
14        Worksheets("Noise").Range("D" & j) = .Range("G" & i)
15        Worksheets("Noise").Range("E" & j) = .Range("L" & i)
16        Worksheets("Noise").Range("F" & j) = .Range("M" & i)
17        Worksheets("Noise").Range("G" & j) = .Range("N" & i)
18      End If
19      i = i + 1
20    Wend
21  End With
22  End Sub
```

Vamos ahora a agregar las casillas que nos permitirán seleccionar en el mapa las pruebas que queremos ver. En la figura 13.6 las casillas están encerradas en un rectángulo. Las casillas se agregan de la misma forma en que se han agregado los botones. La diferencia es que debe seleccionar el botón Casilla. En la figura 13.11 se muestra encerrado en un rectángulo.

Figura 13.11. Botón Casilla.

La tabla siguiente muestra cada una de las casillas agregadas con sus respectivos nombres de código.

Tabla 13.1. Casillas y sus nombres.

Casilla	Nombre
Resistance	AcRes
Leakage	AcLeak
Tilt	AcTilt
Noise	AcNoise

Recuerde que en modo edición, al hacer doble-click en un botón se mostrará la ventana de código para ese botón.

Al hacer doble-click en el botón de la prueba *Resistance*, Ud. deberá agregar el código que se muestra a continuación.

Subrutina 13.19.

```
1   Private Sub AcRes_Click()
2   Worksheets("principal").ChartObjects("mapa").Activate
3   If AcRes.Value = True Then
4       ActiveChart.FullSeriesCollection("Resistance").IsFiltered = False
5   End If
6   If AcRes.Value = False Then
7       ActiveChart.FullSeriesCollection("Resistance").IsFiltered = True
8   End If
9   End Sub
```

Lo mismo se deberá hacer para las pruebas Leakege, Tilt y Noise. Los códigos se muestran a continuación.

Subrutina 13.20.

1	Private Sub AcLeak_Click()
2	Worksheets("principal").ChartObjects("mapa").Activate
3	If AcLeak.Value = True Then
4	ActiveChart.FullSeriesCollection("Leakage").IsFiltered = False
5	End If
6	If AcLeak.Value = False Then
7	ActiveChart.FullSeriesCollection("Leakage").IsFiltered = True
8	End If
9	End Sub

Subrutina 13.21.

1	Private Sub AcTilt_Click()
2	Worksheets("principal").ChartObjects("mapa").Activate
3	If AcTilt.Value = True Then
4	ActiveChart.FullSeriesCollection("Tilt").IsFiltered = False
5	End If
6	If AcTilt.Value = False Then
7	ActiveChart.FullSeriesCollection("Tilt").IsFiltered = True
8	End If
9	End Sub

Subrutina 13.22.

1	Private Sub AcNoise_Click()
2	Worksheets("principal").ChartObjects("mapa").Activate
3	If AcNoise.Value = True Then
4	ActiveChart.FullSeriesCollection("Noise").IsFiltered = False
5	End If
6	If AcNoise.Value = False Then
7	ActiveChart.FullSeriesCollection("Noise").IsFiltered = True
8	End If
9	End Sub

Las casillas pueden estar seleccionadas o no. Al estar seleccionadas toman el valor "True" y "False" en caso contrario. Cada uno de los botones fue programado para responder a esos valores.

En el diseño de esta aplicación está contemplado que no se tenga acceso directamente a la hoja de cálculo donde están los parámetros. Para ello, se agregó el siguiente código al objeto ThisWorkbook.

Subrutina 13.23.

1	Private Sub Workbook_Open()
2	Worksheets("parametros").Visible = False
3	End Sub

Así, cada vez que se abra la aplicación se ejecutará este código, garantizando que la hoja de cálculo no pueda verse.

Para acceder a los parámetros es necesario completar los tres pasos siguientes. El primero de ellos contempla la creación de la ventana (formulario) que se muestra en la figura 13.12. A esta ventana se la llamó *WParam*. Los nombres de cada uno de los cuadros de texto se indican en la figura.

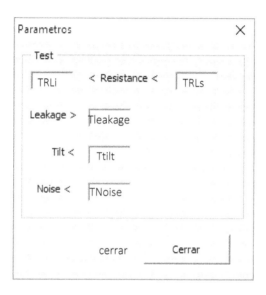

Figura 13.12. Ventana para tener acceso a los parámetros.

El segundo paso es crear el botón "Parametros", tal como se muestra en la figura 13.6. El código que se ejecutará al presionar este botón es el que se muestra en la subrutina 13.24.

Subrutina 13.24.

```
1   Private Sub ShowParam_Click()
2   Dim ws As Worksheet
3   Set ws = Worksheets("Parametros")
4   With WParam
5      .TRLi = ws.Range("B2")
6      .TRLs = ws.Range("C2")
7      .Tleakage = ws.Range("B3")
8      .Ttilt = ws.Range("B4")
9      .TNoise = ws.Range("B5")
10     .Show
11  End With
12  End Sub
```

Esta subrutina lee los valores que están en la hoja de cálculo de los parámetros y los muestra en cada uno de los cuadros de texto, tal como se muestra en la figura 13.13.

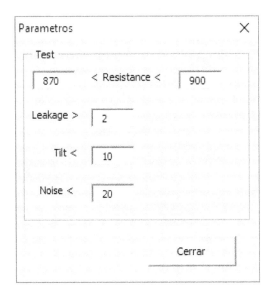

Figura 13.13. Ventana mostrando los valores contenidos en la hoja de cálculo "Parametros".

Esos valores se pueden modificar. El botón "Cerrar" se programó de tal forma que escriba de nuevo en la hoja de cálculo "Parametros" los valores que se encuentren en esos cuadros de texto. El código del botón "Cerrar" se muestra a continuación.

Subrutina 13.25.

```
1   Private Sub cerrar_Click()
2   Dim ws As Worksheet
3   Set ws = Worksheets("Parametros")
4   With WParam
5       ws.Range("B2") = CInt(.TRLi.Text)
6       ws.Range("C2") = CInt(.TRLs.Text)
7       ws.Range("B3") = CInt(.Tleakage.Text)
8       ws.Range("B4") = CInt(.Ttilt.Text)
9       ws.Range("B5") = CInt(.TNoise.Text)
10  End With
11  Unload Me
12  End Sub
```

13.4 LAS Reader.

Esta aplicación permite leer archivos LAS (Log ASCII Standard), los cuales contienen información sobre registros efectuados en pozos, usualmente de la industria petrolera. Los archivos pueden contener información de un solo pozo, pero información de varia curvas. La figura 13.14 muestra un ejemplo de cómo luce uno de estos archivos.

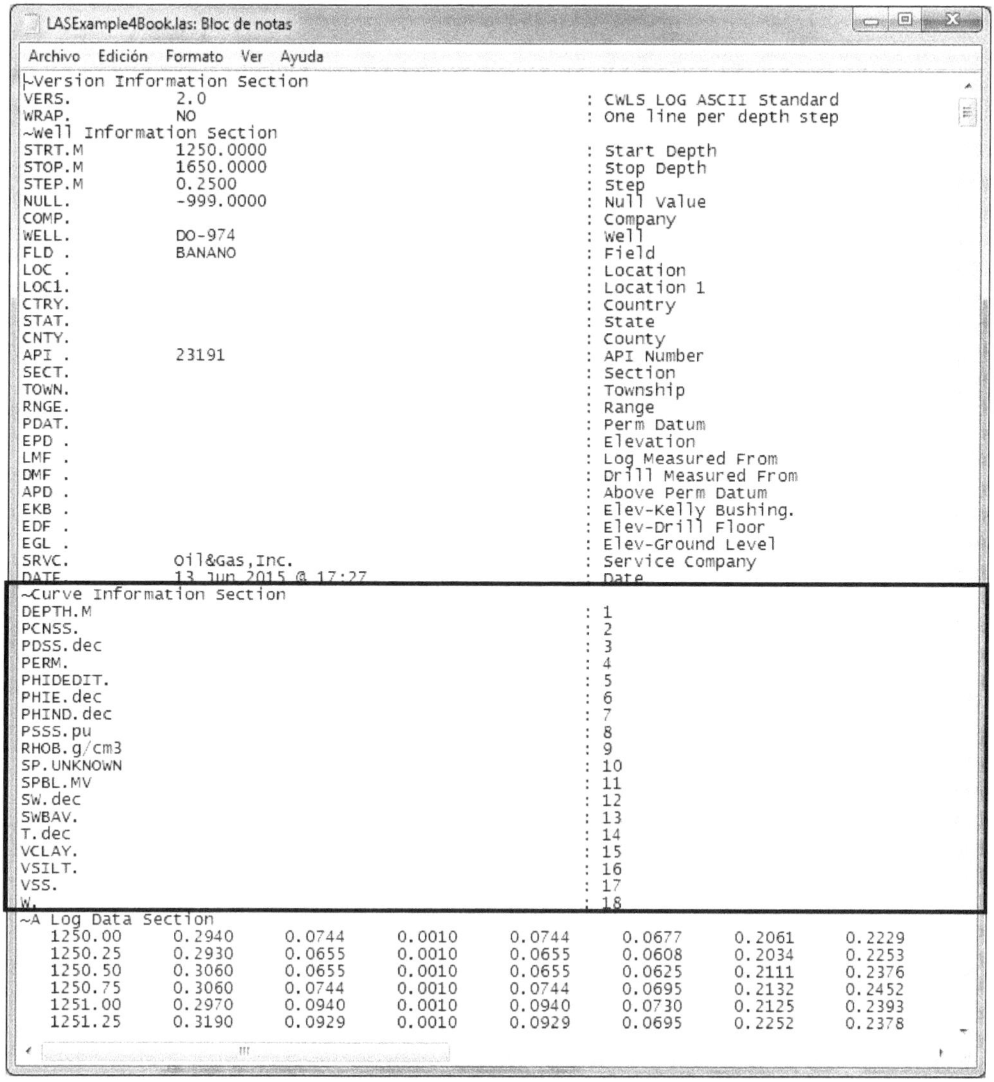


```
~Version Information Section
VERS.          2.0                        : CWLS LOG ASCII Standard
WRAP.          NO                         : One line per depth step
~Well Information Section
STRT.M         1250.0000                  : Start Depth
STOP.M         1650.0000                  : Stop Depth
STEP.M         0.2500                     : Step
NULL.          -999.0000                  : Null Value
COMP.                                     : Company
WELL.          DO-974                     : Well
FLD .          BANANO                     : Field
LOC .                                     : Location
LOC1.                                     : Location 1
CTRY.                                     : Country
STAT.                                     : State
CNTY.                                     : County
API .          23191                      : API Number
SECT.                                     : Section
TOWN.                                     : Township
RNGE.                                     : Range
PDAT.                                     : Perm Datum
EPD .                                     : Elevation
LMF .                                     : Log Measured From
DMF .                                     : Drill Measured From
APD .                                     : Above Perm Datum
EKB .                                     : Elev-Kelly Bushing.
EDF .                                     : Elev-Drill Floor
EGL .                                     : Elev-Ground Level
SRVC.          Oil&Gas,Inc.               : Service Company
DATE.          13 Jun 2015 @ 17:27        : Date
~Curve Information Section
DEPTH.M                                   : 1
PCNSS.                                    : 2
PDSS.dec                                  : 3
PERM.                                     : 4
PHIDEDIT.                                 : 5
PHIE.dec                                  : 6
PHIND.dec                                 : 7
PSSS.pu                                   : 8
RHOB.g/cm3                                : 9
SP.UNKNOWN                                : 10
SPBL.MV                                   : 11
SW.dec                                    : 12
SWBAV.                                    : 13
T.dec                                     : 14
VCLAY.                                    : 15
VSILT.                                    : 16
VSS.                                      : 17
W.                                        : 18
~A Log Data Section
   1250.00   0.2940   0.0744   0.0010   0.0744   0.0677   0.2061   0.2229
   1250.25   0.2930   0.0655   0.0010   0.0655   0.0608   0.2034   0.2253
   1250.50   0.3060   0.0655   0.0010   0.0655   0.0625   0.2111   0.2376
   1250.75   0.3060   0.0744   0.0010   0.0744   0.0695   0.2132   0.2452
   1251.00   0.2970   0.0940   0.0010   0.0940   0.0730   0.2125   0.2393
   1251.25   0.3190   0.0929   0.0010   0.0929   0.0695   0.2252   0.2378
```

Figura 13.14. Ejemplo de archivo LAS.

Según lo que se muestra en el rectángulo, el archivo tiene 18 columnas, de las cuales la primera corresponde a la profundidad y el resto corresponden a las curvas de cada uno de los registros efectuados en el pozo.

La aplicación que se ha desarrollado permite graficar las curvas que el archivo contiene. La figura 13.15 muestra como luce la aplicación.

Para comenzar, es necesario crear un archivo nuevo de Excel habilitado para macros (extensión .xlsm). Su archivo Excel deberá contener dos hojas de cálculo: una llamada "Principal" y la otra "LAS", la cual será la que contenga la información de las curvas leídas del archivo LAS y que se usará para mostrar las curvas en el gráfico que está en "Principal".

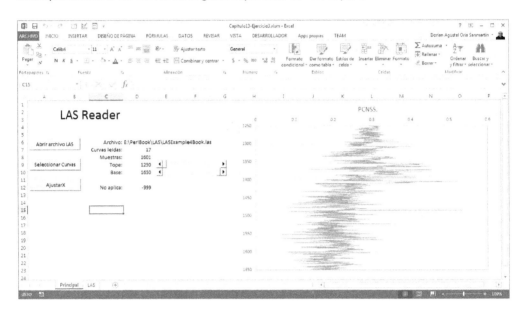

Figura 13.15. LAS Reader.

Luego vamos a crear el gráfico que mostrará la curva. Para ello, inserte un gráfico de dispersión con líneas suavizadas. Una vez hecho esto, agregue una serie de datos, la cual puede ser como se muestra en la figura 13.16. Por ahora sólo enfóquese en los valores X y Y de la serie. No se preocupe por el nombre de la serie ya que éste se colocará mediante código posteriormente.

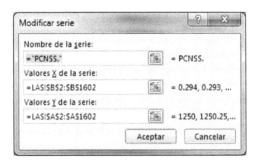

Figura 13.16. Agregando serie de datos al gráfico de curvas.

Vamos ahora a agregar todos los botones que componen nuestra aplicación. En la figura 13.17 se muestra un detalle de la zona donde los botones están y sus nombres.

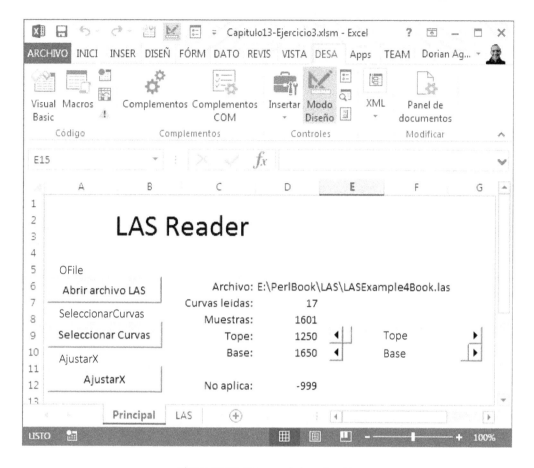

Figura 13.17. Botones de la aplicación.

El código para el botón *OFile* es el que se muestra en la subrutina 13.26.

Subrutina 13.26.

```
1   Private Sub OFile_Click()
2   Dim archivo As String
3   With Application.FileDialog(msoFileDialogFilePicker)
4     .AllowMultiSelect = False
5     .Show
6     If .SelectedItems.Count > 0 Then
7       archivo = .SelectedItems(1)
8       Worksheets("Principal").Range("D6") = archivo
9       Call ReadLASFile(archivo)
10      Tope.min = 0
11      Tope.max = Worksheets("principal").Range("D8") - 1
12      Tope.Value = 0
13      Base.min = 2
14      Base.max = Worksheets("principal").Range("D8") + 1
```

Programación avanzada en VBA-Excel para principiantes.

15	Base.Value = Worksheets("principal").Range("D8") + 1
16	Worksheets("Principal").Range("D9") = Worksheets("LAS").Range("A2")
17	Worksheets("Principal").Range("D10") = _
18	Worksheets("LAS").Range("A" & Worksheets("principal").Range("D8") + 1)
19	Else
20	MsgBox "Ud. no selecciono archivo"
21	End If
22	End With
23	End Sub

Esta subrutina abre un archivo LAS, coloca el nombre del archivo (incluyendo su ruta completa) en la celda D6 de la hoja de cálculo "Principal" (línea 8). En la línea 9 se llama a la subrutina ReadLASFile, cuyo código se muestra en la subrutina 13.27.

En la línea 10 se asigna el valor mínimo de la barra de desplazamiento que se llama Tope. El valor máximo se establece en la línea 11. Entre las líneas 13 y 14 se hace lo mismo para la barra de desplazamiento Base.

Los valores iniciales de tope y base tomados del archivo LAS se escriben mediante las instrucciones de las líneas 16 y 17.

Subrutina 13.27.

1	Sub ReadLASFile(ByVal f2o As String)
2	Dim linea As String
3	Dim f1, f2, isn As Boolean
4	Dim Asize, celdasOcupadas, ResultadoRes, na As Integer
5	Dim arreglo, curvas, ar As Variant
6	Dim encontrado1, encontrado2, encontrado3, encontrado4 As Byte
7	Open f2o For Input As #1
8	i = 1
9	c = 0
10	nl1 = 0
11	nl2 = 0
12	j = 0
13	k = 1
14	With Worksheets("LAS")
15	celdasOcupadas = WorksheetFunction.CountA(.Range("A:A"))
16	If celdasOcupadas > 0 Then
17	.Range("A1:BG" & celdasOcupadas).ClearContents
18	End If
19	While EOF(1) = False
20	Line Input #1, linea
21	encontrado1 = InStr(linea, "~Curve Information Section")
22	encontrado2 = InStr(linea, "~A Log Data Section")
23	encontrado3 = InStr(linea, "~Parameter Information Section")
24	encontrado4 = InStr(linea, "NULL.")

```
25      If encontrado4 = 1 Then
26         ar = Split(WorksheetFunction.Trim(linea), " ")
27         Worksheets("Principal").Range("D12") = CInt(ar(1))
28         na = Worksheets("Principal").Range("D12")
29      End If
30      If encontrado1 = 1 Then
31         f1 = True
32         nl1 = i
33      End If
34      If encontrado2 = 1 Then
35         f1 = False
36         f2 = True
37         nl2 = i
38      End If
39      If encontrado3 = 1 Then
40         f1 = False
41      End If
42      If f1 = True And i > nl1 Then
43         arreglo = Split(WorksheetFunction.Trim(linea), " ")
44         j = j + 1
45         .Cells(1, j) = arreglo(0)
46      End If
47      If f2 = True And i > nl2 Then
48         k = k + 1
49         arreglo = Split(WorksheetFunction.Trim(linea), " ")
50         For l = 0 To j - 1
51            isn = IsNumeric(arreglo(l))
52            If isn = True Then
53               If CInt(arreglo(l)) = na Then
54                  .Cells(k, l + 1) = ""
55               Else
56                  .Cells(k, l + 1) = arreglo(l)
57               End If
58            Else
59            End If
60            If isn = False Then
61               .Cells(k, l + 1) = ""
62            End If
63         Next l
64      End If
65      i = i + 1
66   Wend
67 End With
68 Close #1
69 Worksheets("Principal").Range("D7") = j - 1
70 End Sub
```

Siguiendo con la subrutina 13.27, el archivo LAS se lee entre las líneas 19 y 66. En el archivo LAS se pueden encontrar valores nulos para las medidas de los registros. Este valor nulo se especifica en el encabezado del archivo, que en la figura 13.14 se observa en la línea 8. Para capturar este valor se usa la variable encontrado4 (línea 24), la cual tomará el valor 1 cuando encuentre la cadena y 0 en caso contrario. Para ello se usa la instrucción **InStr** que permite encontrar una cadena de texto dentro de otra cadena de texto. Si encontramos la cadena de texto "NULL." dentro de la cadena de texto linea, habremos encontrado el valor nulo. Para ello se construye un arreglo a partir de la cadena de texto linea, cuyos elementos estás separados por espacios (línea 26). En vista de que las cadenas de texto dentro de la variable linea están separados por un número no constante de espacios, se usa la función WorksheetFunction.Trim. Esta función remueve de la cadena de texto todos los espacios menos uno, es decir, regulariza la distribución de los espacios dentro de la cadena. Una vez hecho esto, se usa el carácter espacio (" ") como separador de elementos dentro de la cadena. Así, dentro del arreglo creado, el valor nulo será ar(1). Este valor se convierte a entero en la línea 27 y se asigna a la celda D12 en la hoja "Principal".

Necesitamos una clave que permita saber cuándo se ha llegado a la sección del archivo donde se indican las curvas contenidas. Según lo que se muestra en la figura 13.14, las curvas se encuentran indicadas después de la cadena de texto: "~Curve Information Section", así que una vez encontrada esa cadena, sabremos que debajo están listadas las curvas. Esto se hace con la instrucción **InStr** al igual que en el caso de la variable encontrado4 (línea 21). Ahora bien, es necesario además saber cuando se ha culminado el proceso de lectura de las curvas. En la mayoría de los archivos LAS esto está delimitado por el principio de los valores de cada una de las curvas, lo cual sucede después de la cadena de texto: "~A Log Data Section". Esta cadena se busca en la línea 22. Hay algunos casos en los que antes de la sección con los valores, viene otra sección de parámetros, la cual comienza con la cadena de texto: "~Parameter Information Section". Esta cadena se busca en la línea 23.

La instrucción de la línea 51 (**IsNumeric**) se usa para determinar si el valor contenido en el arreglo es o no un número, ya que en algunos casos, pudiera encontrarse una expresión como N/A o N/D en el caso de valores nulos. Esta función devuelve *True* en caso de que el valor sea numérico y *False* en caso contrario. Sin esta instrucción, el programa daría un error en caso de encontrar una cadena de texto diferente de un número. Luego, si la entrada es numérica, revisa si el valor es de los que describen un valor fuera de rango o nulo (como -999). En caso afirmativo, asigna a la celda correspondiente en la hoja de cálculo la cadena vacío ("", línea 54). En caso de que el valor no sea numérico (línea 60), entonces tampoco sirve para graficarlo, por lo que en la celda respectiva también se escribe la cadena vacío (línea 61).

Si el valor es numérico y diferente de un valor nulo, entonces es un valor válido y se escribe en la celda correspondiente (línea 56).

La cantidad de curvas contenidas en el archivo LAS se escribe en la celda D7 de la hoja "Principal" (línea 69).

Antes de programar el botón "Seleccionar Curvas", es necesario crear la ventana en la cual se mostrarán las curvas disponibles en el archivo leído. La ventana se muestra en la figura 13.18. El nombre del formulario es VentanaCurvas. Los nombres de cada uno de los componentes se muestran en la figura.

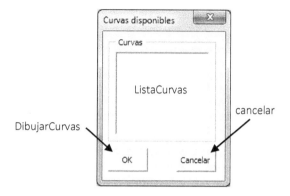

Figura 13.18. Ventana para mostrar curvas disponibles.

Ahora si. Vamos con el botón "Seleccionar Curvas". El código se muestra en la subrutina 13.28.

Subrutina 13.28.

```
1  Private Sub SeleccionarCurvas_Click()
2  With VentanaCurvas
3     For i = 2 To Worksheets("Principal").Range("D7") + 1
4        .ListaCurvas.AddItem Worksheets("LAS").Cells(1, i)
5     Next i
6     .Show
7  End With
8  End Sub
```

En la línea 4 se agregan las curvas al cuadro de lista "ListaCurvas". Esto es necesario hacerlo antes de mostrar la ventana (línea 6). La lista de curvas se lee de los títulos de las columnas que están en la hoja de cálculo "LAS".

Al presionar el botón "Seleccionar Curvas", la ventana que aparece luce como se muestra en la figura 13.19.

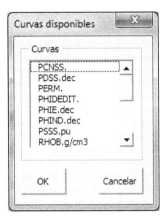

Figura 13.19. Ventana para mostrar curvas disponibles.

Al presionar el botón "OK" (DibujarCurvas) se ejecutará el código que se muestra en la subrutina 13.29.

Subrutina 13.29.

```
1    Private Sub DibujarCurvas_Click()
2    Dim curvasel, muestras As Integer
3    Dim ws As Worksheet
4    Dim rangoCurvaX, rangoCurvaY As Range
5    Set ws = Worksheets("LAS")
6    curvasel = ListaCurvas.ListIndex
7    muestras = Worksheets("Principal").Range("D8")
8    Set rangoCurvaX = ws.Range(ws.Cells(2, curvasel + 2), ws.Cells(muestras + 1, curvasel + 2))
9    Set rangoCurvaY = ws.Range("A2:A" & muestras + 1)
10   Worksheets("Principal").ChartObjects("Curvas").Activate
11   With ActiveChart
12       .FullSeriesCollection(1).Name = ws.Cells(1, curvasel + 2)
13       .FullSeriesCollection(1).XValues = rangoCurvaX
14       .FullSeriesCollection(1).Values = rangoCurvaY
15       .Axes(xlCategory).MinimumScaleIsAuto = True
16       .Axes(xlCategory).MaximumScaleIsAuto = True
17   End With
18   Unload Me
19   End Sub
```

Esta subrutina cambia los datos que se muestran en el gráfico de la hoja "Principal", según la curva seleccionada en la ventana que se muestra en la figura 13.19.

La variable *curvasel* (línea 6) captura el índice de la curva mostrada en el cuadro de lista. Recuerde que en un cuadro de lista el primer elemento tienen índice 0.

En las líneas 8 y 9 se establecen los rangos de los valores X y Y del gráfico.

El nombre de la curva (que será el título del gráfico) se establece en la línea 12.

Al gráfico se le actualizan las series de datos en las filas 13 y 14 y la escala se establece como automática para los ejes X y Y en las líneas 15 y 16.

Con la instrucción de la línea 18 se cierra la ventana.

En caso de que no se desee seleccionar una curva, se presiona el botón "Cancelar" (cancelar). El código que se ejecuta es el que se muestra en la subrutina 13.30.

Subrutina 13.30.

```
1   Private Sub cancelar_Click()
2   Unload Me
3   End Sub
```

Las barras de desplazamiento Tope y Base no permiten mover los límites máximo y mínimo de la gráfica. Esto es útil para los casos en los cuales se desea ver más detalle en una sección específica del registro.

Los códigos para las barras de desplazamiento Tope y Base son los que se muestran en las subrutinas 13.31 y 13.32 respectivamente (recuerde que la ventana de código de esos objetos se abre al hacer doble-click en ellos mientras se esté en Modo Diseño).

Subrutina 13.31.

```
1   Private Sub Tope_Change()
2   Worksheets("principal").Range("D9") = Worksheets("LAS").Range("A" & Tope.Value + 2)
3   Worksheets("Principal").ChartObjects("Curvas").Activate
4   ActiveChart.Axes(xlValue).MinimumScale = Worksheets("principal").Range("D9")
5   End Sub
```

Subrutina 13.32.

```
1   Private Sub Base_Change()
2   Worksheets("principal").Range("D10") = Worksheets("LAS").Range("A" & Base.Value)
3   Worksheets("Principal").ChartObjects("Curvas").Activate
4   ActiveChart.Axes(xlValue).MaximumScale = Worksheets("principal").Range("D10")
5   End Sub
```

Es posible que al cambiar la curva a graficar se genere un cambio en la escala del eje X que no refleje automáticamente los nuevos valores máximo y mínimo. Para ello se creó el botón AjustarX, cuyo código se muestra en la subrutina 13.33.

Programación avanzada en VBA-Excel para principiantes.

Subrutina 13.33.

1	Private Sub AjustarX_Click()
2	Worksheets("principal").ChartObjects("Curvas").Activate
3	ActiveChart.Axes(xlCategory).MinimumScaleIsAuto = True
4	ActiveChart.Axes(xlCategory).MaximumScaleIsAuto = True
5	End Sub

Capítulo 14. Ejemplos de apps en Visual Basic .NET y VBA-Excel.

14.1 Introducción.

En el capítulo anterior pudimos darnos cuenta de la potencia que tiene VBA-Excel para hacer aplicaciones poderosas. Ahora bien, ya sabemos que VBA-Excel es una versión bastante reducida de VB.Net. Entonces, puede imaginar hacer aplicaciones en VB.Net que puedan ser incorporadas en nuestros programas con VBA-Excel? Esto haría que la potencia de nuestras macros se multiplicase por 1000!. Sobre esto es lo que vamos a trabajar en este capítulo. Se va a mostrar paso a paso como hacer una librería en VB.Net (DLL) y cómo hacer complementos (Add-in) y cómo se incorporan a nuestras aplicaciones en VBA-Excel.

14.2 Librerías dinámicas o Dynamic-Link Libraries (DLL por sus siglas en inglés).

La traducción al castellano de Dynamic-Link Library sería algo así como Librería Vinculadas Dinámicamente. Sin embargo, como en muchas otras profesiones, usualmente preferimos usar la expresión en inglés. Más aún, en el caso de estas librerías, usualmente las llamamos DLL.

Una DLL se puede definir como un módulo que contiene funciones y datos que pueden ser usados por otros módulos. Las DLL's proveen una forma de modularizar aplicaciones cuya funcionalidad puede ser actualizada y reusada más fácilmente (https://msdn.microsoft.com/en-us/library/windows/desktop/ms682589%28v=vs.85%29.aspx). Las DLL's también ayudan a reducir el gasto excesivo de memoria cuando varias aplicaciones usan la misma funcionalidad al mismo tiempo, debido a que, aunque cada aplicación recibe su propia copia de los datos de la DLL, las aplicaciones comparten el código de la DLL.

En esta sección veremos algunos ejemplos de DLL's y como se invocan desde VBA-Excel. A estas alturas, Ud. debe tener instalado Microsorft Visual Studio. Para todos los ejemplos que se verán en este libro, se usó la versión Community 2015. Al ejecutar Visual Studio, es necesario que lo haga como Administrador, tal como puede verse en la figura 14.1. Esto es necesario para que Visual Studio pueda escribir en el registro del sistema y se puedan invocar las librerías desde VBA-Excel.

14.3 Complementos Add-In para Excel.

Un complemento Add-In es una librería, muy similar a una librería dinámica, especialmente compilado para usarse en Excel (.xll). Permite agregar nuevas funcionalidades a Excel. En esta sección veremos algunos ejemplos de Add-Ins que se pueden utilizar como fórmulas desde una celda en una hoja de cálculo de Excel.

14.4 Calculadora simple.

Vamos a comenzar con un ejemplo bien sencillo. Se trata de una calculadora que realiza cuatro operaciones básicas: sumar, restar, multiplicar y dividir. Al ejecutar Visual Studio, la primera ventana que aparece es como la que se muestra en la figura 14.2.

Figura 14.1. Ejecutando Visual Studio como Administrador.

En el lado izquierdo de la interfaz, seleccionamos *New Project* (o su equivalente en español). Al hacer esto, aparece la ventana que se muestra en la figura 14.3. En esta ventana vamos a seleccionar el template Visual Basic (lado izquierdo de la ventana) -> Windows -> Class Library (encerrado en un rectángulo en la figura 14.3).

A la solución que estamos creando la vamos a llamar CalcSimpleDLL. Este nombre se agrega en el cuadro de texto *Name*. Notará que a medida que escribe aquí, también se va modificando el contenido del cuadro de texto *Solution name*. Seleccione con el botón *Browse* la ubicación de la solución que se está creando y verifique que está seleccionada la casilla *Create directory for solution*.

Una vez hecho esto, de inicio a la creación de la solución. El ambiente de la solución lucirá como se muestra en la figura 14.4.

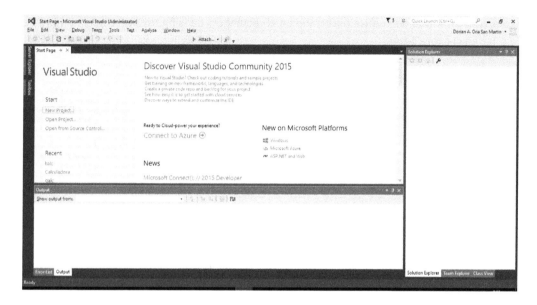

Figura 14.2. Interfaz principal de Visual Studio.

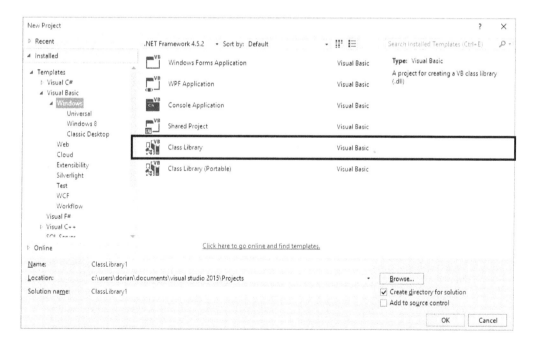

Figura 14.3. Ventana para seleccionar el tipo de proyecto que se desea crear.

En la ventana *Solution Explorer* (lado izquierdo de la ventana en la figura 14.4) cambie el nombre del archivo que dice Class1.vb por calc.vb. Al hacerlo, la ventana de código lucirá como se muestra en la figura 14.5. Nótese como cambió el nombre de la clase en la ventana de código (compare el nombre de la clase encerrado en el rectángulo de la figura 14.5 con el nombre de la clase en la figura 14.4).

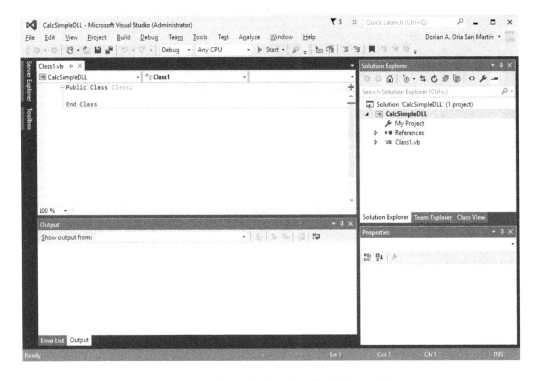

Figura 14.4. Ambiente de la aplicación CalcSimpleDLL.

En la ventana de código de la clase, escriba las instrucciones que están entre las líneas 2 y 13 del código que se muestra continuación.

Código 14.1.

1	Public Class calc
2	Public Function suma(ByVal a As Double, ByVal b As Double) As Double
3	Return a + b
4	End Function
5	Public Function resta(ByVal a As Double, ByVal b As Double) As Double
6	Return a - b
7	End Function
8	Public Function producto(ByVal a As Double, ByVal b As Double) As Double
9	Return a * b
10	End Function
11	Public Function division(ByVal a As Double, ByVal b As Double) As Double

12	Return a / b
13	End Function
14	End Class

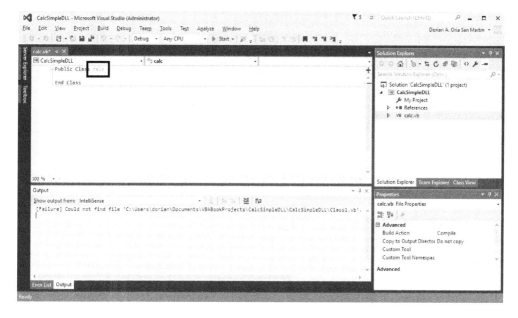

Figura 14.5. Cambio de nombre de la clase Class1.vb por calc.vb.

La ventana de código deberá lucir como se muestra en la figura 14.6.

Vayamos ahora a la ventana de propiedades del proyecto. Para ir allá debemos seleccionar Project -> CalcSimpleDLL Properties, tal como se muestra en la figura 14.7. Una vez hecho esto, la ventana lucirá como se muestra en la figura 14.8. En esta ventana vamos a seleccionar *Application* (del lado izquierdo de la ventana) y en el lado derecho vamos a presionar el botón que dice *Assembly Information*... Al hacerlo, aparecerá la ventana que se muestra en la figura 14.9. En esta ventana debemos verificar que está seleccionada la casilla *Make assembly COM-Visible*, tal como puede verse en la figura 14.9. Este paso es necesario para que la librería pueda ser usada por clientes COM. COM (Component Object Model) es un método para compartir código binario entre diferentes aplicaciones y lenguajes (http://www.codeproject.com/Articles/633/Introduction-to-COM-What-It-Is-and-How-to-Use-It).

Figura 14.6. Código de la librería CalcSimpleDLL.

Figura 14.7. Acceso a la ventana de edición de propiedades de la librería CalcSimpleDLL.

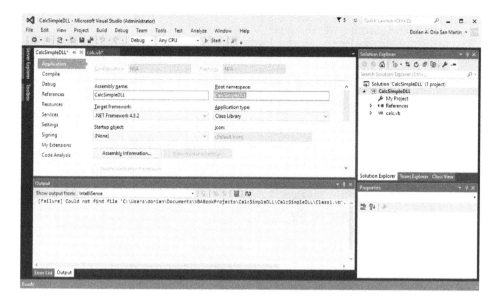

Figura 14.8. Edición de propiedades de la librería CalcSimpleDLL.

Ahora, volviendo a la figura 14.8, seleccione la opción *Compile* (lado izquierdo de la ventana). Debemos ir al final de la ventana que se despliega en el lado derecho, hasta encontrar una casilla que dice Register for COM interop. Una vez seleccionada esta opción, vamos a cambiar en *Solutions Configuration* (cuadro combinado encerrado en rectángulo en la figura 14.10) la opción de *Debug* a *Release*.

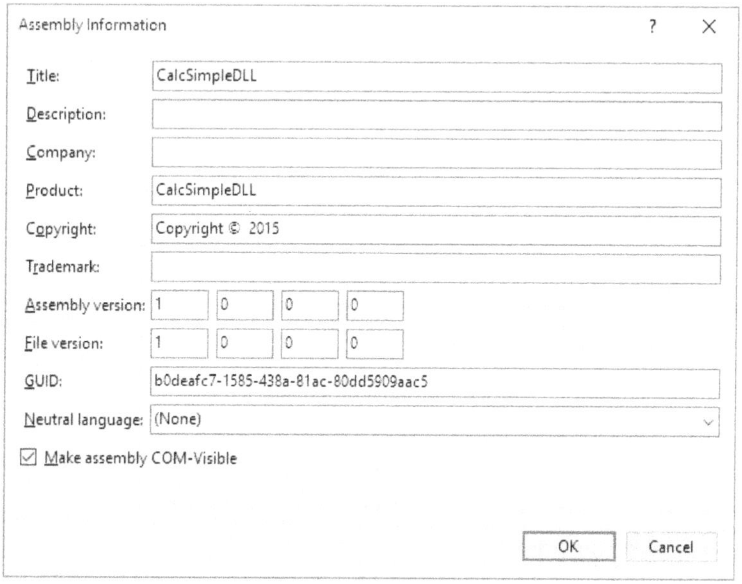

Figura 14.9. Ventana Assembly Information.

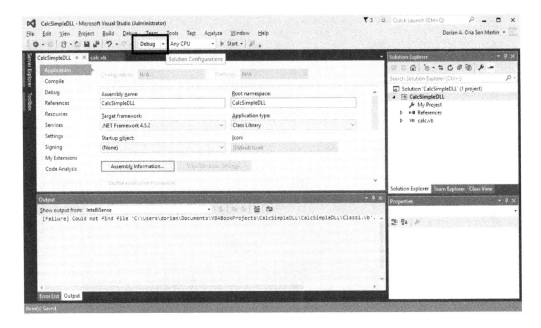

Figura 14.10. Edición de propiedades de la librería CalcSimpleDLL.

Guarde el proyecto y ahora construya la solución (compilarla). Para ello nos vamos a Build -> Build Solution, tal como se muestra en la figura 14.11.

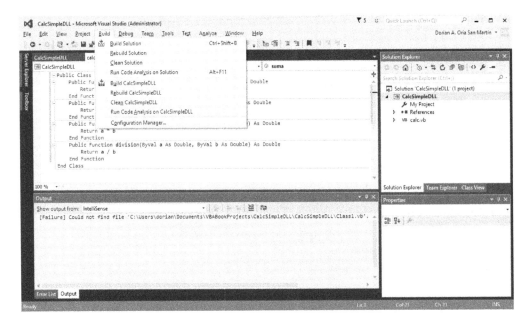

Figura 14.11. Construcción (building) de la aplicación.

Si el proceso termina de forma exitosa, la ventana de su aplicación lucirá como se muestra en la figura 14.12.

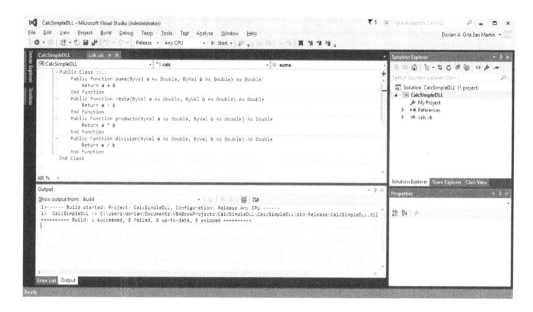

Figura 14.12. Culminación exitosa del proceso de construcción de la aplicación.

Ya la librería está lista para ser usada en VBA-Excel. El próximo paso es crear un archivo Excel habilitado para macros. Una vez hecho esto, vamos al ambiente Visual Basic y allí seleccionamos del menú la opción Herramientas -> Referencias, tal como se observa en la figura 14.13. Una vez hecho aparecerá la ventana que se muestra en la figura 14.14. En esta ventana vamos a buscar el archivo de la librería (con el botón Examinar). Recuerde que, según lo descrito en la figura 14.10, se escogió el modo *Release* para la elaboración de nuestra librería. En la figura 14.15 se muestra la navegación a través de los directorios de Windows para encontrar nuestra librería. La ruta para buscarla es la que se estableció al principio de la creación de la solución en el cuadro de texto *Location* (figura 14.3). El archivo que vamos a seleccionar es el que tiene extensión .tlb, tal como se muestra en la figura 14.15. El archivo con extensión .tlb (type library) es un archivo binario que contiene información acerca de las propiedades y métodos de un objeto COM (en nuestro caso de la librería creada) en una forma que puede ser accesible para otras aplicaciones en tiempo de ejecución.

Programación avanzada en VBA-Excel para principiantes.

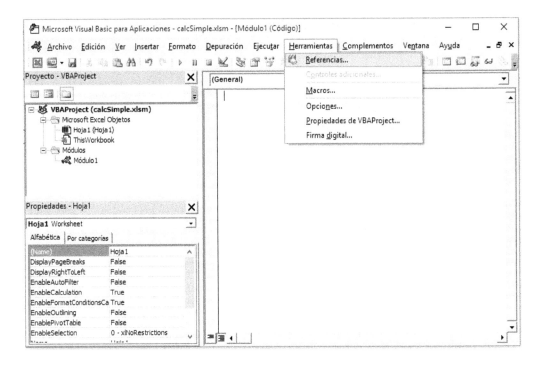

Figura 14.13. Pasos para abrir la ventana Referencias.

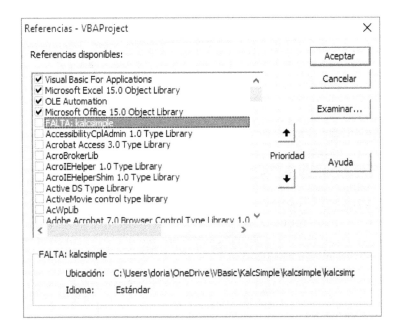

Figura 14.14. Ventana Referencias.

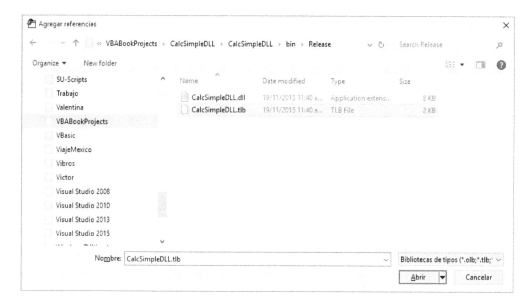

Figura 14.15. Seleccionando la librería creada.

Al seleccionar el archivo .tlb y abrirlo, la ventana que se muestra en la figura 14.14 ahora lucirá como se muestra en la figura 14.16, reflejando la librería seleccionada.

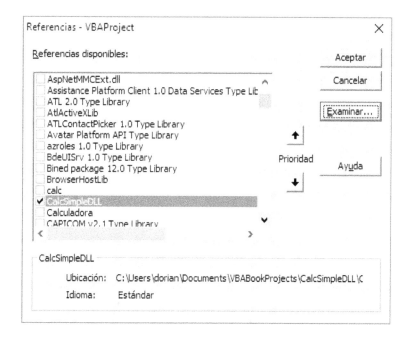

Figura 14.16. Ventana de referencia mostrando la librería creada.

Ahora llegó el momento más esperado: el momento de utilizar la librería creada. Para ello, inserte un módulo y luego inserte el código que se muestra a continuación.

Subrutina 14.1.

```
1    Sub TestDll()
2    Dim s As CalcSimpleDLL.calc
3    Dim x, y As Double
4    Set s = New CalcSimpleDLL.calc
5    x = 4.3
6    y = 5.2
7    MsgBox "La suma de " & a & " + " & b & " = " & s.suma(x, y) _
8        & vbNewLine & "La resta de " & a & " - " & b & " = " & s.resta(x, y) _
9        & vbNewLine & "La multiplicacion de " & a & " * " & b & " = " & s.producto(x, y) _
10       & vbNewLine & "La division de " & a & " / " & b & " = " & _
11       Format(s.division(x, y), "0.00")
12   End Sub
```

A medida que el código sea escrito, verá que Intellisense reconoce la librería que se desea usar, tal como se muestra en la figura 14.17.

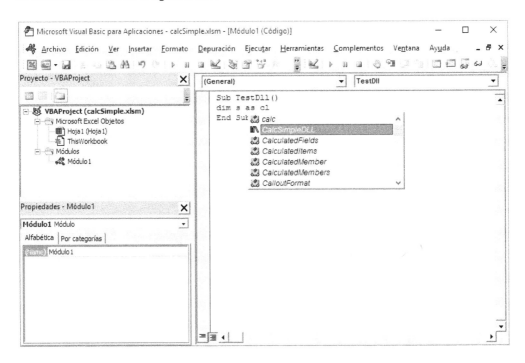

Figura 14.17. Introducción del código de la subrutina ejemplo en VBA-Excel.

Vamos ahora a analizar el código de la subrutina. En la línea 2 se hace la declaración de una variable que hará referencia a la librería que hemos creado. Fíjese que seguidamente al nombre de la librería es necesario agregar el nombre de la clase (en nuestro caso *calc*) donde están las funciones que queremos usar (suma, resta, producto y división, tal como se muestra en el código 4.1).

La librería para nosotros es un objeto. Por eso se usa la instrucción **Set** en la línea 3 para crear una referencia a la librería.

Ahora veamos cómo funciona. Si deseo sumar dos números, se usa la instrucción s.suma(x,y) (el resto de las funciones puede verse en la figura 14.12). Fíjese que el orden es importante, ya que en el orden en que se coloquen los valores (o variables) cuando se haga la invocación, en ese mismo orden se pasan los valores a la función que hará la operación. Es decir, en nuestro ejemplo estamos sumando *x* y *y*. Cuando pasamos esos valores a la función suma de nuestra librería, *x* pasa a ser la *a* en nuestra función y *y* pasa a ser la *b*.
Al ejecutar la subrutina 14.1 aparece la ventana que se muestra en la figura 14.18.

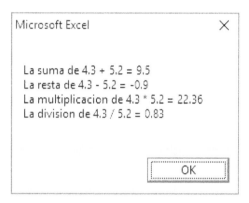

Figura 14.18. Resultado de la ejecución de la subrutina 14.1.

Ahora, vamos a usar unos pequeños cambios en el código 14.1 para que pueda ser usado como complemento Add-In. Para esto repetimos todos los pasos que se explicaron hasta la figura 14.6. Para diferenciarlo del proyecto de librería dinámica, hemos llamado a este proyecto CalcSimpleAddOn. En la primera línea del código 14.1, cambiemos la palabra Class por Module. A los nombres de las funciones les agregamos un número 2 al final. El nuevo código quedará como se muestra a continuación.

Código 14.2.

```
1   Public Module calc
2       Public Function suma2(ByVal a As Double, ByVal b As Double) As Double
3           Return a + b
4       End Function
5       Public Function resta2(ByVal a As Double, ByVal b As Double) As Double
6           Return a - b
7       End Function
```

8	Public Function producto2(ByVal a As Double, ByVal b As Double) As Double
9	Return a * b
10	End Function
11	Public Function division2(ByVal a As Double, ByVal b As Double) As Double
12	Return a / b
13	End Function
14	End Class

Después de estos cambios, repetir los pasos explicados entre las figuras 14.7 y 14.10.

Debido a que estamos trabajando con la versión Community de Visual Studio, debemos agregar una librería para que la librería que desarrollemos pueda ser utilizada como complemento en Excel. Esta librería se llama Excel-DNA y para instalarlo debe hacerse lo siguiente: seguir la ruta desde el menú Tools -> NuGet Package Manager -> Package Manager Console, tal como se muestra en la figura 14.19.

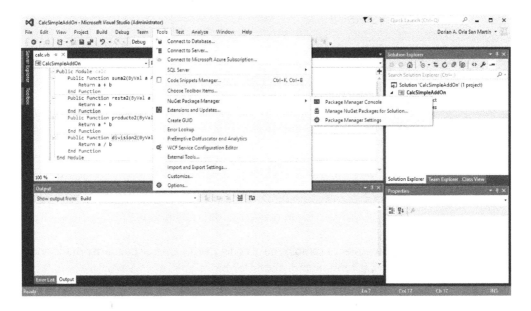

Figura 14.19. Abriendo la consola del administrador de paquetes NuGet.

Después de completado este paso, la interfaz de desarrollo de Visual Studio luce como se muestra en la figura 14.20.

La consola se muestra encerrada en un rectángulo en la figura 14.20. En esta ventana, en donde está el cursor, escribir la instrucción Install-Package Excel-DNA y presionar *Enter*. Una vez hecho esto, la ventana comenzará a mostrar unos mensajes como puede verse en la figura 14.21.

Una vez culminada la instalación, la consola lucirá como se muestra en la figura 14.22. Este proceso debe repetirse cada vez que se desee crear un Add-In, ya que durante la instalación se crean otros archivos relacionados solamente con la aplicación que se está desarrollando.

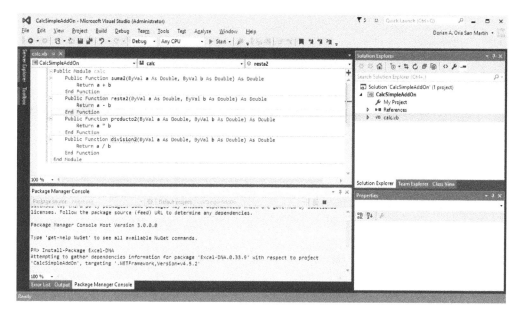

Figura 14.20. Consola del administrador de paquetes NuGet.

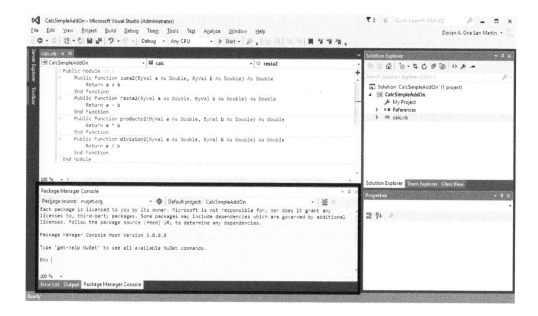

Figura 14.21. Instalando Excel-DNA.

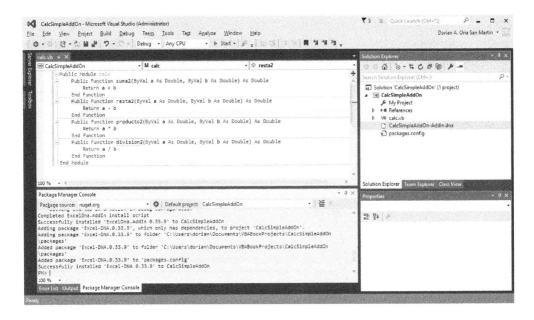

Figura 14.22. Excel-DNA instalado.

Estamos listos para construir la aplicación (figura 14.11). Una vez culminado este paso, vamos a Excel para usar nuestro complemento. Creemos un archivo Excel como el que se muestra en la figura 14.23.

En la pestaña DESARROLLADOR, presionamos el botón Complementos y esto hace que aparezca la ventana que se muestra en la figura 14.24. Con el botón Examinar buscamos el control que queremos agregar.

En la ventana de búsqueda, seleccionamos el AddIn, tal como se muestra en la figura 14.25. Una vez hecho esto, la ventana que se muestra en la figura 14.24 lucirá como se muestra en la figura 14.26, mostrando el AddIn recién agregado. Listo, ya nuestro AddIn está listo para usarse.

Para probarlo, en la celda D4 de la hoja de cálculo creada escriba suma2 (que es una de las funciones que tiene nuestro AddIn). Al hacer esto, IntelliSense mostrará la función disponible tal como se muestra en la figura 14.27. Pruebe la función dándole de entrada los valores que están en las celdas D1 y D2. La función se verá como se muestra en la figura 14.28. Si prueba todas las funciones, la hoja de cálculo lucirá como se muestra en la figura 14.29.

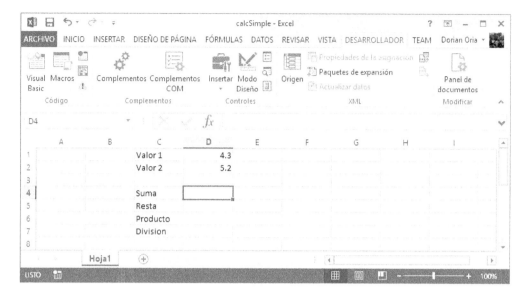

Figura 14.23. Archivo Excel donde se agregará el Add-In recién creado.

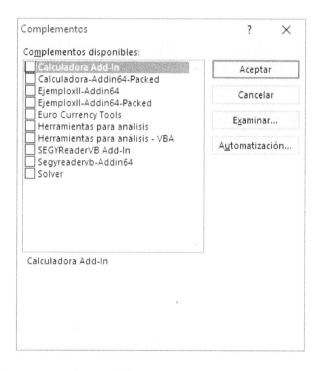

Figura 14.24. Archivo Excel donde se agregará el Add-In recién creado.

Programación avanzada en VBA-Excel para principiantes.

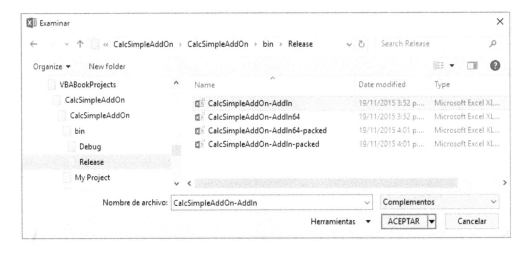

Figura 14.25. Seleccionando el AddIn.

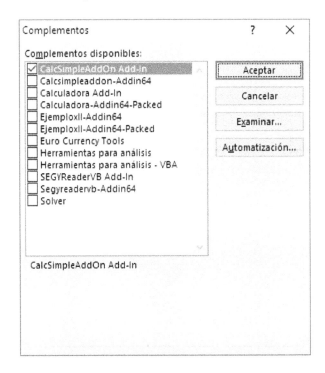

Figura 14.26. Add-In agregado.

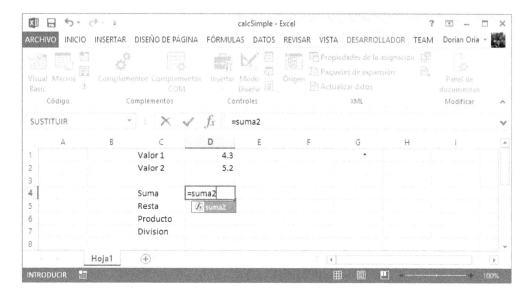

Figura 14.27. Usando el AddIn.

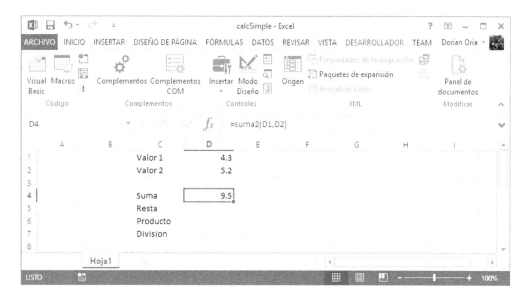

Figura 14.28. Usando el AddIn con parámetros agregados.

14.5   SEG-Y Reader.

El formato SEG-Y es usado en el mundo de la geofísica para representar información sísmica, en particular aquella proveniente de la exploración petrolera (Oria, 2013). Fue desarrollado por la Sociedad de Ingenieros Geofísicos (SEG, por sus siglas en inglés) y es utilizado para manejar información sísmica en sus diferentes etapas durante el procesamiento de los datos: disparos (*shot gathers*), *gathers* CDP o apilados (*stacks*).

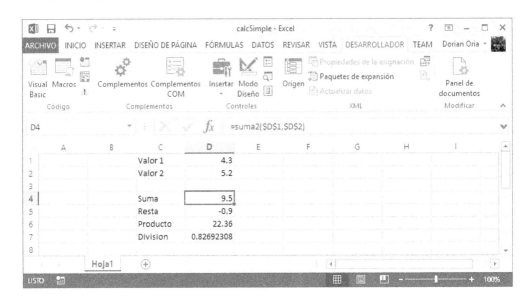

Figura 14.29. Usando el AddIn con todas las funciones.

Un archivo con formato SEG-Y tiene tres partes: un encabezado de texto (*text header*), un encabezado binario (*binary header*) y una sección que contiene la información de las trazas sísmicas. Cada una de las trazas sísmica tiene a su vez un encabezado (*trace header*) y la información como tal de la traza (amplitudes). La figura 14.30 muestra de forma esquemática la estructura de un archivo SEG-Y.

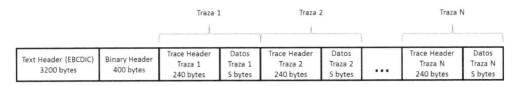

Figura 14.30. Estructura de un archivo SEG-Y.

La figura 14.31 muestra la estructura de una traza sísmica: su encabezado (240 bytes) y la información sísmica como tal.

14.5.1 Text header (encabezado de texto o EBCDIC).

La primera parte del archivo SEG-Y o *text header* tiene una extensión de 3200 bytes y su formato es EBCDIC. EBCDIC es un código binario que permite representar caracteres alfanuméricos, controles y signos de puntuación. Cada carácter está compuesto por 8 bits (1 byte), lo que permite definir hasta 256 caracteres (https://es.wikipedia.org/wiki/EBCDIC). El *text header* usualmente tiene información acerca de lo que está representado por el archivo SEG-Y. Por ejemplo, se puede encontrar el nombre del proyecto, procesamiento aplicado a los datos, ubicación de coordenadas en el *trace header* y otros atributos relacionados con las trazas: cobertura (*fold*), número del punto de disparo (en caso de *shot gathers*), CDP, etc. La figura 14.32 muestra un ejemplo de *text header*.

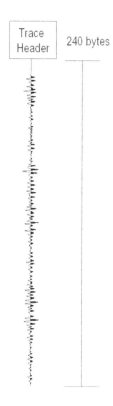

Figura 14.31. Estructura de una traza sísmica.

14.5.2 Binary header (encabezado binario).

Esta parte del archivo SEG-Y viene inmediatamente después del *text header* y tiene una extensión de 400 bytes, que van desde el byte 3201 hasta el 3600. Este encabezado tiene algunos valores que son de carácter obligatorio, necesaria para poder leer el archivo SEG-Y. Aun cuando el estándar tiene varias variables que son obligatorias, las más importantes son el número de muestras por traza (bytes 3221-3222) y el formato de los datos (bytes 3225-3226). Esta información es requerida por las aplicaciones para poder leer el archivo. Algún valor erróneo en estos bytes y la información puede ser interpretada como corrupta.

ebcdic MODEL - Notepad

File Edit Format View Help

```
C 1-CLIENT: ORIAPEX (FECHA:NOVIEMBRE/99)
C02-PARAMETROS DE GRABACION:
C03-AREA  : CLOSE TO MY HOUSE
C04-LINE  : 42  MIGRACION 100% IN IN   COBERTURA 2400%
C05-REGISTRADO POR ORIAPEX  -INTERVALO ENTRE PT 50 M
C06-FUENTE: DINAMITA            -INSTRUMENTO SERCEL 368
C07-FORMATO SEG-D               -FREC. CORTE BAJO 8HZ
C08-MUESTREO 2 MS               -FREC. CORTE ALTO 178HZ
C09-INTERVALO DE GRUPO 25 M     -GEOFONOS OYO GS-30CT
C10-NUMERO DE CANALES 96        -GEOFONOS POR GRUPO: 12
C11   SECUENCIA DE PROCESAMIENTO:    DESPLAZAMIENTO DE DATOS -300 MS
C12-REFORMATEO Y EDICION LONGITUD REG.:6000 MS
C13-DIV. ESFERICA
C14-COMPENSACION DE AMPLITUD POR DISTANCIA
C15-DECONVOLUCION IMPULSIVA CONSISTENTE CON LA SUPERFICIE
C16-2 VENTANAS DE CALCULO T0-T3500 Y T3000-T5500 MS LOP 140 MS RUIDO BLANCO 1%
C17-REORDENAMIENTO A CDP
C18-APLICACION DE ESTATICAS POR REFRACCION -DP 0 MT Y VR 3000 MT/SEG
C19-ANALISIS DE VELOCIDAD
C20-PRIMER PASO DE ESTATICAS RESIDUALES
C21-ANALISIS DE VELOCIDAD
C22-SEGUNDO PASO DE ESTATICAS RESIDUALES
C23-ANALISIS DE VELOCIDAD
C24-CORRECCION POR BUZAMIENTOS EN DISTANCIAS COMUNES (DMO)
C25-ANALISIS DE VELOCIDAD DMO  Y BORRADO
C26-GANANCIA AGC 500 MS
C27-APILADO DMO - COBERTURA 2400%
C28-ATENUACION DE RUIDO ALEATORIO EN EL DMONINIO FK
C29-MIGRACION FX 90 % VELOCIDADES DE APILADO
C30-FILTRO PASABANDA: B(06,10,40,60), (T0-T6000)
C31-ECUALIZACION: AGC DE 500 MS
C32-REFORMATEO A FORMATO SEG-Y                   validado por dorian
C33                  BYTES:
C34                  17- 20=ESTACION               21-24=CDP
C35                  41- 44=ELEVATION (M)          53-56=CORRIMIENTO DATUM (MS)
C36                  57- 60=DATUM FLOTANTE (MS)
C37                  73- 76=XCOOR-EST              77-80=YCOOR-EST
C38        (81-84)Y(189-192)=XCOOR-CDP  (85-88)Y(193-196)=YCOOR-CDP
C39                  181-185=ESTACION
C40                  221-224=POSICION DEL CDP EN SUPERFICIE MULTIPLICADA POR 4
```

Figura 14.32. Ejemplo de *text header* (EBCDIC).

Otra variable que es importante (pero no crítica) es el intervalo de muestreo (*sample rate*, bytes 3217-3218). Este valor está en microsegundos y permite a las aplicaciones que grafican la información sísmica saber la longitud en tiempo de la información contenida en el archivo SEG-Y.

14.5.3 Trace header (encabezado de las trazas).

Este encabezado no es uno sólo, sin que se repetirá dentro del archivo tantas veces como trazas haya. Sin embargo, este encabezado contiene información que puede ser única para cada traza, como su coordenada, inline y crossline (en caso de sísmica 3D), número de CDP, número del punto de disparo, de la estaca receptora, etc.

Aún se pueden encontrar aplicaciones que continúan trabajando con la primera versión del formato SEG-Y (1975) en el cual se asumía, por ejemplo, que todas las trazas dentro del archivo tenían la misma cantidad de muestras (especificado una sola vez por tanto en el encabezado binario). Sin embargo, en las versiones más recientes del formato se permite que cada traza tenga cantidad de muestras diferente, muy útil para los casos en los cuales se hace *merge* de la información.

Hay muchas empresas de procesamiento de datos sísmicos y bancos de datos que han creado sus propias variaciones en el estándar SEG-Y, cambiando de lugar información en el encabezado de trazas.

14.5.4 Número de trazas que contiene un archivo SEG-Y.

El tamaño en bytes de un archivo SE-Y se puede calcular a partir de la siguiente ecuación:

$$TamañoArchivo = TH + BinH + nT * TrH + nT * SDT \tag{1}$$

Donde:

TH: tamaño del *trace header*, es decir, 3200 bytes.

BinH: tamaño del *binary header*, es decir, 400 bytes.
nT: número de trazas dentro del archivo SEG-Y.

TrH: tamaño del *trace header*, es decir, 240 bytes.

SDT: tamaño de la traza sísmica sin incluir el *trace header*. Para obtener este valor, es necesario usar la siguiente ecuación:

$$SDT = nMuestras * TamañoMuestra \tag{2}$$

Donde:

nMuestras: número de muestras en la traza (esta información está contenida en los bytes 3221-3222).

TamañoMuestra: este valor depende del código formato de las muestras (bytes 3225-3226).

Por ejemplo, si el código formato de las muestras es 1, entonces el tamaño en bytes de cada muestra es 4 bytes. La tabla 14.1 muestra los otros códigos *formato* disponibles.

Tabla 14.1. Códigos formato de las muestras.

Bytes	Descripción
3225-3226	1 = 4-byte IBM floating-point.
	2 = 4-byte, two's complement integer
	3 = 2-byte, two's complement integer
	4 = 4-byte fixed-point with gain (obsolete)
	5 = 4-byte IEEE floating-point
	6 = Not currently used
	7 = Not currently used
	8 = 1-byte, two's complement integer

La ecuación (1) puede ser reescrita de la siguiente manera:

$$Tamaño Archivo = 3600 + nT * (240 + nMuestras * TamañoMuestra) \qquad (3)$$

A partir de la ecuación anterior se puede calcular el número de trazas presentes en un archivo SEG-Y como se muestra a continuación:

$$nT = \frac{Tamaño Archivo - 3600}{(240 + nMuestras * TamañoMuestra)} \qquad (4)$$

Veamos ahora la librería que se ha programado para poder leer información contenida en los encabezados de archivos SEG-Y. Para ello debe repetir los pasos explicados en la creación del programa de la calculadora simple. A esta librería la he llamado SEGYReaderDLL. El archivo que contiene el código Visual Basic lo he llamado SEGYReader.vb, tal como puede notarse en la figura 14.33 (encerrado en el rectángulo).

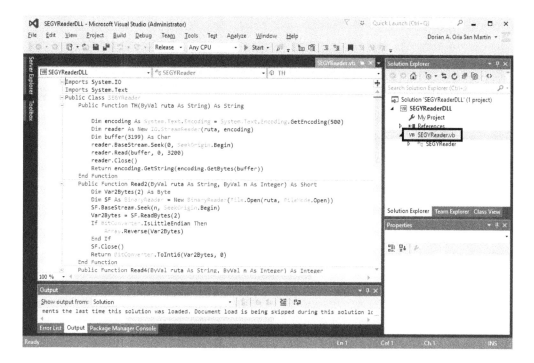

Figura 14.33. Aspecto de la librería SEGYReaderDLL.

Una vez completado lo anterior, agregar el código que se muestra a continuación.

Código 14.3.

1	Imports System.IO
2	Imports System.Text
3	Public Class SEGYReader
4	Public Function TH(ByVal ruta As String) As String
5	Dim encoding As System.Text.Encoding = System.Text.Encoding.GetEncoding(500)
6	Dim reader As New IO.StreamReader(ruta, encoding)
7	Dim buffer(3199) As Char
8	reader.BaseStream.Seek(0, SeekOrigin.Begin)
9	reader.Read(buffer, 0, 3200)
10	reader.Close()
11	Return encoding.GetString(encoding.GetBytes(buffer))
12	End Function
13	Public Function Read2(ByVal ruta As String, ByVal n As Integer) As Short
14	Dim Var2Bytes(2) As Byte
15	Dim SF As BinaryReader = New BinaryReader(File.Open(ruta, FileMode.Open))
16	SF.BaseStream.Seek(n, SeekOrigin.Begin)
17	Var2Bytes = SF.ReadBytes(2)
18	If BitConverter.IsLittleEndian Then
19	Array.Reverse(Var2Bytes)
20	End If

```
21      SF.Close()
22      Return BitConverter.ToInt16(Var2Bytes, 0)
23    End Function
24    Public Function Read4(ByVal ruta As String, ByVal n As Integer) As Integer
25      Dim Var4Bytes(4) As Byte
26      Dim SF As BinaryReader = New BinaryReader(File.Open(ruta, FileMode.Open))
27      SF.BaseStream.Seek(n, SeekOrigin.Begin)
28      Var4Bytes = SF.ReadBytes(4)
29      If BitConverter.IsLittleEndian Then
30        Array.Reverse(Var4Bytes)
31      End If
32      SF.Close()
33      Return BitConverter.ToInt32(Var4Bytes, 0)
34    End Function
35  End Class
```

Cuando agregue este código, su ventana de código debe lucir parecida a como se muestra en la figura 14.33.

Ahora repita los pasos explicados para la librería CalcSimpleDLL para construir esta librería.

Seguidamente, cree un archivo Excel habilitado para macros (.xlsm) y complételo con la información tal como se muestra en la figura 14.34.

En la celda B1 se debe colocar la ruta completa del archivo SEG-Y que se desea revisar. En la columna C, de la fila 4 en adelante se coloca la descripción de cada uno de los campos que se desean leer del encabezado binario. En la columna D se coloca el byte donde comienza cada uno de los campos y en la columna E se coloca el tamaño en bytes que se usa para representar esa variable. Es importante destacar que el byte donde comienza la variable debe ser contado desde el byte 1 del encabezado de texto. Es decir, si una variable se encuentra en el primer byte del encabezado binario, se debe especificar su ubicación como 3201 (recuerde que el encabezado de texto tiene una extensión de 3200 bytes). En la celda D2 se colocará la fórmula "=CONTARA(C4:C50)", la cual permitirá contar la cantidad de variables que se leerán del encabezado binario.

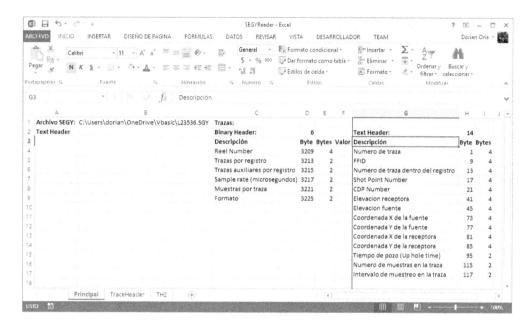

Figura 14.34. Interfaz de la aplicación SEGYReader.

En la columna G, de la fila 4 en adelante se coloca la descripción de cada uno de los campos que se desean leer del encabezado de cada una de las trazas. En la columna H se coloca el byte donde comienza la variable que se desea leer. En este caso, el byte se coloca respecto al mismo encabezado de la traza. En la columna I se coloca el tamaño en bytes de la variable. En la celda H2 se colocará la fórmula "=CONTARA(G4:G50)", la cual permitirá contar la cantidad de variables que se leerán del encabezado de cada una de las trazas. A diferencia del encabezado de texto y del encabezado binario, la información del encabezado de cada una de las trazas se escribirá en la hoja "TraceHeader".

A continuación siga los pasos indicados para la librería CalcSimpleDLL sobre como agregarla como referencia en esta macro.

Una vez hecho esto, estamos listos para implementar el código que se muestra a continuación.

Subrutina 14.2.

```
1  Sub SegyRead()
2  Dim i, j, sm, bytes, k, t, str As Integer
3  Dim sizef, byte2pass As Double
4  Dim r As SEGYReaderDLL.SEGYReader
5  Dim TraHe, linea As String
6  Set r = New SEGYReaderDLL.SEGYReader
7  With Worksheets("Principal")
8      TraHe = r.TH(.Range("B1"))
9      sizef = FileLen(.Range("B1"))
```

```
10   For i = 1 To 40
11     .Range("A" & i + 2) = Mid(TraHe, (i - 1) * 80 + 1, 80)
12   Next i
13   For j = 1 To .Range("D2")
14     If .Range("E" & j + 3) = 4 Then
15       .Range("F" & j + 3) = r.read4(.Range("B1"), .Range("D" & j + 3) - 1)
16     Else
17       .Range("F" & j + 3) = r.read2(.Range("B1"), .Range("D" & j + 3) - 1)
18     End If
19   Next j
20   bytes = 4
21     Select Case .Range("F9")
22       Case Is = 8
23         bytes = 1
24       Case Is = 6
25         bytes = 1
26       Case Is = 0
27         bytes = 1
28       Case Is = 3
29         bytes = 2
30     End Select
31     str = .Range("F8") * bytes
32     .Range("D1") = (sizef - 3600) / (240 + str)
33     Worksheets("TraceHeader").Range("A1") = "Traza"
34   For k = 1 To .Range("H2")
35     Worksheets("TraceHeader").Cells(1, k + 1) = .Range("G" & k + 3)
36   Next k
37   For t = 1 To .Range("D1")
38     Worksheets("TraceHeader").Range("A" & t + 1) = t
39     For k = 1 To .Range("H2")
40       byte2pass = 3600 + .Range("H" & k + 3) + (str + 240) * (t - 1) - 1
41       If .Range("I" & 3 + k) = 4 Then
42         Worksheets("TraceHeader").Cells(t + 1, k + 1) = r.read4(.Range("B1"), byte2pass)
43       End If
44       If .Range("I" & 3 + k) = 2 Then
45         Worksheets("TraceHeader").Cells(t + 1, k + 1) = r.read2(.Range("B1"), byte2pass)
46       End If
47     Next k
48   Next t
49   End With
50   End Sub
```

En la línea 4 se declara la variable objeto que hace referencia a la librería que hemos programado según el código 14.3 para leer los archivos SEG-Y. En la línea 6 se crea el objeto declarado en la línea 4. En la línea 8 se lee el encabezado de texto del archivo SEG-Y, mediante la función **TH** (línea 4 en Código 14.3). Toda la cadena de texto es asignada a la variable TraHe. En esta variable están contenidos los 3200 bytes del encabezado. Esa cadena de caracteres no contiene caracteres que indiquen fin de línea. Lo que sí sabemos es que el encabezado de texto está organizado de tal forma que contenga 40 líneas de información con 80 caracteres cada línea. Para que se pueda entender entonces la información, tomamos esto en cuenta y cada 80 caracteres vamos a escribir en una celda en la hoja "Principal". Esto lo hacemos con el ciclo For-Next que está entre las líneas 10 y 12. La instrucción **Mid** de la línea 11 permite extraer de una cadena de texto (TraHe), una porción que empieza en el carácter (i - 1) * 80 + 1 y que tiene una longitud de 80 caracteres.

En la línea 9 se utiliza la función FileLen para determinar el tamaño en bytes del archivo SEG-Y.

El encabezado binario es leído entre las líneas 13 y 19, mediante las funciones **read4** (si se trata de variables cuya longitud es de 4 bytes) y read2 (si se trata de variables de 2 bytes).

Una de las variables que es necesario leer en el encabezado binario es el formato (*trace format code*). El valor de esta variable está relacionado con la cantidad de bytes que se usaron para definir la magnitud de las amplitudes representadas por la traza sísmica, según lo indicado en la tabla 14.1. A esta variable que llamamos bytes le hemos asignado por defecto el valor de 4 (línea 20). Este valor cambiará si se cumple alguna de las condiciones que se especifica entre las líneas 21 a la 30.

En la línea 31 se calcula el tamaño en bytes de la traza sísmica. Esto se calcula sabiendo el formato y se multiplica por la cantidad de muestras en la traza sísmica.

En la línea 32 se calcula la cantidad de trazas que están contenidas dentro del archivo SEG-Y, mediante el uso de la ecuación 4.

En el ciclo For-Next que está entre las líneas 34 y 36 se copian las descripciones de cada una de las variables a leer en el encabezado de las trazas a la hoja "TraceHeader".
Entre las líneas 37 y 48 se leen los valores de cada una de las variables del encabezado de trazas, utilizando las funciones read4 (línea 42) y read2 (línea 45), dependiendo de si las variables ocupan 4 o 2 bytes.

En la línea 40 se calcula el valor de cada salto en bytes, necesario para leer los valores del encabezado de cada una de las trazas.

Referencias

1. DeMarco, Jim (2008). Pro Excel 2007 VBA. Apress Publisher.

2. Nakamura, Shoichiro (1998). Métodos Numéricos Aplicados con Software. Prentice Hall.

3. Roman, Steven (2002). Writing Excel Macros with VBA. 2nd edition. O'Reilly Publisher.

4. Walkenbach, John (2013). Microsoft Excel VBA Programming for Dummies. 3rd edition. John Wiley & Sons, Inc.

www.ingramcontent.com/pod-product-compliance
Lightning Source LLC
Chambersburg PA
CBHW080148060326

40689CB00018B/3901